高职高专财经类专业系列教材

国际贸易实务

第5版

主　编　孙国忠　滕静涛　杨　华
副主编　林菊洁　王　迪　杨晋苏

机械工业出版社

本书针对高职高专学生的特点，以职业能力培养为核心，从高职高专毕业生进入外贸公司从事国际贸易业务入手，以完成任务的形式详细阐述了贸易准备、出口合同的磋商与订立、出口合同的履行、进口合同的订立与履行、风险防范与争议的处理等业务的操作。每个任务都包含导学、任务描述与分析、任务实施与心得、相关知识、知识拓展、业务技能训练等部分，并专门列出一些需要特别注意的问题和业务技巧。在业务技能训练中，精心设计了自测习题、课堂训练和实训操作，每个情境后都配以综合训练，旨在通过强化训练，有效帮助读者掌握国际贸易业务所需要的技能。

本书可作为高职高专院校、应用型本科院校的国际贸易实务操作教材，也可以作为外贸行业的培训辅导教材，以及其他相关专业学生或外贸从业人员的参考用书。

本书配有授课电子课件，需要的教师可登录 www. cmpedu. com 免费注册，审核通过后下载，或联系编辑索取（微信：13261377872，电话：010-88379739）。

图书在版编目（CIP）数据

国际贸易实务/孙国忠，滕静涛，杨华主编．—5 版．—北京：机械工业出版社，2021.1（2024.9 重印）
高职高专财经类专业系列教材
ISBN 978-7-111-66797-1

Ⅰ．①国…　Ⅱ．①孙…　②滕…　③杨…　Ⅲ．①国际贸易-贸易实务-高等职业教育-教材　Ⅳ．①F740.4

中国版本图书馆 CIP 数据核字（2020）第 199381 号

机械工业出版社（北京市百万庄大街 22 号　邮政编码 100037）
策划编辑：和庆娣　　责任编辑：和庆娣　秦　菲　车　忱
责任校对：张艳霞　　责任印制：邓　博

北京盛通数码印刷有限公司印刷

2024 年 9 月第 5 版 · 第 8 次印刷
184mm×260mm · 16.25 印张 · 401 千字
标准书号：ISBN 978-7-111-66797-1
定价：59.00 元

电话服务
客服电话：010-88361066
　　　　　010-88379833
　　　　　010-68326294

网络服务
机　工　官　网：www. cmpbook. com
机　工　官　博：weibo. com/cmp1952
金　　书　　网：www. golden-book. com
机工教育服务网：www. cmpedu. com

前　言

《国际贸易实务》自2006年出版以来，已经先后多次修订，现在《国际贸易实务》（第5版）也已面市。本书是江苏省高等学校精品教材、“十四五”江苏省职业教育在线精品课程“国际贸易实务”的配套教材。读者可以通过智慧职教、学银在线网站加入在线课程学习。

党的二十大报告指出，中国坚持对外开放的基本国策，坚定奉行互利共赢的开放战略，不断以中国新发展为世界提供新机遇，推动建设开放型世界经济，更好惠及各国人民。中国坚持经济全球化正确方向，推动贸易和投资自由化便利化，推进双边、区域和多边合作，促进国际宏观经济政策协调，共同营造有利于发展的国际环境，共同培育全球发展新动能，反对保护主义，反对“筑墙设垒”、“脱钩断链”，反对单边制裁、极限施压。中国愿加大对全球发展合作的资源投入，致力于缩小南北差距，坚定支持和帮助广大发展中国家加快发展。

为全面贯彻党的教育方针，落实立德树人根本任务，加深学生理解国际国内双循环背景下外贸高质量发展的内涵，锤炼学生为中国成为世界贸易强国而修德砺能的责任感和爱国主义情怀，《国际贸易实务》（第5版）新形态一体化教材修订出版。本教材涵盖5个情境和19个任务，把国际贸易业务能力巧妙地设计在各个任务中。每个任务都包含任务描述与分析、任务实施与心得、相关知识和技能训练等部分，开篇前均列明了知识要点、技能要点和导学，增加了各种扫码链接，有微课视频、案例思考与分析、各种贸易惯例与公约、常用经贸缩略语英语、更好地满足在线教学的需要。自学后完成自测习题与提高习题，课外知识链接大大拓宽学生的视野，引导学习者思考并解决问题，培养其自主学习的能力，然后带着学习心得或问题去上课听讲并互相探讨，每个情境后都配以综合训练，可通过综合训练以及配套国贸模拟实习软件，进一步提高学生国贸专业操作技能，满足就业上岗的需要。

本教材由孙国忠、滕静涛、杨华担任主编，林菊洁、王迪、杨晋苏担任副主编，江波、王倍、许利娜和南京鹿特斯国际贸易有限公司韩松总经理、上海船友航运服务有限公司余海红总经理参加编写。本教材在编写过程中得到了广州市顺联工艺品有限公司刘启德先生、常州市锐臻国际贸易有限公司郑隽一总经理的大力支持。他们为本书的编写提供了真实业务资料和单据。最后由孙国忠负责全书的统稿、定稿工作。

本教材深入浅出，通俗易懂，文字简练，实用性强，符合高职院校课堂教学和实践技能训练的要求，可作为中、高职及应用型本科院校国际贸易实务操作教程，也可以作为外贸行业各类培训教材，以及相关专业学生或外贸业务人员的参考资料。

由于时间仓促，书中不妥之处在所难免，恳请批评指正。

编　者

目　　录

情境4　进口合同的订立与履行

情境5　风险防范与争议的处理

情境1

贸易准备

任务1　熟悉对外贸易政策及国际惯例

知识要点

1. 国际贸易相关概念
2. 对外贸易政策与措施
3. 2020年国际贸易术语解释通则

技能要点

- 查找我国2020年对外贸易政策措施的变动内容
- 熟练掌握六种主要贸易术语下买卖双方的权利和义务

导学

通过本任务的学习，熟悉贸易政策和措施对国际贸易有什么重要影响，对外贸易限制措施和鼓励措施分别有哪些，有关贸易术语的国际惯例有哪3个，FOB、CFR、CIF术语的解释和异同点有哪些，FOB、CFR、CIF术语和FCA、CPT、CIP术语有何区别。

国际贸易业务受宏观经济政策的影响很大，从事国际贸易工作一定要了解本国和贸易伙伴所在国的对外贸易政策、措施，熟悉相应的国际惯例和贸易规则。对外贸易措施主要有关税措施和非关税措施两大类，其目的是为了奖出限入，即鼓励本国商品出口而限制外国商品进口。

贸易术语是国际贸易最基础、最重要的知识点之一。国际惯例具有很强的约束力，本任务主要介绍《2020年国际贸易术语解释通则》中FOB、CFR、CIF和FCA、CPT、CIP六个术语买卖双方的义务，并熟悉其他几个术语。

熟练掌握FOB术语买卖双方的义务、风险划分点和费用划分点，并在此基础上扩展CFR、CIF与FOB的异同点，就能掌握这3个术语买卖双方的义务，继续比较装运港交货术语与货交承运人术语的异同点，就能掌握6个术语买卖双方的义务。

1.1　任务描述与分析

1. 任务描述

> 常州常信外贸有限公司（以下简称常信公司）成立于1984年，长期出口我国竞争力强的服装、复合地板、汽车配件等优势产品，进口我们所需要的纺织面料和木材等。
>
> 2020年7月，常信公司招聘了三位刚毕业的大学生，分别是国际经济与贸易专业的孙潇（David Sun）、商务英语专业的万友（Mike）和服装设计专业的王明（Bennett）。公司董事长（法人代表）陈哲安排他们到出口部工作，跟资深外贸业务员陈明先生熟悉国际贸易业务，让他们了解我国近年的对外贸易政策、措施及相关国际贸易惯例。
>
> 常州常信外贸有限公司
>
> 江苏省常州市鸣新路25号

电话：0086—519—86338171
传真：0086—519—86338176
电子邮箱：abc@126.com

2. 任务分析

国际贸易业务是在不同国家（地区）间开展贸易，具有很强的涉外性和综合性，具体涉及国际贸易理论与政策、国际贸易惯例和相关公约、国际结算、国际金融、国际运输与保险等诸多方面的理论与实务操作。

从事国际贸易工作的业务员主要是来自国际贸易、外语两大专业的学生，因为他们掌握了开展国际贸易业务所必须具备的理论知识、技能和外语工具；其次是技术工科专业的学生，比如纺织品进出口公司需要纺织专业的毕业生，化学制品进出口公司需要化学专业的毕业生等。随着跨境电商的兴起，对跨境电商人才的需求与日俱增。

这几类人员从事外贸业务各有千秋，国际贸易专业的人员熟悉外贸，但是需要提高外语和产品知识；外语专业毕业生的外语是强项，但需要提高外贸技能和产品知识；工科专业的人员则需要提高外贸技能和外语。跨境电商的人员则综合了国际贸易、电子商务的技能。

国际贸易业务受国家宏观经济政策的影响很大，从事国际贸易工作一定要了解我国和贸易伙伴所在国的对外贸易政策、措施，熟悉相应的国际惯例和贸易规则等。

1.2 任务实施与心得

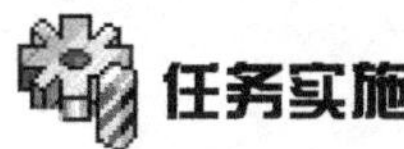

任务实施

（1）通过政府部门的网站了解我国外贸政策和措施

“家事、国事、天下事，事事关心”。在陈明先生的指导下，孙潇等人养成了关注各国经济贸易政策和措施的良好习惯，每天都要浏览一下相关网站，及时查找相关的贸易政策、措施的内容，重点了解相关产品出口退税税率的最新变化，以及人民币对其他主要货币的汇率变化等。

中华人民共和国商务部 http://www.mofcom.gov.cn

国家市场监督管理总局 http://www.samr.gov.cn

中华人民共和国海关总署 http://www.customs.gov.cn

国家外汇管理局 http://www.safe.gov.cn

国家税务总局 http://www.chinatax.gov.cn

（2）通过下列网站了解主要国际贸易惯例和世界经济发展状况

世界贸易组织 https://www.wto.org

国际商会 https://www.iccwbo.org

联合国贸易和发展会议 https://www.unctad.org/en/Pages/Home.aspx

（3）通过国外政府部门的网站了解相关贸易伙伴的外贸政策和措施，特别关注它们对本公司产品有无限制

美国商务部 https://www.commerce.gov

日本经济产业省 https://www.meti.go.jp/english/index.html

新加坡国际企业发展局 https://www.enterprisesg.gov.sg

任务实施心得

“国际贸易实务”是一门专门研究国际商品交换具体过程的学科，对外贸从业人员今后从事国际贸易业务至关重要。在学习时，主要把握以下几点。

（1）理论联系实际，重视国际惯例的学习

在学习时，要以国际贸易基本原理和国家对外方针政策为指导，力求做到理论与实践、政策与业务有效地结合起来，不断提高分析问题与解决问题的能力。

在学习过程中，结合我国国情来研究国际上一些通行的惯例和普遍实行的原则，加速与国际市场的接轨。如国际商会等国际组织制定的《国际贸易术语解释通则》《托收统一规则》《跟单信用证统一惯例》等。

（2）注重案例分析和实训

“国际贸易实务”是一门实践性很强的应用学科。最好的学习方法是在具体的国际贸易业务过程中掌握技能。在每个任务完成后，要重视实例分析和课后的实训操作练习，并利用课余时间到校外参观、实习，以增加感性知识。要加强基本技能的训练，注重自身动手能力的培养。

（3）提高外语能力

对于外贸从业人员而言，外语能力尤其重要，需要熟练使用外语与外商交流、谈判以及收发外贸函电、制作外贸单证。如果外语掌握不好，就很难胜任工作，甚至会影响业务的顺利进行。因此，学习者必须强化外语学习，切实提高外语口语和听力水平。

1.3 相关知识

1.3.1 国际贸易的基本概念

1. 国际贸易与对外贸易

国际贸易（International Trade）也称为“世界贸易”，是指国际商品和劳务的交换。它由各国（地区）的对外贸易构成，是世界各国对外贸易的总和。

对外贸易（Foreign Trade）是从一个国家的角度来看它与其他各国家（地区）之间的商品和劳务的交换。一些海岛国家如英国、日本等常把对外贸易称为海外贸易（Overseas Trade）。

2. 进口贸易与出口贸易

国际贸易由进口和出口两个部分组成。对输入商品或劳务的国家（地区）来说，是进口；对输出商品或劳务的国家（地区）来说，是出口。

如果出口国与进口国之间进行的贸易买卖，其货物运输必须通过第三国的国境，那么对第三国来说，就构成了该国的过境贸易（Transit Trade）。

一个国家对于某种商品往往既有出口又有进口，在一定时期内（假定一年）出口大于进口，为净出口（Net Export）；相反，即为净进口（Net Import）。

3. 有形贸易与无形贸易

有形贸易（Visible Trade）是指贸易双方所进行交易的商品是可以看得见的有形实物。无形贸易（Invisible Trade）是指劳务或其他非实物商品的进出口交易。

有形贸易的金额显示在一国的海关统计上；无形贸易的金额一般不反映在海关统计上，但显示在该国的国际收支表上。

4. 贸易顺差与贸易逆差

贸易差额（Balance of Trade）是一国在一定时期内（如一年、半年、一季、一月）出口总值与进口总值之间的差额。

当出口总值与进口总值相等时，称为“贸易平衡”。**当出口总值大于进口总值时，出现贸易盈余，称为“贸易顺差”**（Favourable Balance of Trade）**或“出超”**。当进口总值大于出口总值时，出现贸易赤字，称为“贸易逆差”（Unfavourable Balance of Trade）或“入超”。通常，贸易顺差以正数表示，贸易逆差以负数表示。

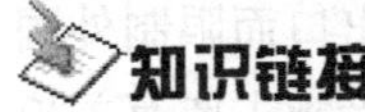

> 中国海关数据统计：2019 年中国货物贸易进出口总值 31.54 万亿元人民币，比 2018 年增长 3.4%。其中，出口 17.23 万亿元，进口 14.31 万亿元，贸易顺差 2.92 万亿元。我国跨境电商等外贸新业态继续保持蓬勃发展态势，其中通过海关跨境电商管理平台进出口达到 1862.1 亿元，增长了 38.3%。

5. 直接贸易、间接贸易与转口贸易

直接贸易（Direct Trade）是指商品生产国与商品消费国直接买卖商品的行为。间接贸易（Indirect Trade）是指商品生产国与商品消费国不直接买卖商品，而是通过第三国进行商品买卖的行为。对生产国而言，是间接出口；对消费国而言，是间接进口；对第三国而言，就是转口贸易（Entrepot Trade）。

6. 国际贸易商品结构与国际贸易地理方向

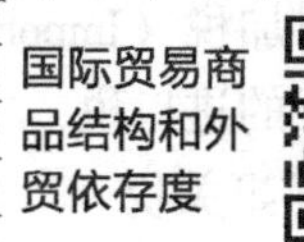

国际贸易商品结构（Composition of International Trade）是指一定时期内各大类商品或某种商品在整个国际贸易中的构成。国际贸易商品结构可以反映出一国或世界的经济发展水平、产业结构状况、科技发展水平等。

国际贸易地理方向（Direction of International Trade）又称为国际贸易地区分布，用于表明世界各洲、各国或各个区域集团在国际贸易中所占的地位。观察和研究不同时期的国际贸易地理方向，对于掌握市场行情的发展变化、认识世界各国间的经济交换关系及密切程度、开拓国外市场等都具有重要意义。

2019 年，我国第一大贸易伙伴仍然是欧盟，对欧盟的进出口总额为 4.86 万亿元人民币；对东盟的进出口总额为 4.43 万亿元人民币；对美国的进出口总额为 3.73 万亿元人民币；第四大贸易伙伴是日本，对日本的进出口总额为 2.17 万亿元人民币。此外，我国对“一带一路”沿线国家的进出口总额为 9.27 万亿元人民币。

1.3.2 对外贸易政策

对外贸易政策的目的是为了保护本国市场、扩大本国产品出口、促进本国产业结构的改善、积累资本、维护本国对外的政治及经济关系。

不同国家或同一国家在不同时期会采用不同的对外贸易政策。随着世界经济和贸易的发展，世界各国在自由贸易和保护贸易这两种对外贸易政策之间转换。

1. 自由贸易政策

自由贸易政策（Free Trade Policy）在历史上多为经济强国所采用。采取该政策的国家取消了对进出口货物贸易、服务贸易和与贸易有关的投资的限制和障碍，取消了各项特权和优惠，使各类进出口货物在国内外市场上自由竞争。

2. 保护贸易政策

保护贸易政策（Protectionist Trade Policy）是指国家设置各种障碍，利用各种限制进口的措施，来保护本国市场免受外国货物、服务、技术与投资的竞争，并对本国的出口给予优惠和补贴。

1.3.3 对外贸易措施

实施对外贸易措施的目的是为了奖出限入，也就是鼓励和帮助本国商品出口而限制外国商品进口。此外，各国还实施出于某些特殊目的的出口限制措施。对外贸易措施主要有关税壁垒和非关税壁垒两大类。

1. 关税壁垒

关税壁垒（Tariff Barriers）又称为关税措施，是指国家通过对进口商品征收高额关税，增加商品成本，达到限制进口目的的措施。目前大多数国家对绝大部分出口商品都不征收出口税（Export Duties），主要对进口商品征收进口税（Import Duties）。

进口税主要可分为最惠国税和普通税两种。最惠国税率比普通税率低，二者税率差幅往往很大。

按差别待遇和特定的实施情况分类，除正常进口税以外，还有进口附加税、优惠关税和惩罚关税、报复关税等。

（1）进口附加税

进口附加税（Import Surtaxes）是一国对进口货物，除了征收一般进口税外，根据某种目的再加征的进口税，主要有反倾销税、反补贴税、紧急关税、惩罚关税和报复关税五种。

（2）优惠关税

优惠关税是指从某些国家或地区进口的全部商品或部分商品，给予特别优惠的低关税或免税待遇，但它不适用于从非优惠国家或地区进口的商品。普遍优惠制是比较著名的优惠关税之一。

普遍优惠制（Generalized System of Preferences，GSP）是发达国家对从发展中国家或地区输入的商品，特别是制成品和半制成品，给予普遍的、非歧视性的和非互惠的关税优惠待遇。必须提供普惠制产地证 Form A，才能享受普惠制进口关税。

网站链接

登录中国海关网，查询具体商品的相关进出口税率、增值税率、消费税率和监管条件等，网址为 http://202.127.48.116：18001/static/pages/taxRateQuery.html。

2. 非关税壁垒

非关税壁垒（Non-Tariff Barriers，NTBs）是指除关税以外的一切限制进口的措施。二战后，许多国家加入关贸总协定，各国的关税水平都有不同程度的降低，关税的贸易保护作用减弱，限制进口的各种非关税壁垒则日益被广泛应用。

非关税壁垒具有更大的灵活性、针对性、隐蔽性和歧视性，更能达到限制进口的目的。非关税壁垒名目繁多，主要有进口配额制、自动出口配额制、进口许可制、外汇管制、海关估价制、进出口国家垄断、歧视性政府采购政策、进口最低限价和禁止进口、进口押金制等。

3. 出口鼓励措施

鼓励出口措施有许多，主要有出口信贷、出口补贴、商品倾销与外汇倾销。

外汇倾销（Exchange Dumping）是出口企业利用本国货币贬值的机会，争夺国外市场的特殊手段。当一国货币贬值后，出口商品以外国货币表示的价格降低，提高了该商品的竞争能力；而且货币贬值后，货币贬值国家进口商品的价格随之上涨，削弱了进口商品的竞争力。因此，货币贬值起到了促进出口和限制进口的双重作用。

此外，有些国家还实行一些促进出口的行政组织措施。例如：设立专门组织，研究与制定出口战略；建立商业情报网，加强商业情报的服务工作；组织贸易中心和贸易展览会；组织出口商的评奖活动等。

4. 出口管制措施

为了达到一定的政治、军事和经济目的以及履行联合国决议，一些国家对战略物资与先进技术资料等商品实行出口管制或禁止出口，这就是出口管制（Export Control）。

1.3.4 国际贸易惯例与公约

国际贸易惯例指在国际贸易的长期实践中逐渐形成的一些有较为明确和固定内容的贸易习惯和一般做法，或者说在长期的国际贸易中约定俗成的国际行为准则。

国际贸易惯例本身并不是法律。当买卖双方发生争议时，有以下几种情况：①合同中明确规定采用某种惯例，则这种惯例就有其强制性；②合同的规定与惯例若不抵触，则法院或仲裁机构以国际惯例的规定为准；③合同的规定与惯例相反，则法院或仲裁机构以合同的规定为准。

常见的国际惯例主要有国际商会（International Chamber of Commerce，ICC）制定的《国际贸易术语解释通则》《跟单信用证统一惯例》《托收统一规则》《见索即付保函统一规则》和国际保理商联合会颁布的《国际保理业务惯例规则》等。

1. 有关贸易术语的国际贸易惯例

贸易术语（Trade Terms）又称为价格术语，是指**用一个简短的概念或三个英文字母的缩写来表明商品的价格构成，说明买卖双方货物交接过程中有关手续、费用和风险的责任划分等问题的专门用语。**

在报价中使用贸易术语，简化了买卖双方交易磋商的手续，缩短了成交时间，也有利于船公司、保险公司和银行等其他有关机构开展业务活动。

贸易术语的作用主要有两个方面。

一是确定交货条件，即说明买卖双方在交接货物方面彼此所承担的责任、费用和风险的划分。"责任"是指因交货地点不同而产生的租船订舱、装货、卸货、投保、申请进出口许可和报关等事宜；"费用"是指因货物的移动而产生的运杂费、保险费、仓储费和码头捐税等；"风险"是指由于各种原因导致货物被盗、串味、锈蚀、水渍和灭失等危险。

二是说明商品的价格构成，即是否包括商品成本以外的从属费用，主要指运费和保险费。

小技巧

在合同的签订以及合同履行过程的单据制作中，只要涉及价格，一定要伴随相应的贸易术语。

目前，国际上有较大影响的有关贸易术语的惯例有以下三种。

（1）《1932年华沙—牛津规则》

该规则是国际法协会专门为解释 CIF 合同而制定的。该规则共有 21 条，专门对 CIF 的性质、买卖双方所承担的风险、责任和费用的划分以及所有权转移的方式等问题作了比较详细的解释。

（2）《1990年美国对外贸易定义修订本》

该规则是由美国 9 个商业团体制定的。它最早于 1919 年在纽约制定，后于 1941 年、1990 年分别进行了修订，命名为《1990 年美国对外贸易定义修订本》（Revised American Foreign Trade Definition 1990），它在美洲国家有较大影响。该惯例共包括 6 种贸易术语，分别为 EX（Point of Origin，产地交货）；FOB（Free on Board，在运输工具上交货）；FAS（Free Along Side，在运输工具旁交货）；C&F（Cost and Freight，成本加运费）；CIF（Cost Insurance and Freight，成本加保险费、运费）；EX Dock（Named Port of Importation，目的港码头交货）。

（3）《国际贸易术语解释通则》

《国际贸易术语解释通则》（International Rules for the Interpretation of Trade Terms，INCOTERMS）是国际商会为统一各种贸易术语的不同解释于 1936 年制定的，主要描述了货物由卖方交付给买方过程中所涉及的责任、费用和风险。

随后，为适应国际贸易实践发展的需要，国际商会先后多次对其进行修订和补充。最新版本的《国际贸易术语解释通则®2020》（以下简称《2020 年通则》或 INCOTERMS®2020）于 2020 年 1 月 1 日正式生效。

INCOTERMS®2020 的术语分类仍然沿袭了 INCOTERMS®2010 的分类方式，分为适用于任何运输方式或多种运输方式的术语及适用于海运和内河水运的术语。INCOTERMS®2020 删除了 DAT，新增 DPU，共有 11 种贸易术语，如表 1-1 所示。

表 1-1　INCOTERMS®2020

类　别	术语缩写	术语英文名称	术语中文名称
适用于任何运输方式或多种运输方式的术语	EXW	Ex Works	工厂交货
	FCA	Free Carrier	货交承运人
	CPT	Carriage Paid To	运费付至
	CIP	Carriage and Insurance Paid To	运费、保险费付至
	DAP	Delivered at Place	目的地交货
	DPU	Delivered at Place Unloaded	目的地卸货后交货
	DDP	Delivered Duty Paid	完税后交货
适用于海运及内河水运的术语	FAS	Free Alongside Ship	船边交货
	FOB	Free On Board	船上交货
	CFR	Cost and Freight	成本加运费
	CIF	Cost Insurance and Freight	成本、保险费加运费

国际贸易惯例在适用的时间效力上并不存在“新法取代旧法”的说法，即 INCOTERMS®2020 生效之后，当事人在订立贸易合同时仍然可以选择使用 INCOTERMS®2010 或者 INCOTERMS 2000。所以大家在订立、审核合同时，要明确在合同中使用的是哪个版本的 INCOTERMS。为避免引起不必要的纠纷，应在合同中规定：按 INCOTERMS®2020 的规定办理。例如：“CIF New York INCOTERMS®2020”，或在合同中注明：“This contract is governed by INCOTERMS®2020"。

课堂思考

我国某服装公司对日本出口一批服装，双方约定以FOB条件成交，但在合同中附列一条款规定我方公司负责租船订舱并承担运费。两个月后，我方公司在交货时，提出FOB条件下通常由买方支付运费，因而我方无须支付运费。请思考我方公司的这种行为合理吗？

2. 国际贸易公约

国际贸易公约是各国缔结的有关国际商业和贸易的国际公约或条例，如《联合国国际货物销售合同公约》《统一提单若干法律规定的国际公约》(海牙规则)《保护工业产权巴黎公约》等。各缔约国的企业必须遵守这些公约。

《联合国国际货物销售合同公约》(United Nations Convention on Contracts of International Sales of Goods, CISG)（以下简称为《公约》）是由联合国国际贸易法委员会于1980年通过的国际货物买卖统一法，于1988年1月1日起正式生效。

1986年12月11日我国在提交核准书时，提出了两项保留。一是不同意扩大《公约》的适用范围，只同意《公约》适用于缔约国的当事人之间签订的合同。二是营业地位于中国的缔约方在缔结国际货物销售合同时必须采用书面形式，不同意用书面以外的其他形式订立、修改和终止合同。

1.3.5 国际贸易术语解释通则®2020详解

FOB 的含义

1. FOB

Free On Board (... named port of shipment)，即装运港船上交货（……指定装运港），是指卖方负责在合同规定的装运期内，在指定的装运港将货物装上买方指定的船上，并及时通知买方。货物灭失或损坏的风险在货物交到船上时转移，同时买方承担货物装上船后的一切风险和费用。

该术语仅适用于海运或内河运输。根据《2020年通则》的解释，FOB术语下买卖双方各自应承担的责任、费用和风险见表1-2。

表1-2 FOB术语下买卖双方各自应承担的责任、费用和风险

当事人 义务	卖方	买方
责任、费用、风险	① 在合同规定的时间或期限内，在指定装运港按照习惯方式将与合同规定相符的货物装上买方指定的船只，并及时通知买方 ② 自负风险和费用，取得所需的出口许可和其他官方授权，办理货物出口所需的一切海关手续 ③ 提供商业发票，以及其他合同要求的单据或电子单证 ④ 承担货物在指定装运港交至船上为止的一切费用和风险	① 收取与合同规定相符的货物和单据，并按照合同规定支付货款 ② 自负风险和费用，取得所需的进口许可和其他官方授权，办理货物进口和从他国过境运输所需的一切海关手续 ③ 负责租船订舱，将船名及装船日期及时通知卖方，在合同规定的时间到达装运港接运货物，以及自办货物运输保险，支付运费和保险费 ④ 承担货物在指定装运港交至船上后的一切费用和风险

按FOB术语订立合同，并按各自承担的义务履行合同时，还须注意以下问题。

(1) 风险划分界限

按照《2020年通则》的规定，FOB合同的卖方必须及时在装运港将货物“装至船上”。

买卖双方风险的划分是以"装运港船上"为界，即货物装上船之前的风险，包括装船时货物跌落海中所造成的损失，均由卖方承担，货物装上船后，包括在运输途中所发生的损失，均由买方承担。

（2）船货衔接问题

在 FOB 合同中，买方负责租船订舱，并将船名、装船地点和装船时间通知卖方，而卖方负责在合同规定的期限和装运港将货物装上买方指定的船只。这样就存在船货衔接问题。根据有关法律和惯例，如果船只按时到达装运港，而卖方未能备妥货物，延误了装船时间，则卖方应承担由此造成的空舱费（Dead Freight）或滞期费（Demurrage）等损失，买方甚至可以要求解除合同。反之，如果买方延迟派船或未经卖方同意提前派船到装运港，卖方都有权拒绝交货，甚至解除合同，买方应赔偿卖方由此而引起的仓储等费用支出的增加，以及因迟收货款而造成的利息损失等。因此，在 FOB 合同中，买卖双方对船货衔接事项，除了应在合同中做出明确规定外，在订立合同后尚需加强联系，密切配合，防止船货脱节。

小技巧

卖方在FOB合同中订明买方在派船前应电告卖方船只、船籍、所属船公司等详细情况，并在合同中说明由于买方或船方的原因延误了装船，由买方承担违约责任，赔偿卖方因此的损失，直至解除合同。

（3）美国等美洲国家对 FOB 的特殊解释

《1990 年美国对外贸易定义修订本》将 FOB 分为六种，其中只有第五种"装运港船上交货"（FOB Vessel named port of shipment）与《2020 年通则》解释的 FOB 相近，但该术语的出口报关的责任在买方而不在卖方。因此，我国在与美国、加拿大等北美国家洽谈进口贸易使用 FOB 方式成交时，一定要注意在 FOB 和装运港名称之间加上"Vessel"（船）字样，还应明确由卖方负责办理出口报关手续；或者加上按 INCOTERMS®2020 办理。

课堂思考

我国某公司按每公吨 242 美元 FOB VESSEL NEW YORK 进口 200 公吨钢材。我国公司如期开出48400美元的信用证，但美商来电要求增加信用证金额至50000美元，否则有关出口税捐及签证费用应由我国公司另行电汇。这是为什么？

2. CFR

Cost and Freight（...named port of destination），即成本加运费（……指定目的港），是指卖方在装运港货物装上船并及时通知买方，卖方必须支付将货物运至指定的目的港所需的费用。但货物装上船只以后货物灭失或损坏的风险，以及由于各种事件造成的任何额外费用，由买方承担。

CFR 是介于 FOB 和 CIF 之间的一种术语。与 FOB 相比，卖方除承担 FOB 术语的义务外，还需负责安排运输，支付将货物运往指定目的港的正常运费。与 CIF 相比，CFR 合同的卖方不负责办理投保手续和支付保险费，不提供保险单。

按 CFR 术语成交，需要特别注意的是装船通知问题。在 CFR 合同中，由卖方安排运输，买方办理货运保险。如果卖方不及时发出装船通知，则买方就无法及时办理货运保险，甚至有可能出现漏保货运险的情况。因此，**卖方装船后务必及时向买方发出装船通知。否则，卖方应承担货物在运输途中的风险和损失。**

课堂思考

我国某公司从泰国A公司进口一批大米，签订“CFR上海”合同，然而货轮在台湾海峡附近沉没。A公司未及时向我方发出装船通知，我方未办理投保，无法向保险公司索赔。故我方要求对方承担责任，但泰国A公司以货物离港，风险已经转移给我方为由拒绝承担责任。问：泰国A公司的行为是否合理，究竟由谁承担责任？为什么？

3. CIF

Cost，Insurance and Freight（... named port of destination），即成本、保险费加运费（……指定目的港），是指卖方负责租船或订舱，在合同规定的期限内将货物装上船只，办理货物运输保险，负责支付将货物运到指定目的港所需的运费和保险费，并承担货物装上船以前的一切费用和风险。这里的运费，仅指按照惯常航线航行的正常运费，不包括运输途中发生的任何额外费用。

该术语只适用于海运或内河运输。根据《2020年通则》的解释，按照CIF术语达成的合同，买卖双方各自应承担的责任、费用和风险见表1-3。

表1-3 CIF术语下买卖双方各自应承担的责任、费用和风险

当事人 义务	卖 方	买 方
责任、费用、风险	① 按通常条件订立运输合同，在合同规定的时间，在装运港将与合同规定相符的货物装上船只，并及时通知买方；按CIF金额的110%办理货物运输保险，支付货物运至指定目的港的正常运费及保险费 ② 自负风险和费用，取得所需的出口许可和其他官方授权，办理货物出口和从他国过境运输所需的一切海关手续和税费 ③ 提交商业发票和证明货物已交至船上的运输单据以及保险单，或具有同等效力的电子单证 ④ 承担货物在装运港交至船上为止的一切费用和风险	① 收取与合同规定相符的货物和单据，并按照合同规定支付货款 ② 自负风险和费用，取得所需的进口许可和其他官方授权，办理货物进口所需的一切海关手续 ③ 承担货物在指定装运港交至船上的一切费用（从装运港到目的港的运费和保险费除外）和风险

采用CIF术语成交时，应注意以下问题。

（1）CIF合同属于“装运合同”

由于CIF术语后所注明的是目的港，所以CIF合同的法律性质常被误解为“到货合同”。为此，必须明确指出，CIF与FCA、FAS、FOB、CFR、CPT、CIP等术语一样，卖方在装运地完成交货义务，采用这些术语订立的买卖合同均属“装运合同”性质。卖方按合同规定在装运地将货物交付装运后，对货物可能发生的任何风险不再承担责任。

课堂思考

某公司按CIF ROTTERDAM向荷兰出口一批季节性较强的货物，双方在合同中规定：买方须于9月底前将信用证开到，卖方保证运货船只不得迟于12月1日抵达目的港，如货轮迟于12月1日抵达目的港，买方有权取消合同。如货款已收，卖方须将货款退还买方。问这一条款是否合理？为什么？这一合同的性质还属于装运合同吗？

(2) 保险险别与保险金额

在 CIF 术语下，卖方负责办理投保，支付保险费，但货物在指定装运港装上船后的一切风险就转移给了买方。因此，实际上卖方是为了买方的利益代办保险。所以，投保什么险别和如何确定保险金额，与买卖双方利益都有关，应事先在合同中约定，以免事后因投保险别不当或保险金额不足，货物在遭受损失时得不到应有的保险赔偿，从而引起纠纷。

如果合同没有确定什么险别，《2020 年通则》规定卖方只需投保最低的险别即可，但在买方要求时，并由买方承担费用的情况下，可投保一切险加战争险、罢工险等。保险金额则最少应为合同金额的 110%，同时须以合同货币投保。

(3) 租船订舱

采用 CIF 术语成交，卖方的基本义务之一是租船订舱，办理从装运港到目的港的运输事项。卖方只需负责按通常的条件和惯常的航线，租船或订舱将货物运至目的港。除非双方另有约定，对于买方事后提出的关于限制装运船舶的国籍、船型、船龄、船级以及指定装载某班轮公司的船只等要求，卖方均有权拒绝。

在实际出口业务中，如买方提出上述要求，在能够办到又不增加额外费用的情况下，卖方可以考虑接受。CIF 合同的卖方也必须给予买方关于货物已装上船的通知。尽管卖方于货物装船前已办妥货物运输保险，买方仍有需要通过装运通知了解货运情况，及早做好到货前准备工作，以及必要时对装运货物增加保险金额等。

(4) 象征性交货

从交货方式看，CIF 是一种典型的象征性交货（Symbolic Delivery）。所谓**象征性交货**，是针对实际交货（Physical Delivery）而言的。前者**是指卖方只要按期在约定地点完成装运，并向买方提交合同规定的包括物权凭证在内的有关单证，就算完成了交货义务，而无须保证到货**。后者则是指卖方要在规定的时间和地点将符合合同规定的货物交给买方或其指定人，而不能以交单代替交货。

在象征性交货方式下，卖方是凭单交货，买方是凭单付款，只要卖方如期向买方提交了合同规定的全套合格单据，即使货物在运输途中损坏或灭失，买方也必须履行付款义务。反之，如果卖方提交的单据不符合要求，即使货物完好无损地运达目的地，买方仍有权拒付货款，拒绝接受货物。由此可见，CIF 交易实际上是一种单据的买卖，装运单据在 CIF 交易中有着特别重要的意义。

案例分析

国内某公司按 CIF 条件向欧洲客户出口一批工艺品。合同采用信用证支付方式。我出口公司在规定的期限，向中国人民保险公司投保了一切险，在指定的我国某港口装船完毕，船公司签发了提单，然后在中国银行议付了款项。第二天，出口公司接到客户来电：装货的海轮在海上失火，工艺品全部烧毁，客户要求我公司出面向中国人民保险公司提出索赔，否则要求我公司退回全部货款。

我方果断拒绝，并提出了解决的办法。因为合同属 CIF 性质，按国际商会制定的《2020 年通则》的规定，双方有关货物风险的划分，是以货物在约定的装运港交至船上为界限的。凡是货物在装船后发生的风险，应当由买方负责。既然货物是在运输途中损失，该风险应由买方承担，并由买方持卖方转让给其保险单向保险公司提出索赔。

注意：如果卖方提交的货物不符合合同规定，买方即使已经付款，仍有依合同提出索赔或拒收货物的权利。

(5) 装卸费用的负担以及 CIF 术语变形

班轮运输的装卸费用包含在班轮运费中。在程租船运输中，由于船方一般不负担装卸船费用，为了避免在此问题上引起纠纷，买卖双方须事先明确装卸货费用由谁负担，此时便产生了贸易术语的变形。

1) 装船费用的负担：FOB、CFR、CIF 风险划分界限都是装运港船上，卖方将货物交至船上完成交货，因此装船费用必然由卖方承担，从《2010 年通则》开始不再存在装货费用由谁承担的问题，即取消了 FOB 术语的变形。但在《2000 年通则》中 FOB 术语的变形仍然存在，分别为 FOB Liner Terms（FOB 班轮条件）、FOB Under Tackle（FOB 吊钩下交货）、FOB Stowed（FOBS，FOB 包括理舱费）、FOB Trimmed（FOBT，FOB 包括平舱费）和 FOB Stowed and Trimmed（FOBST，FOB 包括理舱费和平舱费）。

2) 卸货费用的负担：依靠 CIF、CFR 术语的变形来明确卸货费用由谁来负担。CIF、CFR 术语的变形相同。

① CIF Liner Terms（CIF 班轮条件），卸货费由支付运费的一方（卖方）负担。

② CIF Landed（CIF 卸到岸上），卖方负担将货物卸到目的港岸上的费用，包括驳船费和码头费。

③ CIF Ex Tackle（CIF 吊钩交货），卖方负责将货物从船舱吊起，卸离吊钩。如果船舶靠不上码头，那么，应由买方自费租用驳船，卖方只负责将货卸到驳船上。

④ CIF Ex Ship's Hold（CIF 舱底交货），买方负担将货物从舱底吊卸到码头的费用。

课堂思考

贸易术语变形仅为了明确买卖双方关于装船费或卸货费用和手续的划分，并不改变交货地点和风险划分的界限。 按 CIF Landed Singapore 成交，卖方要负担货物在新加坡港的卸货费及进口报关费吗？

小结：

FOB、CFR 和 CIF 是装运港交货的三种常用贸易术语，仅适合海运及内河运输方式。这三种贸易术语，买卖双方在货物交接方式、交货地点和风险划分的界限方面是完全相同的，它们的区别主要是买卖双方承担的运输、保险责任和费用方面有所不同，具体见表 1-4。

表 1-4　FOB、CFR、CIF 术语的异同点

相同点	适用的运输方式相同：仅适用海运及内河运输 风险划分的界限相同：装运港船上 卖方承担的风险相同：FOB=CFR=CIF 交货地点相同：出口国装运港 交货形式相同：都是象征性交货，都是“单据买卖” 办理进出口手续的责任人相同：卖方办理出口报关手续、买方办理进口报关手续
不同点	卖方承担的责任和费用不同：CIF>CFR>FOB 以装运港船上为界，FOB 还需扶一把（以获得清洁提单）、CFR 还需送一程（租船订舱支付通常运费）、CIF 还需保一段（投保运输保险）

4. FCA

Free Carrier (... named place)，即货交承运人（……指定地点），是指买方必须自负费用订立从指定地点装运货物的运输合同并及时通知卖方有关承运人的名称和交货的时间。卖方必须在合同规定的期限内，在指定的地点将货物交给买方指定的承运人，并及时给予买方关于货物已交承运人监管的通知，负责办理出口手续，并承担货交承运人之前的一切风险和费用。

根据《2020年通则》的解释，按照FCA术语达成的合同，买卖双方各自应承担的责任、费用和风险见表1-5。

表1-5　FCA术语下买卖双方各自应承担的责任、费用和风险

义务＼当事人	卖　方	买　方
责任、费用、风险	①在合同规定的时间或期限内，并按约定方式或当地习惯方式，在指定地点将与合同规定相符的货物交由买方指定的承运人监管，并及时通知买方 ②自负风险和费用，取得所需的出口许可和其他官方授权，办理货物出口所需的一切海关手续 ③提交有关货运单证、商业发票等单证，或具有同等效力的电子单证 ④承担货物在指定地点交由承运人监管以前的一切费用和风险	①收取与合同规定相符的货物和单据，并按照合同规定支付货款 ②自负风险和费用，取得所需的进口许可和其他官方授权，办理货物进口和从他国过境运输所需的一切海关手续 ③指定承运人，订立从指定地点承运货物的运输合同，并通知卖方，以及自办货物运输保险；支付运费和保险费 ④承担货物在指定地点交由承运人监管以后的一切费用和风险

采用FCA术语时，应注意以下几点。

（1）货物交付和风险转移问题

《2020年通则》对在FCA术语下装货和卸货的义务作了明确的规定：若在卖方所在地交货，卖方负责将货物装上买方指定承运人的收货运输工具上；若在任何其他指定地交货，卖方不负责将货物从其送货运输工具上卸下。

卖方将货物置于承运人处置之下时，即完成了交货义务，货物灭失或损坏的风险即转移至买方。

（2）卖方代办运输问题

FCA合同的买方必须自负费用订立运输货物的合同。但是，如果买方提出请求，或如果按照商业惯例，在与承运人订立运输合同时（如在铁路或航空运输的情况下）需要卖方提供协助的话，卖方可代为安排运输，但有关费用和风险由买方负担。如卖方不愿按买方的请求或按商业惯例协助买方订立运输合同，则必须及时通知买方，以便买方另做安排。

（3）货物集合化的费用负担问题

与FOB术语一样，FCA卖方在完成交货义务之前发生的一切费用，都须由卖方负担。而在采用FCA术语的实际业务中，货物大都做了集合化或成组化（cargo unitization）。例如，装入集装箱或装上托盘。因此，卖方应考虑将货物集合化所需的费用，也计算在价格之内。

5. CPT

Carriage Paid to (... named place of destination)，即运费付至（……指定目的地），是指卖方自负费用订立将货物运至指定目的地的运输合同，在约定地点、规定日期或期限内，将货物交给第一承运人监管，负责办理出口手续，并承担货物交第一承运人以前的一切费用和风险。

买方在上述指定地向承运人收取货物，除支付货款外，还须支付除运费以外的有关货物在运输途中直至到达目的地为止的一切费用和卸货费用以及进口税捐，另须承担货物已交由第一承运人保管后的一切风险。

CPT 术语下，买卖双方之间的责任和费用划分介于 FCA 和 CIP 术语之间。

6. CIP

Carriage and Insurance Paid to（... named place of destination），即运费、保险费付至（……指定目的地），是指卖方自负费用订立将货物运至指定目的地的运输合同，自负费用办理货物运输保险，在约定地点、规定日期或期限内，将货物交给第一承运人监管，负责办理出口手续，并承担货物交第一承运人以前的一切费用和风险。

根据《2020 年通则》的解释，按照 CIP 术语达成的合同，买卖双方各自应承担的责任、费用和风险见表 1-6。

表 1-6　CIP 术语下买卖双方各自应承担的责任、费用和风险

当事人 义务	卖　方	买　方
责任、费用、风险	① 按通常条件订立运输合同，在合同规定的时间或期限内，在指定地点将与合同规定相符的货物交给第一承运人监管，并及时通知买方，办理货物运输保险，承担货物运至指定目的地的正常运费及保险费 ② 自负风险和费用，取得所需的出口许可和其他官方授权，办理货物出口所需的一切海关手续和税费 ③ 提交商业发票和证明货物已交给承运人的运输单据以及保险单等，或具有同等效力的电子单证 ④ 承担货物在指定地点交由承运人监管以前的一切费用和风险	① 收取与合同规定相符的货物和单据，并按照合同规定支付货款 ② 自负风险和费用，取得所需的进口许可和其他官方授权，办理货物进口所需的一切海关手续 ③ 承担货物在指定地点交由承运人监管以后的一切费用（从装运地到目的地的运费和保险费除外）和风险

CIP 保险条款调整为必须符合协会货物保险条款（A）或一切险的承保范围。CIP 术语与 CIF 术语相似，它们的价格构成中都包括了通常的运费和约定的保险费，而且按这两种术语成交的合同都属于“装运合同”，都是卖方凭单交货，买方凭单付款。

小结：

FCA、CPT 和 CIP 这三种贸易术语适用于包括多式联运在内的任何运输方式。它们都属于象征性交货，而且以这三种术语达成的合同也都属于装运合同，都以“货交承运人”作为风险划分的界限。

FCA、CPT 和 CIP 三种术语的主要区别在于买卖双方在办理运输、保险责任和支付运费、保险费方面。

可以把 FCA、CPT 和 CIP 看成是 FOB、CFR 和 CIF 方式从海运向各种运输方式的延伸，这两类术语之间有以下三个共同点。

1）都是象征性交货，相应的买卖合同为装运合同。

2）均由出口方负责出口报关，进口方负责进口报关。

3）买卖双方所承担的运输、保险责任互相对应。即 FCA 和 FOB 一样，由买方办理运输和保险；CPT 和 CFR 一样，由卖方办理运输，买方办理保险；而 CIP 和 CIF 一样，由卖方承担办理运输和保险的责任。

这两类贸易术语的主要不同点在于：

1）适用的运输方式不同。FCA、CPT、CIP 适合于各种运输方式，包括多式联运，其承运人可以是船公司、铁路局和航空公司，也可以是安排多式联运的联合运输经营人；而 FOB、CFR、CIF 只适合于海运和内河运输，其承运人一般只限于船公司和船代、货代。

2）风险划分点不同。FCA、CPT 和 CIP 方式中，买卖双方风险和费用的责任划分以“货交承运人”为界，而传统的贸易术语则以“装运港船上”为界。

3）装卸费用负担不同。FCA、CPT 和 CIP 均由承运人负责装卸，因而不存在需要使用贸易术语变形的问题，而 CFR、CIF 术语通过贸易术语变形来规定卸货费用。

4）运输单据不同。在 FOB、CFR 和 CIF 术语下，卖方一般应向买方提交已装船清洁提单。而在 FCA、CPT 和 CIP 术语下，卖方提交的运输单据则视不同的运输方式而定。如在海运和内河运输方式下，卖方应提供可转让的提单，有时也可提供不可转让的海运单和内河运单；如在铁路、公路、航空运输或多式联运方式下，则应分别提供铁路运单、公路运单、航空运单或多式联运单据。

案例分析

CIF 或 CIP？——通过一则案例看产品出口中贸易术语的选择

2020 年 5 月，美国某贸易公司（以下简称为进口方）与我国江西某出口公司（以下简称为出口方）签订合同购买一批日用瓷具，价格条件为 CIF LOS ANGELES，支付条件为不可撤销的跟单信用证，出口方需要提供已装船提单等有效单证。出口方随后与宁波某运输公司（以下简称为承运人）签订运输合同。8 月初出口方将货物备妥，装上承运人派来的货车。途中发生了车祸，导致两箱货物受损，进口方坚持要求全部降价。最终出口方做出让步，受振荡的两箱降价 2.5%，其余降价 1.5%，为此货价、利息等有关损失共计达 15 万美元。

事后出口方向承运人就有关损失提出索赔。经多方协商，承运人最终赔偿各方面损失共计 5.5 万美元。出口方实际损失 9.5 万美元。

上述案例中出口方如采用 CIP 价格术语，那么风险在货交承运人时即可转移，后续的损失应该由进口方承担，出口方就不会遭受损失了。

7. EXW

Ex Work（... named place），即工厂交货（……指定地点），是指卖方在其所在地或其他指定地点（如工厂、车间或仓库等）将货物交给买方处置时，即完成交货。按此贸易术语成交，卖方不需要将货物装上任何前来接收货物的运输工具，也无须办理出口清关手续。除另有约定外，买方应承担自卖方的所在地受领货物时起的全部费用和风险。因此，EXW 术语是卖方承担责任、费用和风险最小的一种贸易术语。该术语适用于各种运输方式。

如买方不能直接或间接地办理出口手续，则不应使用该术语，而应使用 FCA 术语。

8. FAS

Free Alongside Ship（... named port of shipment），即装运港船边交货（……指定装运港），是指卖方在指定的装运港将货物交到买方指定的船边，即完成交货。买卖双方负担的风险和费用均以船边为界。该术语仅适用于海运或内河水运。

应由卖方自负费用和风险，取得出口许可或其他官方证件，在需要办理出口海关手续时，办理货物出口的一切海关手续，并交纳出口关税以及其他费用。

9. DAP

Delivered At Place（... named place of destination），即目的地交货（……指定目的地），是指卖方在指定目的地将仍处于抵达的运输工具上可供卸载的货物交由买方处置时，即完成交货。卖方承担将货物运送到指定目的地的一切费用和风险。

由于卖方承担在特定地点交货前的风险，特别建议双方尽可能清楚地订明指定的目的地内的交货地点。建议双方订立的运输合同应能与所做选择确切吻合。如果卖方按照运输合同在目的地发生了卸货费用，除非双方另有约定，卖方无权向买方要求偿付。

DAP 术语适用于任何运输方式，也可用于多种运输方式。

10. DPU

Delivered at Place Unloaded (... named place of destination)，即目的地卸货后交货（……指定目的地），是指卖方在指定的目的地从运送工具上把货卸下，交由买方处置即完成交货，风险转移给买方。DPU 适用于铁路、公路、空运、海运、内河航运或者多式联运等任何运输方式。卖方承担将货物运至指定目的地的运输风险和费用（除进口费用外），包括货物移动以及卸货的风险。

DPU 替代 DAT 的主要原因是为了强调卸货地不一定是终点。DDP 和 DPU 术语的最大区别在于：DDP 是出口方负责进口清关手续，DPU 是进口方负责进口清关手续；DDP 是买方负责卸货费用和风险，DPU 是卖方负责卸货费用和风险。

11. DDP

Delivered Duty Paid (... named place of destination)，即完税后交货（……指定目的地），是指卖方在指定的目的地将仍处于抵达的运输工具上，但已完成进口清关手续，且可供卸载的货物交由买方处置时，即完成交货。卖方承担将货物运至目的地的一切风险和费用，办理进口清关手续，缴纳进口税费。所以，DDP 术语是卖方承担责任、费用和风险最大的一种术语。该术语适用于所有运输方式。

在需要进口许可证的时候，如果卖方不能直接或间接地取得进口许可证，则不能使用本术语。如果当事人希望买方承担所有进口清关的风险和费用，则应使用 DAP 术语。

小结：

目的地交货的贸易术语共有 DAP、DPU 和 DDP 三种，采用这三种术语成交的合同为到达合同（Arrival Contract）。按这些术语成交时，卖方要负责将货物安全、及时地运达目的地，实际交给买方处置，才算完成交货。卖方要承担货物运至该地点之前的一切风险和费用。可见，到达术语条件下，卖方所承担的风险要大于前面各种术语。

《2020 年通则》中的 11 种贸易术语各自特点见表 1-7。

表 1-7　《2020 年通则》中的 11 种贸易术语对照表

贸易术语	交货地点	责任		费用		风险划分界限	出口报关责任与费用	进口报关责任与费用	适用的运输方式
		办理运输	办理保险	支付运费	支付保险费				
EXW	商品产地	买方	买方	买方	买方	买方受领货物起	买方	买方	任何运输方式
FCA	出口国内地、港口	买方	买方	买方	买方	货交承运人处置时起	卖方	买方	任何运输方式
FAS	装运港（出口国）	买方	买方	买方	买方	货交船边后	卖方	买方	海运和内河水运
FOB	装运港（出口国）	买方	买方	买方	买方	装运港船上	卖方	买方	海河和内河水运

（续）

贸易术语	交货地点	责任		费用		风险划分界限	出口报关责任与费用	进口报关责任与费用	适用的运输方式
		办理运输	办理保险	支付运费	支付保险费				
CFR	装运港（出口国）	卖方	买方	卖方	买方	装运港船上	卖方	买方	海河和内河水运
CIF	装运港（出口国）	卖方	卖方	卖方	卖方	装运港船上	卖方	买方	海河和内河水运
CPT	出口国内地、港口	卖方	买方	卖方	买方	货交承运人处置时起	卖方	买方	任何运输方式
CIP	出口国内地、港口	卖方	卖方	卖方	卖方	货交承运人处置时起	卖方	买方	任何运输方式
DAP	进口国指定目的地	卖方	卖方	卖方	卖方	货物交买方处置时起	卖方	买方	任何运输方式
DPU	进口国卸货地	卖方	卖方	卖方	卖方	货物卸下交买方处置时起	卖方	买方	任何运输方式
DDP	进口国指定目的地	卖方	卖方	卖方	卖方	货物交买方处置时起	卖方	卖方	任何运输方式

1.3.6 INCOTRMS®2020 与 INCOTRMS®2010 的区别

INCOTRMS®2020 最大的特点是更加清晰地向用户展示了各个术语所规定的买卖双方的权利和义务；对销售合同与附属合同之间的界限和联系做出了更明确的解释；重新对 INCOTERMS®2020 规则进行排序，更加突出了交货和风险，便于用户选择，目的是帮助国际贸易群体更加顺利地进行进出口交易。

相对于 INCOTERMS®2010，INCOTERMS®2020 主要有以下几个方面的变化。

1. 已装船批注提单和 FCA 术语

如果货物由海运方式运输，买方或卖方（更可能是信用证所在地的银行）可能需要已装船批注提单。然而，FCA 术语下的交货在货物装船之前已经完成，无法确定卖方是否能够从承运人处取得已装船提单。因为根据其运输合同，承运人很可能只有在货物实际装船后才有义务和权利签发已装船提单。

为了解决这个问题，INCOTERMS®2020 中 FCA 的 A6/B6 条款提供了一个附加选项。买卖双方可以约定，买方可指示其承运人在货物装船后向卖方签发已装船提单，然后卖方通过银行向买方提交该提单。最后，需要强调的是，卖方对买方仍然不承担运输的义务。

2. 费用的列出

在之前版本的《国际贸易术语解释通则》中，由不同条款分配的各种费用通常出现在每个术语规则的不同部分。例如，INCOTRMS®2010 中的 FOB 是在标题为“交货单据”的 A8 条款中提及与获取交货单据有关的费用，而不是在标题为“费用划分”的 A6 条款中。

而在 INCOTERMS®2020 中，A9/B9 条款列出了由 INCOTERMS®2020 每一特定术语划分的所有费用。其目的是向用户提供一个一站式的成本清单，以便卖方或买方可以在一个地方找到其根据 INCOTERMS 规则应承担的所有费用。

3. CIF、CIP 中保险险别的不同层级

在 INCOTERMS®2010 中，CIF 和 CIP 的 A3 条款均规定卖方有义务“自付费取得货物保险，该保险需至少符合《协会货物保险条款》条款（C）或类似的最低险别的条款”。

INCOTERMS®2020 对 CIF 和 CIP 术语中的保险条款分别进行了不同的最低险别规定。CIF 默认使用协会货物保险条款（C）；而 CIP 使用协会货物保险条款（A），即卖方需要承担一切险（All Risks），相应的保费也会更高，卖方承担的保险义务变大，而买方的利益会得到更多保障。

4. 在 FCA、DAP、DPU 和 DDP 中使用买方或卖方自己的运输工具安排运输

在 INCOTERMS®2010 中始终设定，在从卖方运往买方的过程中货物是由第三方承运人负责的，而承运人受控于哪一方则取决于买卖双方使用哪一条贸易术语。在 INCOTERMS®2020 中，FCA 术语下的买方可以使用自己的运输工具来运输货物，D 组术语下的卖方可以使用卖方自己的运输工具安排运输。

5. 将 DPU 代替 DAT

在 INCOTERMS®2010 中，DAT 与 DAP 之间唯一的区别在于：在 DAT 术语下，当货物从到达的运输工具卸载到“运输终端”时，卖方即完成交货；而在 DAP 术语下，当到达的运输工具上可供卸载的货物交由买方处置时，卖方即完成交货。在 INCOTERMS®2010 中，“运输终端”一词宽泛地定义为包括“任何地方，无论该地点是否覆盖……”，较为模糊。

INCOTERMS®2020 对 DAT 和 DAP 进行了两处修改。第一，将 DAT 名称改为 DPU（Delivered at Place Unloaded），强调目的地可以是任何地点，而不仅仅是“运输终端”。第二，调整 DAP 与 DPU 的位置，将交货发生在卸载之前的 DAP 排列在 DPU 之前。

6. 在运输义务和费用中加入与安全有关的要求

在 INCOTERMS®2010 中，与安全相关的要求放在 A2/B2 和 A10/B10 项中，且条目相当有限。随着安全问题越来越重要，在 INCOTERMS®2020 中，与安全相关的义务明确划分添加到每个 INCOTERMS®2020 的 A4 和 A7 中。这些要求产生的费用在费用条款中，即 A9/B9 中。

7. 用户解释说明

在 INCOTERMS®2010 开头出现的“使用说明”（Guidance Notes）现在作为 INCOTERMS®2020“用户解释说明”（Explanatory Notes for Users）出现。这些说明解释了每个术语的基本原理，例如应该何时使用、何时转移风险以及如何在买卖双方之间划分费用。解释说明的目的有两个：1）帮助用户准确、有效地使用适合特定交易的适当的国际贸易术语解释通则；2）当那些受 INCOTERMS®2020 管辖的合同存在争议时，这些解释可以为协议制定者和咨询者提供必要的指导。

1.4 知识拓展

1. INCOTERMS 2000

INCOTERMS 2000 贸易术语分为 E、F、C、D 四组，见表 1-8。

表 1-8　INCOTERMS 2000 贸易术语分组

组　别	术语缩写	术语英文名称	术语中文名称
E 组起运（实际交货）	EXW	Ex Works	工厂交货
F 组主运费未付（象征性交货）	FCA	Free Carrier	货交承运人
	FAS	Free Alongside Ship	装运港船边交货
	FOB	Free On Board	装运港船上交货
C 组主运费已付（象征性交货）	CFR	Cost and Freight	成本加运费
	CIF	Cost Insurance and Freight	成本、保险费加运费
	CPT	Carriage Paid to	运费付至
	CIP	Carriage and Insurance Paid to	运费、保险费付至
D 组到达（实际交货）	DAF	Delivered at Frontier	边境交货
	DES	Delivered Ex Ship	目的港船上交货
	DEQ	Delivered Ex Quay	目的港码头交货
	DDU	Delivered Duty Unpaid	未完税交货
	DDP	Delivered Duty Paid	完税后交货

2. INCOTERMS®2010 中 DAT 的解释

INCOTERMS®2010 中，11 个贸易术语中包含 DAT。

Delivered At Terminal（... named terminal at port or place of destination），即运输终端交货（……指定港口或目的地的运输终端），是指卖方在指定港口或目的地的指定运输终端将货物从抵达的载货运输工具上卸下，交给买方处置时，即完成交货。

"运输终端"意味着任何地点，而不论该地点是否有遮盖，例如码头、仓库、集装箱堆场或公路、铁路、空运货站等。

卖方承担将货物送至指定港口或目的地的运输终端并将其卸下期间的一切风险。DAT 术语适用于任何运输方式，也可适用于组合运输方式。

3. 实用英语

Anti-dumping Duty　反倾销税

Composition of International Trade　国际贸易商品结构

Counter-vailling Duty　反贴补税

Direction of International Trade　国际贸易地理方向

Entrepot Trade　转口贸易

Favourable Balance of Trade; Trade Surplus　贸易顺差（出超）

Foreign Trade Measures　对外贸易措施

Free Trade Area; Free Trade Zone　自由贸易区

Generalized System of Preferences（GSP）普遍优惠制

International Chamber of Commerce（ICC）国际商会

International Trade Custom　国际贸易惯例

International Trade Practice　国际贸易惯例

Invisible Trade; Intangible Trade　无形贸易

Law and Practice　法律惯例

Non-Tariff Barriers（NTBs）　非关税壁垒

Shipment Contract　装运合同

Shipping / Shipment Advice　装船通知

Symbolic Delivery　象征性交货

Transit Trade　过境贸易

Unfavourable Balance of Trade; Trade Deficit　贸易逆差（入超）

United Nations Convention on Contracts of International Sales of Goods（CISG）《联合国国际货物销售合同公约》

Visible Trade; Tangible Trade　有形贸易

1.5 业务技能训练

1.5.1 自测习题

1. 翻译

1）International Trade ________ 2）INCOTERMS® 2020 ________

3）Export ________ 4）Import ________

5）FOB ________ 6）CFR ________

7）CIF ________ 8）FCA ________

9）CPT ________ 10）CIP ________

2. 单选题

1）一定时期内，当一国的进口总额大于出口总额时称为（ ）。

A. 贸易顺差 B. 贸易平衡 C. 贸易出超 D. 贸易入超

2）中国内地出口一批货物给中国香港某公司，该香港公司又将这批货物卖给美国某公司，这个贸易现象可称为中国对美国的（ ）。

A. 间接进口 B. 间接出口 C. 转口贸易 D. 直接出口

3）根据《2020年国际贸易术语解释通则》，若以CFR条件成交，买卖双方风险划分是以（ ）为界。

A. 货物交给承运人处置 B. 货物交给第一承运人处置

C. 货物在装运港装上船后 D. 货物在目的港卸下船后

4）《2020年通则》中买方责任最大的贸易术语是（ ）。

A. EXW B. CIF C. DAP D. DDP

5）FCA/CIP术语下，办理保险者应为（ ）。

A. 买方/卖方 B. 卖方/买方 C. 买方/买方 D. 卖方/卖方

6）我国某公司与英国一家公司以CFR LANDED的条件成交了一笔生意，按照国际惯例，这批货物在目的港的卸货费用应当由（ ）。

A. 买方来承担 B. 卖方来承担

C. 船方来承担 D. 港务部门来承担

7）一集装箱在吊装上船过程中，因吊钩脱落砸落在船舷上后掉入海中。根据INCOTERMS® 2020 CIF上海（ ）应为此损失负责，如掉落在船上，（ ）又应为此损失负责。

A. 卖方；卖方 B. 买方；买方 C. 卖方；买方 D. 买方；卖方

3. 判断题

1）贸易术语变形在改变费用负担的同时，也改变了风险的划分点。（ ）

2）按CIF伦敦成交，卖方负责将货物运输到伦敦交货给买方后，风险才转移给买方。（ ）

3）按FCA、CPT和CIP术语成交，买卖双方风险的划分点是一样的。（ ）

4）FOB、CFR和CIF三种术语仅适用于海运和内河运输；而FCA、CPT、CIP三种术语适用各种运输方式。（ ）

5）以CIF条件成交的合同，当货物在海洋运输途中受损后，卖方有权凭符合合同规定的全套单据向买方索取货款。（ ）

6）在FOB、CFR和CIF之后加注的港口名称有的是装运港，有的是目的港，但其交货

地点都是装运港。 (   )

7）按 CIF 术语成交，尽管价格中包括至指定目的港的运费和保险费，但卖方不承担货物必然到达目的港的责任。 (   )

1.5.2 课堂训练

1. 查找目前我国对哪些产品征收出口税？
2. 目前的外贸形势对公司产品的影响有哪些？我国采取了哪些鼓励出口的措施？
3. 简述 FOB、CFR、CIF 术语和 FCA、CPT、CIP 术语的区别。
4. 简述 FOB、CIF、CFR 主要异同（风险划分点、费用划分点、运保费）。
5. 简述 CIF 贸易术语买卖双方的主要义务。
6. 填写表 1-9。

表 1-9 国际贸易术语买卖双方责任和费用一览表

术语	交货地点	风险划分	责任		费用			
			运输	投保	运费	保费	出口税	进口税
EXW								
FCA								
FAS								
FOB								
CFR								
CIF								
CPT								
CIP								
DAP								
DPU								
DDP								

7. 案例分析。

我方某公司按 CFR 术语与美国客户签约成交，合同规定保险由买方自理。我方于 9 月 1 日凌晨 2 点装船完毕，受载货轮于当日下午起航。由于 9 月 1、2 日是周末，我方未及时向买方发出装船通知。3 日上班收到买方急电称：货轮于 2 日下午 4 时遇难沉没，货物灭失，要求我方赔偿全部损失。试分析此案例。

1.5.3 实训操作

1. 常州天信外贸有限公司是我国最大的男式衬衫生产出口公司之一，公司生产各种档次、规格的男式衬衫，产品全部出口到欧美等地，与众多国外用户建立长期良好的合作关系。请查找近年来我国对男式衬衫出口政策方面的变化。登录国家税务总局网站（https://hd.chinatax.gov.cn/nszx/InitChukou.do）查找公司的男式衬衫、牛仔布的出口退税率分别是多少？

2. 江苏天地木业有限公司是我国最大的木地板生产出口基地之一，公司生产各种档次、规格的复合地板，产品全部出口到世界各国，与众多国外用户建立长期良好的合作关系。请在国家税务总局网站（https://hd.chinatax.gov.cn/nszx/InitChukou.do）查找公司的复合地板的出口退税率是多少？

3. 上网查询上月、上季度我国进出口商品的金额、国别地区、商品大类情况以及贸易差额。

任务 2　掌握国际贸易业务流程

知识要点

1. 国际贸易业务的基本流程
2. 贸易磋商的环节
3. 发盘、接受的构成条件

技能要点

- 掌握外贸公司的进出口贸易业务流程
- 熟悉询盘、发盘、还盘和接受等函电的写作

导学

通过本任务的学习，掌握国际贸易业务具体步骤有哪些，前期准备工作有哪些，交易磋商程序有哪几个环节，构成有效发盘和接受的条件分别是什么。

国际贸易合同履约流程在情境 2~4 中详细阐述，本任务主要是介绍贸易磋商的询盘、发盘、还盘和接受四个环节。其中发盘和接受是达成交易、订立合同必不可少的环节。判断合同是否成立，关键在于发盘和接受两个环节是否存在和有效。

对照学习发盘与接受的生效条件、撤回，这样更容易理解。发盘可以撤销，接受不可以撤销；还要注意还盘的作用以及逾期接受的效力，这往往是合同成立与否的争议所在。

2.1　任务描述与分析

1. 任务描述

一周后，孙潇等三人已经大致了解了我国的对外贸易政策、措施。在这期间陈明先生把上月刚出口到美国洛杉矶的一笔 8000 条裤子的业务流程详细讲解给孙潇等三人，同时把该笔业务所有单据的副本让他们熟悉。

7 月 10 日，陈明先生转给孙潇一份新加坡莱佛士贸易公司（以下简称莱佛士公司）有关求购服装信息的 E-mail，让他与对方建立业务联系，吩咐王明联系供应商，询价并配合孙潇给莱佛士公司发盘。

2. 任务分析

外贸业务员必须熟练掌握国际贸易业务的流程，以确保国际贸易的顺利开展。

寻找客户对外贸业务员来说至关重要，但这是一个漫长而痛苦的过程。找到潜在的客户，建立业务关系仅仅是万里长征的第一步，随后进入询盘、发盘和还盘等磋商阶段。发盘、还盘和接受是建立在对商品的成本核算以及对商品市场行情的很好把握的基础上的。出口商品交易的实施过程，包括货源采购、出运报关、运交买方三个基本阶段，其间产生的成本、费用是构成出口商品价格的最主要因素。出口商品对外发盘，需根据出口成本、国际市场价格和经营意图等多方面综合考虑。因发盘时有些费用尚未真正发生，即使已发生的费用，具体分摊也要经过一段时间，因此成本在拟订价格时很难确定，只能进行估算。

本任务仅介绍磋商的程序，具体的价格核算以及还价将在后面的价格磋商里再展开。

2.2 任务实施与心得

任务实施

(1) 完善公司网站的产品信息，加强网络推广

常信公司建有公司的网站，孙潇和万友等人来公司后，公司加大了产品推广力度，在阿里巴巴国际平台上介绍自己的企业，发布商品信息，让客户能够及时了解本公司的生产能力和畅销产品。同时，万友每天也在网络上搜寻客户信息，在看到有客户需要服装的信息后，就立即写邮件介绍本公司，与之建立业务联系。

DEAR SIRS,

WE LEARNED FROM THE INTERNET THAT YOU ARE ONE OF THE MAJOR IMPORTERS OF TEXTILES AND GARMENTS IN YOUR COUNTRY. WE ARE WRITING TO ENTER INTO BUSINESS RELATIONS WITH YOU ON THE BASIS OF MUTUAL BENEFITS AND COMMON INTERESTS.

OUR CORPORATION IS A STATE-OWNED FOREIGN TRADE ORGANIZATION, DEALING IN THE IMPORT AND EXPORT OF TEXTILES AND GARMENTS. OUR PRODUCT IS OF FASHIONABLE DESIGN, COMFORTABLE FEELING AND HIGH QUALITY, WHICH ENJOYS HIGH REPUTATION BOTH IN AMERICA AND ASIA.

ENCLOSED IS OUR LATEST CATALOGUE. IF YOU HAVE SPECIAL REQUIREMENTS, PLEASE INFORM US.

LOOKING FORWARD TO YOUR PROMPT REPLY.

YOURS FAITHFULLY

MIKE

(SIGNATURE)

(2) 参加广州交易会，回来后及时跟进

孙潇、万友和王明在陈明的带领下，参加了中国进出口商品交易会（广交会），在交易会上和新加坡莱佛士贸易公司的 Lisa 进行了面对面的磋商。回来后，孙潇就及时跟进，在掌握产品购买成本的基础上进行报价，并请对方关注本公司网站的其他产品。

(3) 联系供应商，掌握产品的相关信息

王明通过多种方式熟悉当地的服装生产企业，联系供应商，建立和生产厂家的联系，了解服装的价格和交货期等第一手资料。供应商的报价如下：男式衬衫销售价格为每件 56.50 元左右，包含 13%的增值税。

任务实施心得

(1) 参加交易会的要点

参加交易会有助于促进贸易的达成，应该事先做好以下准备工作。

首先要深入了解产品，牢记产品的价格，尤其是款式较多的产品类别的价格。因为交易会时间紧、客流大，客户匆匆而过，如果不能对客户询价当场做出及时的回应，容易错失机会。如果对价格能够脱口而出，能给客户以专业的形象，加强客户对你的信心。其次，细致而快速地记录客户的询问和要求，这是后期跟进的关键。展会期间，多准备名片用于散发，同时尽一切可能收集客户的名片，这是宝贵的商业资料。此外，多参观同行的参展摊位，了解竞争对手的动态，与同行交流信息，结交朋友。

交易会上，待客要热诚周到。如果碰到几个客户同时访问的情形，注意先一一招呼到，再按照顺序一个个地谈，不可冷落了客户，但也尽量不要同时与几个客户洽谈。对于暂时不能洽谈的客户，先致歉，请他暂时自行参观或翻阅资料。需要注意的是，在打招呼的同时交换名片，因为有些客户会因为不愿等待而先离开，给客户印有摊位号的名片便于他回头再来，收集他的名片便于主动联系。交谈的时候除了回应客户的询问，更应该主动了解客户的经营情况，以便日后推荐相关产品，增加贸易机会。如果有时间，洽谈又融洽，客户也开朗的话，不妨闲聊一下以联络感情，但注意避免政治和宗教话题。

（2）邮件跟进

交易会上有时候可以当场得到订单，但更多的工作则要后期跟进。交易会回来以后，及时整理资料，对接触过的客户，一一发信问候，确认询问事宜，补充更详细的产品资料，使客户的兴趣转化为实际的订单。

如果通过电子邮件交往，在开始阶段的邮件上，建议在标题栏写明自己公司的名称和邮件意图，如：To establish business relations；From Shanghai Dongxu I/E Co.，邮件内容应尽可能简要，不要随意粘贴照片或其他压缩文件，以免他人误以为藏有病毒而直接删除，或被服务器误认为是垃圾邮件而拦截。

和客户联系过程中，有一些巴基斯坦、伊朗、埃及等地的客户习惯使用英文大写字母写函电，那么业务员就与其对应，考虑到对方的阅读使用习惯，我们也用大写；而针对欧美客户，在段落甚至标点上，都比较正规，我们就应特别注意段落对应，大小写区分清楚。

建议做一个 Excel 表格，方便及时跟进，抬头依次是编号、日期、姓名、国家、邮箱、电话、来源、产品和跟进情况。以后每增加一个新客户就在列表中增加一行信息。

（3）报价技巧

在商务往来中，客户对某个产品价格询盘，卖方及时给予报价后往往收不到回复。这时可以询问客户不回邮件的原因，并且间隔地给客户一些问候，主动提供最新的报价，推荐公司的新产品。

不同地区可以不同报价。对于欧洲市场可以报价高一点。对于中东印巴市场，报价稍微低一点，即使如此，也要留有余地。因为客户喜欢还价，要留有降价的余地。对于一些不常接触的国家，如毛里求斯，或很小的国家，反而可以报高一点。

2.3 相关知识

在国际贸易实际业务中，不同的交易、不同的贸易条件，其业务环节也不尽相同。在具体工作方面，各个环节又常先后交叉进行，或者出现齐头并进的情形。但是，无论是出口贸易，还是进口贸易，就它们的基本业务程序而言，主要包括交易前的准备、国际贸易合同的磋商订立以及合同的履行三个阶段。具体国际贸易业务流程如图 2-1 所示。

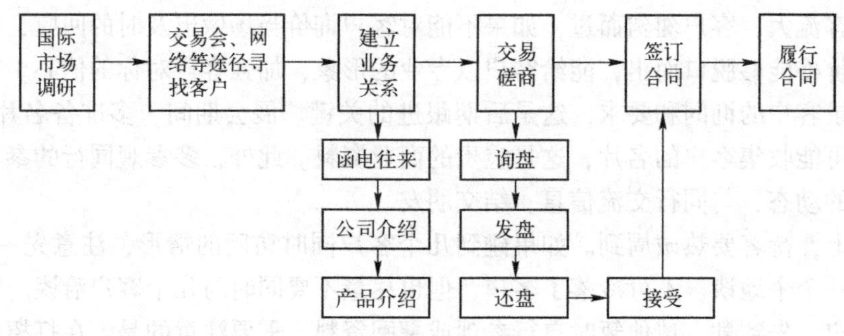

图 2-1　国际贸易业务流程图

2.3.1　国际贸易业务的特点

国际贸易远比国内贸易复杂。国际贸易业务具有线长、面广、环节多、难度大和变化快等特点，其复杂性具体表现在以下几个方面。

1. 涉及法律的复杂性

国际贸易交易双方处在不同国家或地区，在洽商交易和履约的过程中，会涉及各自不同的制度、政策措施、法律和惯例，情况错综复杂。

2. 中间环节多

国际贸易除交易双方当事人外，还涉及商检、运输、保险、银行、港口、税务和海关等部门以及各种中间商和代理商。无论哪个环节出了问题，都会影响整笔交易的正常进行，并引起法律上的纠纷。

3. 受外在因素的影响大

国际贸易易受宏观政策、经济形势和其他客观条件变化的影响，尤其在当前国际局势动荡不安、市场竞争和贸易摩擦愈演愈烈、外汇汇率剧烈波动以及货价瞬息万变的情况下，国际贸易的不稳定性更为明显，从事国际贸易的难度也相应增大。

4. 交易成本巨大

国际贸易由于交易主体双方地处遥远的两地，远距离的货物运输使得其运输成本增加，由此导致货物损失风险加大，额外的保险费大幅增加。此外，由于行业的专业性较强，对从业人员的素质要求也较高，人力资源的成本也会随之攀升。

5. 高风险行业

国际市场广阔无垠，加之国际贸易的从业机构和人员情况复杂，易产生欺诈，稍有不慎，就可能受骗上当、货款两空，蒙受严重的经济损失。

2.3.2　交易前的准备工作

交易前的准备主要包括国际市场环境分析、国际市场调研、寻找客户及与客户建立业务关系四方面内容。

1. 国际市场环境分析

分析和研究国际市场环境是关系国际贸易成败的大事。尤其要关注相关国家或地区的政治法律环境、社会文化环境与商业习惯。

政治法律环境除了考虑目标市场国的政治稳定性、双边国家关系的变化、国际公约、国际惯例和各国的涉外法律外，还要重视别国可能出现的政治干预。

主要的政治干预措施有：没收、征用和国有化、外汇管制、进出口管制、税收管制、价格管制、关税壁垒与非关税壁垒。

各国社会文化环境的差异将直接或间接地影响产品的设计和包装、产品被接受的程度、信息的传递方式、分销渠道和促销措施等。对社会文化因素形成的消费习惯和消费心理必须加以适应，投其所好，避其所忌，才能成功。

国际商业习俗在接触级别、交谈的语言和手势特点、礼貌和效率，以及谈判重点等方面都存在极大的差异。例如，阿拉伯人站在一起的距离比美国人挨得近；南美人在贸易谈判中比美国人握手的次数频繁得多；在美国，经理们愿意将外商请到家里来吃饭；在法国，交易双方的谈判要准时开始，迟到者往往要在室外久等之后才能进去。

2. 国际市场调研

国际市场调研是为了获得与贸易有关的各种信息，通过对信息的分析，得出国际市场行情特点，判定贸易的可行性并进而制定贸易计划。国际市场调研包括经济调研、市场调研和客户调研三个方面。

经济调研的目的在于对经济大环境的总体了解，也是对可能的风险和效益情况的预估。对外贸易尽量在经济环境较好的国家和地区间开展。

市场调研的目的在于确定该商品贸易是否具有可行性、收益性。

知识链接

从消费习惯来看，全球市场可大致分为美加（美国和加拿大）市场、西欧市场、日韩市场、东欧市场、中东市场和非洲市场这几类，每个市场的风格不同。一般日韩市场特别是日本市场，偏爱精致优质的产品，高、精、尖、小巧美观，喜好中国传统文化，一些具有民族特色的产品常能得到理解与欢迎，也能接受高价格，但数量一般不会太大；美加与西欧市场一般对品质要求适中，喜欢简洁流畅、新奇多变的产品风格，价格适中，量比较大；中东市场对品质要求不高，对产品的审美方面较为朴实，价格低，数量比较大；非洲市场弹性最大，跨度较大，奢侈品和品质极差的产品都有一定的市场。

客户调研的目的在于了解欲与之建立贸易关系的国外客户的基本情况，包括它的历史、资金规模、经营范围、组织情况和信誉等级等总体状况，还包括它与世界各地（包括我国）其他客户开展贸易的历史和现状。只有对国外客户有了一定的了解，才可以与之建立贸易联系。在我国对外贸易实际业务中，常有因对对方情况不熟悉，匆忙与之进行交易而造成重大损失的事件发生。

一般情况下，调研信息的主要来源如下。

1）一般性资料。如一国官方公布的国民经济总括性数据和资料，内容包括国民生产总值、国际收支状况、对外贸易总量、通货膨胀率和失业率等。

2）国际组织发行的资料。如联合国的《国际贸易统计年鉴》、世界银行的《世界发展报告》、国际货币基金组织的《国际收支手册》、世界贸易组织的《国际贸易统计报告》《WTO年度报告》，国际商会的成员名单及各成员资信方面的信息、当地的商业状况、贸易习惯等。

3）委托国外咨询公司进行行情调查。

4）通过我国外贸公司驻外分支公司和商务参赞处，在国外进行资料收集。

5）利用交易会、各种洽谈会和客户来华做生意的机会了解有关信息。

6）派遣专门的出口代表团、推销小组等进行直接调研，获得第一手资料。

7）利用互联网获取信息。

3. 寻找客户

在国际贸易业务中，每个企业都会使出浑身解数来寻找客户。外贸企业寻找客户的方法很多，可以简单地概括为以下几类。

（1）专业展会

专业展会的主要形式有展览会、展销会、博览会三种。企业通过参加各类对口的专业展会，展示公司、产品和接洽客户。参展前可发送大量邮件邀请客户在展会上面谈，提高参展效果。展会一般只有2~5天时间，在这么短的时间内，各地客户云集展馆，公司通过海报、展板、样本、名片等与客户交换信息，为后期的联络工作做准备。有的客户甚至现场确认订单，因此要求业务员在展前做充分准备，了解行业对手、公司情况和产品特征等。

网站链接

中国国际进口博览会 https://www.ciie.org

中国进出口商品交易会(广交会)https://www.cantonfair.org.cn/

中国国际汽车商品交易会 https://autoparts - expo.kuaizhan

中国国际医疗器械博览会 https://www.cmef.com.cn/

香港玩具展 https://www.hktdc.com/fair/hktoyfair - tc/

（2）跨境电商平台

一方面，企业通过网站、搜索引擎优化、广泛发布销售信息等让本企业的信息到达网络的每个角落，以便客户第一时间发现；另一方面，企业通过B2B平台、黄页、搜索引擎等搜索潜在客户的公司网页，特别是联系方式，以此主动与客户取得联系。

我国外贸企业可以充分利用下面一些比较知名的电子商务平台，开拓国际市场。

阿里巴巴 https://alibaba.com/

慧聪网 https://www.hc360.com/

中国制造网 https://cn.made-in-china.com/

环球资源网 https://www.globalsources.com/

中华纺织网 www.texindex.com.cn

世界买家网 https://win.mofcom.gov.cn/

到迪拜去 www.godubai.com

美国进出口网 www.usaexportimport.com

巴西商务网 www.brazilbiz.com.br

德国商业链接网 www.businesslink.ch

印度市场 www.indiamart.com

韩国商业广场 www.bizkorea.com

马来西亚产品 www.malaysiaproducts.com

(3) 人际拓展

人际拓展即通过公共关系、朋友关系、客户关系的拓展，发掘潜在的客户。企业可以通过我国驻外使领馆的商务参赞、代办处或国外驻华使领馆的商务参赞、代办处、国内外各种商会、银行介绍客户。企业也可以通过在海外的朋友和老客户介绍新客户，这一点在外贸公司中比较普遍。

(4) 各类媒体

通过报纸、电视、移动媒介等发布公司信息，以获取潜在客户信息。借助此类媒体，企业可以将公司信息直接投送到目标公司负责人的桌面。企业也可以在展会期间通过平面媒体强化市场效果，比如在出租车的 LED 显示屏投放广告，在机场、宾馆大巴车身甚至乘客座位的头枕上印上广告等。典型的国际贸易中，平面媒体广告推动者是环球资源公司。他们按行业定期印刷并投放纸质杂志。世界贸易中心集团（WTC）也推出了自己的纸质媒体。

4. 建立业务关系

国际贸易中，买卖双方业务关系的建立，往往是由交易一方通过主动向对方写信、发传真或 E-mail 等形式开展，有时也会通过正式的谈判建立。建立业务关系的函件一般包括下列内容。

1）信息来源。即如何取得对方的资料，如通过他人介绍、网上信息等。

【例 2-1】WE LEARNED FROM THE COMMERCIAL COUNSELOR'S OFFICE IN YOUR COUNTRY THAT YOU ARE INTERESTED IN CHINESE HANDICRAFT.

【例 2-2】WE HAVE OBTAINED YOUR NAME AND ADDRESS FROM THE INTERNET.

2）言明去函目的。如扩大交易范围、建立长期业务关系等。

【例 2-3】IN ORDER TO EXPAND OUR PRODUCTS INTO SOUTH AMERICA, WE ARE WRITING TO YOU TO SEEK POSSIBILITIES OF COOPERATION.

【例 2-4】WE ARE WRITING TO YOU TO ESTABLISH LONG-TERM TRADE RELATIONS WITH YOU.

3）本公司情况。包括公司性质、业务范围、宗旨及公司经营优势等。

【例 2-5】WE ARE A LEADING COMPANY WITH MANY YEARS' EXPERIENCE IN MACHINERY EXPORT BUSINESS.

【例 2-6】WE ENJOY A GOOD REPUTATION IN THE CIRCLE OF TEXTILES.

4）产品介绍。分两种情况，一是明确对方需求时，宜选取某类特定产品，进行具体的推荐；二是不明确对方需求时，宜对企业产品整体情况做笼统介绍（最好附上商品目录、报价单或另寄样品供对方参考）。

【例 2-7】ART. NO. 76 IS OUR NEWLY LAUNCHED ONE WITH SUPER QUALITY, FASHIONABLE DESIGN, AND COMPETITIVE PRICE.

【例 2-8】TO GIVE YOU A ROUGH/GENERAL IDEA OF OUR PRODUCTS, WE ARE AIRMAILING YOU UNDER SEPARATE COVER OUR CATALOGUE FOR YOUR REFERENCE.

5）激励性结尾。即希望对方给予回应或采取行动。

【例 2-9】YOUR COMMENTS ON OUR PRODUCTS OR ANY INFORMATION ON YOUR MARKET DEMAND WILL BE HIGHLY APPRECIATED.

【例 2-10】WE ARE LOOKING FORWARD TO YOUR SPECIFIC INQUIRIES.

小技巧

(1) 邮件标题栏的技巧

外商在收邮件时先看的是“发件人”栏，其次就是“标题”栏，所以标题非常重要。写标题应注意以下几项。

标题应该直接写成外商求购的商品名称，前后不要加任何语言及规格。这样外商看起来一目了然。

切忌空白标题和中文标题。经验证明：凡是空白标题的文件都极易被删除。只有极少数外商懂中文，而且一些外商的邮箱不能识别中文字符，会出现乱码。

切忌长话标题。有些人习惯把邮件标题写成一句话，其实很多外国人都很反感此类邮件，被删的可能性也很大。

切忌问候标题。有些人习惯把邮件标题写成问候语，如：HELLO，HI等。这会让很多外国人怀疑这是垃圾邮件或病毒邮件而不敢冒险去打开它。

(2) 邮件结尾和附件的规范

很多人在邮件最后只简单地落上自己的名字后就把邮件发给了客户。如果该客户本来就很熟悉你倒也无妨。但如果该客户是个新客户，你是第一次联系该客户，则这样的邮件收尾就明显不够。例如：只写上 B. RGDS/Mr David 是不够的，一般要写上所在部门及职务、公司名称、电话、传真、网站等。这样既可以让收件人更方便地联系到写信人，也给别人一种专业的感觉。

如有附件，请在邮件中标明附件名称。附图片时，图片名称应改为与内容相关的名称，而不是笼统的001、002等，以方便客户下载后查找。

2.3.3 交易磋商

2.3.3 交易磋商

国际贸易的磋商形式主要包括口头谈判和书面谈判两种。一般来说，口头谈判和书面谈判都可以分为询盘、发盘、还盘和接受四个环节。其中**发盘和接受是达成交易、订立合同必不可少的环节。**

1. 询盘

询盘（Enquiry）是指卖方为了出售或者买方为了购买某种商品而向对方发出的有关交易条件的询问。实践中，询盘一般是向不特定的相对方发出，其内容可以包括一项或多项交易条件，往往以询问价格者居多，故也有人称之为询价。

根据发出主体的不同，将询盘分为两种：一种是买方询盘，由买方向不特定的卖方发出；另一种是卖方询盘，由卖方向不特定的买方发出。

【例 2-11】 欲购中号T恤1500打，请报最低价及最早装运期。（买方询盘）

WANT TO BUY MIDDLE-SIZE T-SHIRT 1500 DOZEN PLEASE OFFER THE LOWEST PRICE AND THE EARLIEST DELIVERY.

【例 2-12】 能够提供T恤2000打。（卖方询盘）

CAN SUPPLY T-SHIRT 2000 DOZEN.

小技巧

询盘对于买卖双方都不具有法律约束力，也非交易磋商的必经程序。 但在实际业务操作中，它很可能是一笔业务的源头。接到询盘，应根据客户的不同，按照轻重缓急将每天收到的买家查询进行分类。对老客户的查询直接回复就行；对新客户有必要进行仔细分析，尽量在网上搜索一下，看看公司规模、产品，通过分析了解清楚买家的意图、采购兴趣、公司实力等详细情况。总之，对买家的要求了解越多，回复就越能够引起买家的注意和兴趣。最后，根据客户的邮件风格，如果客户是轻松的风格，就用轻松的语气写邮件，然后发送即可；如果客户的邮件比较严谨，就用严谨的语气回答，同时介绍自己公司的规模。

总的来说，回复邮件一般分为三段。第一段是问候语；第二段回答客户问题，包括价格、包装、发货期限等；第三段是结尾和签名。

2. 发盘

发盘（Offer）也称报价，在法律上称之为“要约”，是买卖双方中的一方向特定的对方提出各项交易条件，并愿意按这些条件达成交易、订立合同的一种意思表示。《公约》认为，“向一个或一个以上特定的人提出的订立合同的建议，如果内容十分确定并且表明发盘人在得到接受时将承受约束的意思表示，即构成发盘。”

【例 2-13】 SUPPLY MIDDLE-SIZE T-SHIRT 100 CARTONS, 20 DOZEN TO A CARTON, FIFTY U. S. DOLLARS PER DOZEN CIF LONDON DECEMBER SHIPMENT, IRREVOCABLE SIGHT L/C SUBJECT REPLY REACHING US FIFTEENTH.

在实际业务操作中，发盘多为卖方发出，称之为售货发盘；如果是买方发出，则可称为购货发盘或递盘（bid）。

（1）发盘的构成条件

依据《公约》的规定，要构成一项有效的发盘，必须同时具备以下四项要件。

1）**发盘的相对方为一个或一个以上特定的人。** 所谓“特定的人”，是指在发盘中指明个人姓名或企业名称的受盘人。而日常生活中常见的商业广告、商品价目表及宣传品，由于其不是向“特定的人”发出，因而不构成发盘，仅视为“发盘邀请”。

2）**发盘的内容十分确定。**《公约》中明确规定，一项订立合同的建议，“如果标明货物并且明示或暗示地规定数量和价格，或规定如何确定数量和价格，即为十分确定。”但是，为了避免纠纷，在实际业务中，最好将品名、品质、数量、包装、规格、装运和支付条件等主要合同条款均列明在发盘中。

3）**表明发盘人将受其约束。** 发盘人应在发盘中明确向对方表示，愿意按发盘中所述的确定条件与对方订立合同。如果是发盘人想就某些交易条件同对方进行协商，而没有受其约束的意思，就不能认为是一项有效的发盘。

4）**传达到受盘人。** 发盘必须传达到受盘人时才能生效。不论什么原因导致发盘未能到达受盘人，该发盘均无效。

知识链接

> 虚盘（Offer Without Engagement/non-firm offer）又称为非确定报价，是发盘人有保留地愿意按一定条件达成交易的一种表示。
>
> 虚盘的优点是：第一，虚盘的发盘人不受虚盘的约束，发盘人不承担完全按照发盘内容签约的义务；第二，可以根据市场的变化，挑选有利的成交时机和最好的贸易伙伴，以取得较为有利的卖价；第三，可以不必有完备的内容和有效时期的规定；第四，较为灵活自由，并可以用术语"以最后的确认有效"或"我方有权先售"等，附有保留条件。
>
> 虚盘的缺点是受盘人往往把虚盘看成是一般业务联系而不予重视，因而，不利于达成协议。

（2）发盘的有效期

发盘的有效期是指可供受盘人对发盘是否做出接受的时间限制。在发盘的有效期内，发盘人要受发盘的约束，不得随意撤销；超过有效期，发盘人就不再受其约束。**受盘人的接受必须在发盘的有效期内做出**。在实际业务中，发盘有效期的规定通常有以下三种方法。

第一种是明确规定发盘的有效期，规定最迟接受的期限或规定一段接受的时间。该种情况下的发盘自其送到受盘人时生效，到规定的有效期结束时终止。

例如，发盘…… 限3月20日复到。（SUBJECT TO MARCH 20.）

发盘7日内复有效。（VALID IN 7 DAYS.）

第二种未明确规定发盘有效期。该种发盘并非永久有效，根据《公约》第18条的规定，受盘人在这种情况下必须在合理时间内做出接受的意思表示，否则接受无效。但是，对"合理时间"的解释各国法律有所差异，难以做出明确统一的解释。因此，为了避免产生纠纷，应尽量避免使用该种规定方法。

第三种是口头发盘。依《公约》规定，采用口头发盘的，除发盘人发盘时另有声明外，受盘人只能当场表示接受才有效。在我国一般不采用口头发盘方式。

（3）发盘的撤回与撤销

发盘在一定情形下可以撤回和撤销，具体见表2-1。

表2-1　发盘的撤回与撤销的比较

	发盘的撤回	发盘的撤销
概念	发盘人在其发盘送达受盘人以前，将该项发盘取消的行为	发盘人将已经送达受盘人的发盘取消的行为
《公约》规定	发盘在未被送达受盘人之前，如果发盘人改变主意，可以将其撤回，但发盘人必须将撤回通知于发盘送达之前或与发盘同时送达受盘人	已经被受盘人收到的发盘，如果撤销通知在受盘人发出接受通知前到达受盘人，可以撤销
不得撤回或撤销的情形	在实践中，由于贸易双方多用传真和电子邮件等比较快捷的方式进行发盘，撤回基本上无法实现	发盘已规定有效期或以其他方式表明不可撤销的；受盘人有理由信赖该发盘是不可撤销的，并已采取了行动，或已回复接受

课堂思考

我方于周一上午10点以电传方式向英商发盘，公司原定价格为每单位2000英镑CIF伦敦，由于经办人员失误，错报为每单位2000美元CIF伦敦。① 如果当天下午2点发现问题，如何处理？② 如果第二天上午9点发现问题时，客户尚未接受，如何处理？按照《公约》的规定进行解释。(假设发盘传至对方需10小时)

(4) 发盘的终止

发盘的终止也称为发盘的失效，是指已经生效的发盘失去法律效力。发盘的终止对于发盘人来说，他不再受该发盘约束，对受盘人来说，他也失去了接受该发盘的权利。

如果受盘人对已经失效的发盘表示接受，只能视之为新的发盘，不能导致合同的成立，必须经原发盘人接受后才能成立。

在实践中，引起发盘终止的事由主要有以下几种。

1) 受盘人做出还盘或拒绝的意思表示。

2) 发盘人依法撤销发盘。

3) 发盘的有效期届满或发盘虽未规定有效期，但已经超过了合理时间，发盘人仍未收到受盘人的答复。

4) 因发生了某些特定情况而依法失效。如发盘人在发盘被接受前丧失了行为能力或被正式宣告破产；发盘中的商品被政府宣布为禁止进出口商品等。

3. 还盘

受盘人在接到发盘后，不能完全同意发盘的内容，对发盘提出修改意见，用口头或书面形式表示出来，就构成还盘（Counter Offer）。

还盘的形式并不固定，有的明确使用“还盘”字样，有的仅在内容中表示对发盘的修改。还盘是对发盘的拒绝，**还盘一经做出，原发盘即失去效力**，发盘人也不再受其约束，**该还盘即成为一个新的发盘**。买卖双方可以多次往复还盘，讨价还价，直至接受或谈判破裂。

【例2-14】 你方10月8日的发盘，如果改为付款交单，我们就可以接受。

YOUR OFFER OF OCT. 8 ACCEPTABLE IF PAYMENT BY D/P.

【例2-15】 我们认为你方的发盘要价过高，我们很难接受。

WE THINK YOUR OFFER IS TOO HIGH, WHICH IS DIFFICULT FOR US TO ACCEPT.

4. 接受

接受（Acceptance），法律上称为“承诺”，指交易的一方在接到对方的发盘或还盘后，以声明或行为的方式向对方表示同意。接受和发盘一样，既属于商业行为，也属于法律行为。

【例2-16】 我方接受“红星”牌手套2000打，每打HK $3.50 CIF LONDON，七月底前装运，不可撤销即期信用证支付。

WE ACCEPTED “RED STAR” GLOVES 2000 DOZEN HK $3.50 PER DOZEN CIF LONDON SHIPMENT DURING JULY PAYMENT IN SIGHT IRREVOCABLE L/C.

(1) 接受的构成条件

根据《公约》的解释，构成有效的接受要具备以下四项条件。

1) 接受必须是由受盘人做出。受盘人以外的其他人对发盘表示同意，不能构成接受。

发盘的构成条件中要求必须向特定的人发出，即表示发盘人愿意按发盘的条件与受盘人订立合同，但并不表示他愿意按这些条件与任何人订立合同。因此，接受也只能由受盘人做出，才具有法律效力。

2）受盘人表示接受，要采取声明的方式即以口头或书面的声明向发盘人明确表示。另外，还可以用行为表示接受。

3）接受的内容要与发盘的内容相符。

4）接受的通知要在发盘的有效期内送达发盘人才能生效。

（2）接受内容的变更

接受必须是同意发盘所列的全部交易条件，也就是说，接受的内容必须与发盘的内容相一致。如果受盘人在接受时附加了一项或几项条件，对发盘做出了变更，从法律角度来讲，就不构成有效的接受。实际上，这种对发盘内容有所变更的接受是还盘的一种形式。

但实际情况中，对发盘表示接受但添加不同条件的答复，如果添加的不同条件在实质上并不变更该项发盘的条件，除发盘人在不过分延迟的期间内以口头或书面通知反对其间的差异外，仍构成接受。“实质性变更”是指有关货物的价格、付款、货物的质量和数量、交货时间和地点。一方当事人对另一方当事人对赔偿的责任范围或解决争端方法的改变，也视为实质上变更发盘条件。

（3）接受的撤回

根据《公约》规定，**接受可以撤回**，但撤回通知必须于接受生效之前或与接受通知同时到达发盘人为限。但是**接受不得撤销**，因为接受生效后，合同已经成立，如果要撤销接受，在实质上已属毁约行为，问题的性质就完全改变了。

（4）逾期接受

在国际贸易中，由于各种原因，导致受盘人的接受通知有时会晚于发盘人规定的有效期送达，这在法律上称为“迟到的接受”或“逾期接受”（Late Acceptance）。对于这种迟到的接受，发盘人不受其约束，不具法律效力。但也有例外的情况，《公约》第 21 条规定，逾期接受在下列两种情况下仍具有法律效力。

1）如果发盘人毫不迟延地用口头或书面的形式将认可逾期接受的意思通知受盘人。

2）如果载有逾期接受的信件或其他书面文件表明，在传递正常的情况下是能够及时送达发盘人的，那么这项逾期接受仍然具有接受的效力，除非发盘人毫不迟延地用口头或书面方式通知受盘人，明确表示该发盘已经失效。

小技巧

逾期接受是否有效，关键取决于发盘人如何表态，主动权在发盘人一方。因此，发盘人在收到逾期接受后，无论是接受还是拒绝，都应立即给对方一个答复。这样使自己处于主动地位，避免今后产生纠纷。

2.3.4 合同的签订与履行

经过交易磋商达成一致意见，双方一般会以书面形式签订合同。合同签订后，双方就进入履行合同的阶段。

1. 出口合同的履行

出口合同履行，指出口人按照合同的规定履行交货义务直至收回货款的整个过程。采用CIF术语按信用证支付方式成交的出口合同，一般包括备货、催证、审证、改证、租船订舱、报关、保险、装船和制单结汇等步骤。

2. 进口合同的履行

进口合同履行，指进口人按照合同规定的义务履行付款义务直至提取货物的整个过程。进口合同（FOB，L/C）履行程序一般包括开立信用证、租船订舱和催装、保险、审单和付汇、报关和接货、验收和拨交、进口索赔等环节。

2.3.5 出口退税

根据WTO规则，各成员国可以对本国出口产品实行退税，但退税的最大限度不能超过出口产品在国内已征的税款。

出口退税（Export Rebates）是指对出口商品在出口前的生产和流通各环节已经缴纳的国内增值税或消费税等间接税税款，部分或全部退还给出口企业的一项税收制度，由出口企业所在地税务局批准退还。出口退税是一项国际惯例，主要通过退还出口货物的国内已纳税款来平衡出口产品的税收负担，使本国产品以不含税成本进入国际市场，与国外产品在同等条件下进行竞争，从而增强竞争能力。对出口产品实行退税是国家支持外贸出口的重要手段，符合国际惯例。

我国从1985年开始实行出口退税政策，此后，出口退税政策进行过多次调整。

网站链接

出口退税率的查询(http://hd.chinatax.gov.cn/nszx/InitChukou.html)

出口应退税额=外贸不含增值税的采购金额×出口退税率

=[外贸含增值税采购金额/(1+增值税税率)]×出口退税率

2.4 知识拓展

1. 包销

包销（Exclusive Sales），也称为独家经销（Exclusive Distribution），指出口商（委托人）通过协议把某一种商品或某一类商品在某一个地区和期限内的经营权给予国外某个客户或公司的贸易做法。

出口商与包销商之间的关系是买卖关系，包销商赚取货物的进价与销价之间的差价。包销商从出口商处购进货物，自行销售、自负盈亏，承担货价涨落及库存积压的风险。

2. 代理

代理（Agency）是指出口商（委托人）授权国外代理人向其他中间商或用户，代表出口商销售其产品的一种贸易方式。

代理人与委托人之间的关系属于委托代理关系。代理人在代理业务中，只是代表委托人进行交易，他本身并不作为合同的一方参与交易。代理人不管交易的盈亏，只收取佣金。

根据出口商赋予代理商的特许经营权限，代理分为总代理（General Agency）、独家代理（Exclusive Agency或Sole Agency）、佣金代理（Commission Agency）三种类型。

3. 寄售

寄售（Consignment）是指出口商（委托人）先将货物运往寄售地，委托国外一个代销人（受委托人），按照寄售协议规定的条件，由代销人代替货主进行销售。

代销人不负担风险与费用，一般不需垫付资金，多销多得。寄售对代销人有利，适用于比较难以销售的产品。

4. 招标与投标

招标（Invitation to Tender）与投标（Submission of Tender）在国家政府机构、公用事业单位或国际经济组织采购大批物资、大型器材设备或援建项目中广泛采用。

招标是指招标人发出招标公告或招标单，提出准备买进商品的品种、数量和有关交易条件，邀请投标人在规定的时间、地点，按照一定的程序进行投标，然后招标人择优取标，达成商品交易的一种方式。

投标是指投标人应招标人的邀请，根据招标公告或招标单的规定条件，在规定的时间内向招标人递盘的行为。

5. 拍卖

通过拍卖进行交易的商品大都是些品质规格复杂、难以标准化的，或是难以久存的，或是习惯上采用拍卖方式进行交易的商品。如茶叶、烟叶、兔毛、皮毛、木材、水貂皮、澳大利亚羊毛、古玩和艺术品等。

拍卖（Auction）是一种单批实物的现货交易。拍卖后卖方或拍卖举办人对货物的品质一般不负赔偿责任。按质论价、优质优价的特点在拍卖中表现得尤为突出，故对卖方较为有利，往往可以使卖方获得较高的利润。

6. 补偿贸易与加工贸易

补偿贸易（Compensation Trade）是指贸易双方就某个项目达成协议后，由外方企业提供该项目生产所需的设备和技术，中方企业则在合同规定的时间内，以产品返销的形式补偿外方企业的设备款、技术费用及补偿期所产生的利息。

加工贸易（Processing Trade）是一种加工再出口业务。它把加工和扩大出口、收取工缴费收入结合起来。目前的主要做法有来料加工、进料加工、来件装配等。

7. 实用英语

Assembling with Customer's Parts　来件装配
Bid　递盘
Brochure　宣传小册子
Customer, Client　顾客
Firm offer　实盘
Invitation to Make Offer　邀请发盘
Pamphlet　小册子，刊物
Processing Trade　加工贸易
Processing with Customer's Materials　来料加工
Quotation, Quote　报价
Value Added Tax, VAT　增值税
Value-added Tax Invoice　增值税专用发票

2.5 业务技能训练

2.5.1 自测习题

1. 翻译

1）Inquiry ____________________　2）Offer ____________________

3）Counter-offer ______________ 4）Acceptance ______________

5）VAT ______________________ 6）Validity __________________

2. 单选题

1）交易磋商的两个基本环节是（　　）。

A. 询盘、接受　B. 发盘、签合同　C. 接受、签合同　D. 发盘、接受

2）“你10日电我方接受，即开证，希尽早装运”这一电文属（　　）。

A. 询盘　B. 发盘　C. 还盘　D. 接受

3）根据《公约》规定，合同成立的时间是（　　）。

A. 接受生效的时间　B. 交易双方签订书面合同的时间

C. 在合同获得国家批准时　D. 在发盘送达受盘人时

4）某发盘人在其订约建议中有“仅供参考”字样，则这一定约建议为（　　）。

A. 发盘　B. 递盘　C. 邀请发盘　D. 还盘

5）关于接受的生效，英美法系实行的原则是（　　）。

A. 投邮生效　B. 签署日生效　C. 到达生效　D. 双方协商

6）一方在报纸杂志或广播电视中所做的内容明确完整的商业广告属于（　　）。

A. 邀请发盘　B. 询盘　C. 发盘　D. 还盘

7）按《联合国国际货物销售合同公约》的规定，接受于何时生效？（　　）。

A. 合理时间　B. 向发盘人发出时

C. 送达发盘人时　D. 发盘人收到后以电报确认时

8）一项发盘，经过还盘后，则该项发盘（　　）。

A. 失效　B. 仍然有效

C. 对原发盘人有约束力　D. 对还盘人有约束力

9）某项发盘于某月12日以电报形式送达受盘人，但在此之前的11日，发盘人以传真告知受盘人发盘无效，此行为属于（　　）。

A. 发盘的撤回　B. 发盘的修改　C. 一项新发盘　D. 发盘的撤销

10）发盘的撤回与撤销的区别在于（　　）。

A. 前者发生在发盘生效后，后者发生在发盘生效前

B. 前者发生在发盘生效前，后者发生在发盘生效后

C. 两者均发生在发盘生效前

D. 两者均发生在发盘生效后

3. 判断题

1）询盘与发盘都是达成交易的基本环节和必经的法律步骤，具有法律约束力。（　　）

2）某公司对外发盘，受盘人在有效期内来电表示接受，双方还未签订合同，该公司发现货源不落实，交货有困难，因此可以不再签订合同，也不承担交货责任。（　　）

3）在交易磋商过程中，发盘都是由卖方做出的行为，接受都是由买方做出的行为。（　　）

4）在国际贸易中，订立合同只能以书面形式或口头形式表示，否则无效。（　　）

5）我国某公司向国外A公司发一实盘，在有效期内，A公司没有做出反应，而B公司却向我公司发出接受的通知。B公司的接受有效。（　　）

6）买方来电表示接受发盘，但要求将D/P即期改为D/P远期，此时合同成立。（　　）

2.5.2 课堂训练

1. 简述国际贸易实际业务程序。简述出口合同的履行程序。

2. 构成发盘和接受的有效条件有哪些？分组讨论，以实际业务举例说明。

3. 案例分析题

（1）我某出口公司拟向美国A商人出售一批自行车，于8月15日向对方发盘，限其8月21日答复，价格每辆45英镑，装运期为10月。8月17日对方回电接受15/8发盘，并提出每辆40英镑，装运期可推迟到12月份。我方未表态，于19日与另一商人达成交易。8月20日美商A来电表示全部接受我方8月15日发盘，我方当即回电告之货已售出，而美商认为合同已成立，要求我方履行合同，否则提出索赔要求。试问：此合同是否成立？为什么？

（2）A向B发盘"蝴蝶牌缝纫机JA-1型3000架木箱装每架62美元CFRC2%科威特10月装即期信用证限6日复到此地。"B于9月5日回电："你3日电如62美元CFRC3%D/P即期接受。"A对此未予答复，问双方合同是否成立？为什么？

2.5.3 实训操作

1. 2019年9月15日，常州天信外贸有限公司从国外一个老客户那里得知加拿大客户JAMES BROWN&SONS（以下简称J. B. S公司）要求订购型号MS691、MS862的男式衬衫。现在请你写一函电给J. B. S公司，以建立业务合作关系。

常州天信外贸有限公司

CHANGZHOU TIANXIN IMPORT & EXPORT CORP.

Room 2601, Changzhou International Trade Center

801 Yan Ling Road（w），Changzhou，Jiangsu 213001

TEL：+86 59 86338175，FAX：+86 59 86338177

JAMES BROWN&SONS.

#304-310 JaJa Street，Toronto，Canada

TEL：（1）7709910，FAX：（1）7701100

2. 2019年10月25日，江苏天地木业有限公司收到美国现代公司的传真，要求订购木地板，现在请你回传真，说明第二天给他们具体报价。

江苏天地木业有限公司

JIANGSU TIANDI WOOD CO.，LTD

CUIBEI VILLAGE，HENGLIN TOWN，WUJIN DISTRICT，CHANGZHOU，JIANGSU

TEL：0086-519-88507666

FAX：0086-519-88507777

MODERN TRADE，INC.

66750 VOSE ST. NORTH HOLLYWOOD，CA 91605 USA

TEL：215/880-9066

FAX：816/232-0388

3. 在中国制造网等相关网站上寻找男式衬衫、复合地板的生产厂家，进行询价比较，获得本公司同类产品的国内价格信息。

熟悉常用的著名 B2B 网站，在 https://www1.tradekey.com/、https://www.ec21.com/或者到针对某个国际市场的贸易平台，如新加坡贸易网（https://tradelink.com.sg/）等相关网站上寻找男式衬衫、复合地板的国外客户，发出建立业务关系函，获得本公司产品在国外市场的售价。

综合训练一

1. 业务背景

南京纽维纺织服装有限公司（NANJING NIVI TEXTILE & GARMENT CO., LTD）的老客户 J&K Fashion Trade Co. Ltd 向其推荐了一位来自美国经营纺织服装的 TAC NEW YORK CO., LTD 。其经理 Jams Brown 对 Style No. TN35 和 TN36 全棉女式夹克非常感兴趣。2020 年 3 月 21 日，纽维纺织服装有限公司收到了 Jams Brown 的电子邮件，欲购买女式夹克。

2. 训练任务

根据相关背景及资料，以南京纽维纺织服装有限公司业务员身份，向客户发出建立业务关系函，内容包括向客户寄送样品、介绍 TN35 和 TN36 全棉女式夹克、邀请客户来参观等。

查找我国的全棉女式夹克出口退税率以及进出口关税情况，对客户进行资信调查。

3. 相关资料

（1）客户名称、地址

经理：Jams Brown

TAC NEW YORK CO., LTD

ADD：133 E. 13th Street, 2nd Floor, (between 3rd & 4th Avenues), New York, NY 10003

TEL：0044-78-3410776

FAX：0044-78-3410777

E-mail：jams@tac.com.us

（2）商品信息

货名及货号：TN35 和 TN36 全棉女式夹克

面料：全棉；里料：摇粒绒

包装方式：用出口纸箱包装，16 件/纸箱

包装尺寸：57 cm×44 cm×43 cm

毛重：15 kg/箱　净重：14 kg/箱

情境2

出口合同的磋商与订立

任务3 订立合同的标的条款

知识要点

1. 表示商品品质的方法
2. 运输标志的组成
3. 溢短装条款的内容
4. 常用的计重方法

技能要点

- 选择合适的方法来表示商品质量的能力
- 能够计算集装箱内所装货物的数量
- 能够正确确定溢短装数量和运输标志
- 正确订立出口合同的品质、数量、包装条款

导学

国际货物贸易首先需要在合同中明确商品名称、品质、数量和包装。这样方便合同履行，避免产生纠纷。

根据不同的商品选用恰当表示品质的方法（用样品或文字表示品质），品质条款要订有机动幅度或品质公差。

数量条款就是具体成交数量加计量单位。首先选择恰当的计量单位，成交数量一般情况下为N个集装箱所装商品的数量，所以先计算一个集装箱整箱所装商品的数量，同样为了履行了合同的便利性，要订立溢短装条款。

在包装条款中要选择包装的材料和包装方式，单件包装中的商品数量，学会制订标准化的运输标志。

3.1 任务描述与分析

1. 任务描述

常信公司已经和新加坡莱佛士贸易公司建立了业务关系，莱佛士公司有意购买中国服装与玩具等日用消费品，第一笔订单希望先从服装开始。

常信公司的服装主要有均色均码和混色混码两种包装方式，通常是以一只40英尺[⊖]的集装箱所装货物的数量为最低订货数量来进行出口报价的。由于是第一次和常信公司开展业务，莱佛士公司的试订单为一只40英尺集装箱的服装，如果销售不错，以后再增加进口量。

孙潇已经和莱佛士公司的Lisa就具体业务磋商了一段时间。现在就具体出口服装的名称和品质、包装展开细致的讨论，准备拟订合同的品名与品质、数量、包装条款。

⊖ 1英尺=0.3048米。

2. 任务分析

合同的标的为商品的名称和品质条款、数量条款以及包装条款。标的条款是国际货物买卖双方首先需要商定的条件，也是国际货物买卖合同中的重要条款。

在货物买卖合同中，品质条款一般包括商品的品名、规格、等级、品牌、标准以及交付货物的品质依据等。数量条款主要包括成交商品的具体数量、计量单位和溢短装条款等。按重量计算商品，还需明确计算重量的方法。包装条款主要包括包装材料、包装方式、包装规格、包装标志、包装费用和每件包装中所含物品的数量或重量等内容。

《公约》规定，卖方交付的货物必须与合同所规定的名称、质量、数量相符。如果卖方交货不符合约定的名称规定、品质条件，买方有权要求损害赔偿，也可以要求修理或交付替代物，甚至拒收货物和撤销合同。

如卖方交货数量大于约定的数量，买方可以拒收多交的部分，也可以收取多交部分中的一部分或全部，但应按合同价格付款。如卖方交货数量少于约定的数量，在允许分批交货的前提下，卖方可在规定的交货期届满前补交，但不得使买方遭受不合理的不便和承担不合理的开支，而且买方有保留索赔的权利。

如果卖方交付的货物未按约定的条件包装，或者货物的包装与行业习惯不符，买方有权拒收货物。

3.2 任务实施与心得

任务实施

子任务 1　订立商品的名称和质量条款

双方经过一段时间的磋商，莱佛士公司准备先进口一批男式衬衫。孙潇于 2020 年 7 月 15 日给 Lisa 寄送了样品，男式衬衫样品编号为 MP766。对方收到样品后，对质量进行了仔细检查，认可产品的质量。于是，双方在合同中约定的品质条款如下：

Men's cotton shirt, like original sample NO. MP766 sent on July 15, 2020.

任务实施心得

针对不同的商品，正确选用表示品质的方法，品质条款要有科学性和合理性。

一般来说，凡能用科学指标来说明商品品质的，可采用凭规格、等级、标准买卖；品质稳定、具有一定特色的名优产品，可采用凭商标或牌号、产地买卖；某些结构、性能复杂的机械产品，则采用凭说明书买卖；难以规格化、标准化的商品，则采用凭样品买卖。凭样品买卖时，应列明样品的编号、寄送日期，有时还要加列交货品质与样品“大致相符”等说明。

凡可用一种表示品质的方法，就不要采用两种或两种以上的方法，订得过于烦琐只会增加生产和交货的困难。在规定品质条款时，用词要简单、具体、明确，切忌使用“大约”“左右”“合理误差”等含糊的字眼，避免引起纠纷。

> 其他商品品质条款举例：
>
> **【例 3-1】**茶具　品质与 5 月 16 日航空邮递的样品 CT78 一致。
>
> Tea Cups Quality Same as Sample No. CT78 Airmailed on May 16.
>
> **【例 3-2】**1515A 型多梭箱织机，详细规格如所附文字说明与图样。

Multi-shuttle Box Loom Model 1515A, Detailed Specifications as per attached Descriptions and illustrations.

【例 3-3】9971 中国绿茶 特珍一级 货号 9307。

9971 China Green Tea Special Chummed Grade 1 Art. No. 9307.

【例 3-4】盐酸四环素糖衣片 250 mg，按 2015 年版英国药典规定。

Tetracycline HCL Tablets (sugar coated) 250mg inconformity with B. P. 2015.

【例 3-5】白籼米 碎粒（最高）25%

杂质（最高）0. 25%

水分（最高）15%

White Rice, Long-Shaped

Broken Grains (max) 25%

Admixture (max) 0. 25%

Moisture (max) 15%

子任务 2 订立商品的数量条款

一个 40 英尺的集装箱的体积大概是 67. 7 m^3，实际利用率 80%左右，所以一般可以装 55 m^3 的货物。每个纸箱尺寸 50 cm×40 cm×80 cm，体积为 0. 16 m^3。55÷0. 16=343 箱，每箱装 8 件衬衫，数量为 2744 件。为避免实际装箱时有误差，因此订立溢短装 5%的幅度可以接受。

孙潇就服装的数量及具体颜色、尺寸等和 Lisa 取得了一致，在合同中签订数量条款见表 3-1。

表 3-1 QUANTITY (PCS)

	SIZE	WHITE	GREY	TOTAL
Men's Cotton Shirt	M	343	343	686
	L	343	343	686
	XL	343	343	686
	XXL	343	343	686
TOTAL		1372	1372	2744

2744PCS, 5% more or less at seller's option.

任务实施心得

(1) 要明确度量衡制度，避免误解

在数量条款中，对计量单位的规定，应该明确采用的度量衡制度，如以“吨”计量时，要说明是长吨、短吨还是公吨。对一些机械产品的螺纹，还要明确是英制还是公制。

(2) 要合理确定成交商品的数量，制订溢短装条款

根据装载工具确定每次成交的具体数量，节省运输成本。如果采用集装箱运输，成交的商品数量一般应该正好满足集装箱整箱装运的需要，最大限度利用装载空间。如果数量太多或太少，采用拼箱装运，运费就昂贵了许多。

溢短装条款是指买卖双方在数量条款中约定一个机动幅度，允许卖方交货数量可以在一定范围内灵活掌握。只要卖方交货数量在该机动幅度之内，就属于按合同规定交货，买方不

能以交货数量不符为由拒收或提出索赔。溢短装条款主要包括数量机动幅度、机动幅度的选择权以及溢短装部分的作价方法。机动幅度一般为3%~5%；机动幅度选择权一般为负责租船订舱的一方。

(3) 知晓UCP600有关数量的增减幅度规定

凡“约”“大概”或类似的词语，用于信用证金额、数量和单价时，应解释为有关金额、数量或单价不超过10%的增减幅度。

在信用证未以包装单位件数或货物自身件数的方式规定货物数量时，货物数量允许有5%的增减幅度，只要总支取金额不超过信用证金额即可。

其他数量条款举例：

【例3-6】东北红小豆，100公吨，单层新麻袋装，每袋约100kg，以毛作净。

Northeast Small Red Beans, 100 metric tons packed in single new gunny bags of about 100KG. each, gross for net.

【例3-7】500公吨，上下5%，由卖方决定。

500m/t, with 5% more or less at seller's option.

【例3-8】数量1000公吨，为适应船舱容量需要，卖方有权多装或少装5%，超过或不足部分按合同价格计算。

Quantity: 1000M/T, the sellers have the option to load 5% more or less than the quantity contracted if it is necessary, such excess or deficiency to be settled of contracted price.

【例3-9】试订购一千打烟火，五百箱蚊香。

Place a trial order for 1000 dozen of fireworks and 500 cartons of mosquito coil incense.

子任务3　订立商品的包装条款

双方同意包装采用混色混码，8件装一只纸箱，第一次发一个40英尺集装箱的货物。双方在合同中约定的包装条款如下：

8PCS per carton, assorted colors and size, per PC in polybag.

W×H×L: 50×40×80

SHIPPING MARK: RTC

CZCX2011180

SINGAPORE

NO. 1-343

任务实施心得

在包装条款中要具体规定使用的包装材料和包装方式，明确包装费用和运输标志。

如果由买方提供包装或包装物料，应明确规定买方提供包装或包装物料的时间，以及由于包装或包装物料未能及时提供而影响发运时买卖双方所负的责任。还应明确填充物料及加固条件等。

按国际贸易惯例，运输标志一般由卖方决定，并无必要在合同中作具体规定。但如果买方要求指定时，就需要在合同中具体规定运输标志的式样和内容；如果合同规定由买方另行指定，应规定买方通知卖方运输标志的最后期限，过时则卖方可自行决定。

包装费用一般包括在货价之中，不另计收。在进口国外商品时，尤其是包装技术较强的商品，最好在单价条款后注明“包括包装费用”，以免事后发生纠纷。

其他包装条款举例：

【例 3-10】木箱装，每箱 50kg，净重。

In wooden cases of 50 KG net each.

【例 3-11】包装：纸箱装，每箱 60 听，每听 1000 片。

Packing: In cartons containing 60 tins of 1000 tab. each.

【例 3-12】每件装 1 塑料袋，半打为 1 盒，10 打装 1 木箱。

Each piece in a polybag, half dozen in a box and 10 dozen in a wooden case.

【例 3-13】每台装 1 个出口纸箱，810 只纸箱装 1 只 40 英尺集装箱运送。

Each set packed in one export carton, each 810 cartons transported in one 40ft container.

3.3 相关知识

3.3.1 商品的名称

买卖双方在签订进出口合同时，一定要明确、具体地订明商品的名称（Name of Commodity），并尽可能使用国际上通用的名称，避免履约的麻烦。

课堂思考

出口苹果酒一批，国外来证货名为“Apple Wine”，于是我方为单证一致起见，所有单据上均使用“Apple Wine”，不料货到国外后遭进口国海关扣留罚款，因该批酒的内外包装上均写的是“Cider”字样。结果外商要求我方赔偿其罚款损失。问：我方对此应负什么责任？

1. 商品的名称与 HS 编码

我国目前实施的商品分类，全部采用了《商品名称及编码协调制度》（以下简称《协调制度》，Harmonized System，HS）目录中对商品的分类原则、结构和全部商品名称，将商品分为 22 类 98 章。因此，在国际贸易对外成交采用商品名称时，应与 HS 规定的品名相适应。

2. 品名条款的内容

合同中的品名条款一般比较简单，多在“商品名称”或“品名”的标题下，列明交易双方成交商品的名称。有时为了省略起见，也可不加标题，只在合同的开头部分，列明交易双方同意买卖某种商品的文句。

规定品名条款时，应注意以下事项。

1）商品的名称必须能够切实反映商品的实际情况，是卖方能够提供而且是买方所需要的商品，避免空泛、笼统的规定，不必要的描述性的词句不应列入。

2）商品的名称在《协调制度》中能够准确归类。

3）对某些商品还应注意选择合适的品名，以利降低关税，方便进出口和节省运费开支。

例如：我国中远集团对棉手套（Cotton Gloves）、尼龙手套（Nylon Gloves）和劳保手套（Working Gloves）规定的运费等级就不同。

3.3.2 商品的品质

3.3.2 商品的品质

商品的品质（Quality of Goods）好坏，不仅关系到商品价格高低，而且还影响商品的销路和信誉。有些国家规定，凡品质不符合其法令法规规定的，一律不准进口。

在国际货物买卖中，商品种类纷繁复杂，规定商品品质的方法也多种多样。归纳起来，主要有以下两大类。

1. 以样品表示商品的品质

样品通常是从一批商品中抽取出来或由生产部门设计、加工的，足以反映和代表整批商品品质的少量实物。凡以样品表示商品品质并以此作为交货依据的称为凭样品买卖（Sale by Sample）。

（1）卖方样品、买方样品与对等样品

在国际贸易中，样品按提供者的不同，可分为卖方样品、买方样品和对等样品三种，见表3-2。

表3-2 样品的分类

	卖方样品（Seller's Sample）	买方样品（Buyer's Sample）	对等样品（Counter Sample）
定义	由卖方提供的样品	由买方提供的样品	卖方根据买方来样仿制或从现有货物中选择品质相近的样品提交买方确认，这种样品称为对等样品
凭样品成交	凡凭卖方样品作为交货品质依据者，称为凭卖方样品买卖	按买方提供的样品成交，称为凭买方样品买卖。在我国称为“来样成交”或“来样制作”	在实际业务中，谨慎的卖方往往不愿意承接按买方来样交货的业务，以免交货品质与买方样品不符而招致买方索赔甚至退货的危险
合同条款的规定	在买卖合同中应该订明：“品质以卖方样品为准”（Quality as per seller's sample）	在买卖合同中应该订明：“品质以买方样品为准”（Quality as per buyer's sample）	实际上是用卖方样品取代了买方样品，使卖方在交货时取得主动
交货商品的要求	卖方所交整批货物的品质，必须与其提供的样品相同	卖方所交整批货物的品质，必须与买方样品相同	卖方所交整批货物的品质，必须与对等样品相同

在确认按买方样品成交之前，卖方必须充分考虑按买方样品生产产品所需的原材料供应、加工技术、设备和生产安排的可行性，以确保日后得以正确履约。应在合同中明确规定：如果发生由买方来样引起侵犯第三者工业产权的事情，概由买方负责，与卖方无关。

（2）原样与复样

凭卖方样品买卖时，卖方提供的样品称为原样（Original Sample）或标准样品（Type Sample），送交买方时，应留存一份或数份同样的样品，这种样品称为留样（Keep Sample）或复样（Duplicate Sample）。复样以备将来组织生产、交货或处理质量纠纷时作核对之用。卖方应在原样和留存的复样上编制相同的号码，注明样品提交买方的具体日期，以便日后联系、洽谈交易时使用。

（3）参考样品

有时买卖双方为了增进彼此对对方商品的了解或为了促销，往往互相寄送样品。这种以介绍商品为目的而寄出的样品，最好标明“仅供参考”（For Reference Only）字样，这种样品称为参考样品（Reference Sample），对交易双方均无约束力。

（4）色样与款式样

作为样品，一般都反映其所代表的商品的整体品质。但也有一些样品，它们只被用作反映某些商品的一个或几个方面的部分品质，而不反映全部品质。例如，色样（Color Sample）只表示商品的颜色，花样款式样（Pattern Sample）只表示商品的花样款式。至于该商品的其他品质内容，则采用文字说明来表示。

凭样品买卖时，卖方交货品质必须与样品完全一致。否则，买方有权提出索赔甚至拒收货物。因此，凭样品买卖容易产生品质纠纷，只能酌情采用；凡是能用科学的指标表示商品品质时，不宜采用凭样品买卖。如对品质无绝对把握，应在合同中做出灵活规定，如规定：品质与样品近似（Quality is nearly the same as the sample）。

用样品表示商品品质，一般适用于不能用科学方法来表示品质或在色、香、味或造型方面有特殊要求的商品，主要是一部分工艺品、服装、轻工产品和土特产品等。

小技巧：处理样品的要点

首先要加强对样品的专利、专有技术的保密工作，保护本公司和外商的样品专利和专有技术。

其次是做好样品的收集整理工作，对样品妥善保管、编号保存。

最后是要及时向客户提供样品，处理好包括样品费、样品邮寄费在内的费用。

2. 用文字说明表示商品的品质

在国际货物买卖中，大多数商品采用文字说明来规定其品质。具体有以下6种方式，见表3-3。

表3-3　文字说明表示商品品质的分类

	注意事项	示　　例	适用商品
凭规格买卖（Sale by Specification）	将主要指标订入合同，如成分、含量、纯度、大小、粗细等，不宜罗列过多次要指标。另外，即使是同一商品，也会因用途不同而对规格的要求有差异。如用作榨油的大豆就要求列明含油量，而用于食用时就不一定要求列明含油量，而是把蛋白质含量作为重要指标	中国东北大豆：水分（最高）14%，含油量（最低）18%，杂质（最高）1%，不完善粒（最高）7%	大多数商品
凭等级买卖（Sale by Grade）	商品的等级是指同一类商品根据其品质的差异划分为不同的级别和档次，从而产生品质优劣的若干等级。等级一般用甲、乙、丙；特级、一级、二级、三级；A、B、C等文字、数码表示	Chinese Green Tea Special Chunmee Special Grade Art. No. 41022 中国绿茶 特珍眉特级 货号41022	有明确等级的商品，如矿产品等
凭标准买卖（Sale by Standard）	采用凭标准买卖时，应尽量采用国际通行标准，以扩大出口；在援用标准时，应注明版本年份，以避免引起争议	Rifampicin B. P. 1993 利福平 英国药典1993年版	有通用标准的商品
凭商标或品牌买卖（Sale by Trade Mark or Brand）	如果一种品牌的商品同时有许多种不同型号或规格，为了明确起见，就必须在规定品牌的同时，明确规定型号或规格；在采用买方定牌交易情况下，卖方应对涉及的知识产权问题做出规定	SONY Brand Color TV Set Model：KV-2553TC 索尼牌彩电	在国际上久负盛名的名牌产品

（续）

	注意事项	示例	适用商品
凭产地名称买卖（Sale by Name of Origin）	产地必须能够反映商品的品质，在国际市场上享有盛誉	Shichuan Preserved Vegetable 四川榨菜	在品质方面具有其他产区商品所不具有的独特风格和特色
凭说明书或图样买卖（Sale by Description and Illustration）	买方为了维护自身利益，往往要求在合同中订立卖方品质保证条款和技术服务条款；说明书或图样成为合同的一部分	Quality and technical data to be strictly in conformity with the description submitted by the seller 品质和技术数据必须与卖方所提供的产品说明书严格相符	机器、电器、仪表、大型设备、交通工具等技术密集型商品

凭等级买卖，在列明等级的同时，最好同时规定每一等级的具体规格。例如我国出口的钨砂，主要根据其三氧化钨和含锡量的不同，分为特级、一级、二级三种，见表3-4。

表3-4　我国出口钨砂的等级标准

等级	三氧化钨（最低）	锡（最高）	砷（最高）	硫（最高）
特级	70%	0.2%	0.2%	0.8%
一级	65%	0.2%	0.2%	0.8%
二级	65%	1.5%	0.2%	0.8%

在国际贸易中，有些特殊商品既无法用文字概括其品质，又没有品质完全相同的样品以作为交易的品质依据，如珠宝、字画等，对于这些商品，买卖双方只能看货成交。

看货成交又称为凭现货买卖，即根据现有商品的实际品质买卖。具体做法：卖方在货物存放地向买方展示货物，买方或其代理人逐一验看，如果满意，即与卖方达成交易。只要卖方交付的货物是验看的商品，买方就不能对品质提出异议。这种做法多见于寄售、拍卖和展卖等贸易业务中。

3. 表示品质灵活性的两种方法

（1）品质机动幅度

品质机动幅度（Quality Latitude）是指对特定品质指标在一定幅度内可以机动。具体方法有规定范围、极限和上下差异三种。品质机动幅度主要适用于初级产品，以及某些工业制成品的品质指标。

（2）品质公差

品质公差（Quality Tolerance）指国际上公认的产品品质的误差，即允许卖方的交货品质可高于或低于一定品质规格的误差。这一方法主要适用于工业制成品。

3.3.3　商品的数量

1. 常用的计量单位

在不同的计量方式下，通常采用的计量单位名称及适用的商品见表3-5。

表3-5　常用计量单位

	常用计量单位	适用商品	具体商品举例
重量（Weight）	公吨（Metric Ton）、长吨（Long Ton）、短吨（Short Ton），千克（kg）、磅（Pound）、盎司（Ounce）、克拉（Carat）	农产品、矿产品以及部分工业制成品	羊毛、棉花、谷物、矿产品、油类和药品等

（续）

	常用计量单位	适用商品	具体商品举例
个数（Numbers）	只（Piece 或 PC.）、件（Package 或 PKG.）、打（Dozen 或 DOZ.）、双（Pair）、台（套、架）（Set）、辆(Unit)、头（Head）。有些商品也可按箱（Case）、包（Bale）、桶（Barrel、Drum）、袋（Bag）	一般日用工业品、轻工业品以及一部分土特产品	文具、玩具、成衣、车辆和活牲畜等
长度（Length）	米（Meter）、英尺（Foot）、码（Yard）、厘米（Centimeter）	纺织品、绳索	电线、电缆
面积（Area）	平方米（Square Meter）、平方英尺（Square Foot）、平方码（Square Yard）、平方厘米（Square Centimeter）	皮制商品、塑料制品、地毯和玻璃	塑料地板、皮革和铁丝网等
体积（Volume）	立方米（Cubic Meter）、立方英尺（Cubic Foot）、立方码（Cubic Yard）、立方英寸（Cubic Inch）	化学气体、木材	天然气
容积（Capacity）	公升（Liter）、加仑（Gallon）、蒲式耳（Bushel） 公升、加仑用于酒类、油类商品的计量。美国以蒲式耳作为各种谷物的计量单位	谷物类，以及部分液体、气体产品	小麦、玉米、汽油、酒精和啤酒等

2. 常用度量衡制度

在国际货物买卖中，除了使用的计量单位、计量方法不同以外，各国使用的度量衡制度也不相同。目前国际贸易中常用的度量衡制度有四种。

1）公制（Metric System）：主要在东欧、拉美、东南亚和非洲等国采用。

2）英制（British System）：主要在英国、新西兰、澳大利亚等国采用。

3）美制（U. S. System）：主要在北美国家采用。

4）国际单位制（SI）：国际标准计量组织制定，在许多国家采用。

不同的度量衡制度下，同一计量单位表示的实际数量有时会有很大差异。例如，表 3-6 为计量单位“吨”在不同的度量衡制度下所代表的实际数量。

表 3-6　公吨、长吨、短吨含量表

	千　克	磅
公制—公吨	1000	2204. 60
英制—长吨	1016	2240
美制—短吨	907. 20	2000

小技巧：我国进出口商品采用的计量单位

我国采用的是以国际单位制为基础的法定计量单位。在外贸业务中，出口商品也可根据对方需要采用公制、美制或英制计量单位，但一般不进口非法定计量单位的仪器设备。如有特殊需要，须经有关标准计量单位管理机构批准。

3. 商品的重量计量

在国际货物买卖中，许多商品是按重量计量的。此时，计算重量的方法主要有以下几种。

（1）毛重

毛重（Gross Weight，简写为 Gr. Wt. 或 GW.）是指商品本身的重量加皮重（Tare），即商品连同包装的重量。这种计量方法一般适用于低值产品。

（2）净重

净重（Net Weight，简写为 Nt. Wt. 或 NW.）指商品本身的重量，即从毛重中减去皮重。在国际货物买卖中，按重量计算的商品大多以净重计算。

某些单位价值不高的农产品或其他商品有时采用“以毛作净”（Gross for Net）的办法计重。例如，大米、大豆等农产品，用麻袋包装以毛作净，即以毛重作为计算价格和交付货物的计量基础。

由于这种计重方法直接关系到价格的计算，因此，在销售上述产品时，不仅在规定数量时，需标明“以毛作净”，在规定价格时，也应该加注此条款，如：核桃100公吨，每公吨300美元，单层麻袋包装，以毛作净。

(3) 其他计算重量的方法

公量（Conditioned Weight）是用科学方法除去商品的实际水分，再加上标准水分所得的重量，适用于吸湿性较强的商品，如羊毛、生丝、棉花等。公量的计算方法为

公量=干净重+标准含水量

=实际重量×(1+标准回潮率)÷(1+实际回潮率)

理论重量（Theoretical Weight）指从商品的件数推算出商品的重量，适用于按固定规格生产或买卖的商品，其每件重量也大致相同，如马口铁、钢板、铝锭等。

法定重量（Legal Weight）是纯商品的重量加上直接接触商品的包装材料，如内包装的重量。而除去包装重量所表示出来的纯商品的重量，则是实物净重（Net Net Weight），又称为净净重。这两种重量是海关征收货物从量税的基础。

在国际货物买卖合同中，如果货物按重量计量和计价，而没有具体规定采用何种方法计算重量和价格时，**根据国际惯例应按净重计量和计价。**

案例分析

我国某外贸公司以FOB条件与澳大利亚某客商达成一笔进口1000公吨大豆的交易，合同规定：新麻袋（NEW GUNNY BAG）包装，每袋25kg，每公吨200美元FOB悉尼，T/T付款。货到后我方验货发现，交货物每袋毛重25kg，净重24kg，马上去电向澳商提出问题，要求扣除短量部分的货款，并向澳商寄送有关部门出具的检验证书。请问：我方的要求是否合理？为什么？

分析：我方的要求是合理的。卖方交货的数量应严格按照合同的规定执行，由于未注明以毛作净，按照惯例，卖方应按照商品的净重交货。本案例澳商用新麻袋包装货物，每袋25kg，但货物扣除皮重后每袋只有24kg，说明澳商每袋短量1kg，我方有权要求扣除短量部分的货款。

3.3.4 商品的包装

3.3.4 商品的包装

国际贸易中的货物，除少数可直接装入运输工具的散装货物（Bulk Cargo或Cargo in Bulk），和在形态上自成件数，不必包装或只需略加捆扎即可成件的裸装货物（Nude Cargo）以外，其他绝大多数商品都需要有适当的包装。

根据包装在流通过程中的不同作用，可分为运输包装和销售包装两种类型。

1. 运输包装

运输包装又称为大包装、外包装。它具有保障产品安全，方便储运装卸，加速交接、点验等作用。

运输包装可分为单件运输包装和集合运输包装两种。

(1) 单件运输包装

货物在运输过程中作为一个计件单位的包装称为单件运输包装。单件运输包装按包装的造型和使用材料的不同又分为以下几种形式，见表 3-7。

表 3-7 常见单件运输包装

包装种类	适用商品	具体形式
箱 Case	适用于不能紧压的货物	木箱（Wooden Case）、板条箱（Crate）、纸箱（Carton）、瓦楞纸箱（Corrugated Carton）、漏孔箱（Skeleton Case）
桶 Drum，Cask	适用于液体、半液体以及粉状、粒状货物	木桶（Wooden Drum）、铁桶（Iron Drum）、塑料桶（Plastic Drum）
袋 Bag	适用于粉状、颗粒状和块状的农产品及化学原料等	麻袋（Gunny Bag）、布袋（Cloth Bag）、纸袋（Paper Bag）、塑料袋（Plastic Bag）等
包 Bundle，Bale	通常适用于羽毛、羊毛、棉花、生丝、布匹等可以紧压打包的商品	包（Bale）、捆（Bundle）

此外，还有筐、坛、罐、缸、瓶等包装。

(2) 集合运输包装

集合运输包装是指由若干单件运输包装组合而成的一件大包装，大大提高装卸效率，减轻劳动强度，降低运输成本，减少商品损耗，促进商品装运现代化的实现。

常见的集合运输包装有集装箱、集装包（袋）、托盘等三种方式。托盘（Pallet）是用木材、金属或塑料制成的托板，将货物堆放在托板上面，并用箱板、塑料薄膜或金属绳索加以固定，组成的一件集合包装。

2. 销售包装

销售包装是以促进销售为主要目的、随商品进入零售市场直接与消费者见面的包装，又称为内包装。销售包装的美观感、新潮感、艺术感能激发消费者的购买欲望。

(1) 销售包装的装潢和文字说明

销售包装的装潢应突出商品的特性，能够吸引消费者，同时还应该考虑进口国的风俗习惯和对颜色、图形、数字的爱好和禁忌，对不同的国家采用不同的图案和色彩。

销售包装的文字说明或粘贴、悬挂的商品标签、吊牌等，应注意有关国家的标签管理条例规定。例如，日本政府规定，凡销往该国的药品，除必须说明成分和服用方法外，还要说明其功能，否则就不准进口。此外，有的国家明文规定所有进口商品的文字说明必须使用本国文字或几种文字。如加拿大政府规定，销往该国的药品，必须同时使用英、法两种文字说明。

案例

某年我出口公司出口到加拿大一批货物，计值人民币 128 万元。合同规定用塑料袋包装，每件要使用英、法两种文字的唛头。但该公司实际交货使用只有英文的唛头，国外商人为了适应当地市场的销售要求，不得不雇人重新更换唛头，后向我方提出索赔，我方理亏只好认赔。

(2) 销售包装的要求

销售包装的设计要符合绿色包装理念。包装材料本身的处理要安全、方便、可行，不会造成环境危害，能利用、再生和再循环。

（3）条形码标志

条形码（Product Code）是一种产品代码，由一组粗细、间隔不等的平行线条及其相应的数字组成。它可以表示商品的许多信息，通过光电扫描输入计算机，从而判断出某件商品的生产国、制造商、品名规格、价格等一系列产品信息。

目前得到国际公认用于商品包装的条形码主要有两种，即 UPC 条形码和 EAN 条形码。

UPC（Universal Product Code）条形码是由美国、加拿大共同组织的统一编码委员会编制的。UPC 是美、加产品统一的标识符号。

EAN（European Article Numbering）条形码是欧洲物品编码协会编制的物品标识符号。该协会于 1977 年改名为国际物品编码协会。

小技巧

由于国际上存在这两种编码系统，因此，我国产品销往美国、加拿大应使用 UPC 码，而出口到其他国家和地区则需使用 EAN 码。

3. 包装标志

包装标志指在运输包装上书写、压印、绘制的图形、数字和文字等。包装标志主要有运输标志、指示性标志和警告性标志三种。

（1）运输标志

运输标志（Shipping Mark）又称为唛头，用于标识货物，使其在运输中迅捷、顺畅和安全地运达最终目的地，避免出现延误或混乱，并有助于对照单证核查货物。

我国的国家标准《国际贸易用标准化运输标志》（GB/T 18131—2010）采用了联合国贸易便利化与电子业务中心（UN/CEFACT）第 15 号建议第 4 版《简化的运输标志》。

标准运输标志由收货人名称、参考号、目的地及包装件号 4 项内容按下面示例中给出的顺序组成，每项内容占一行，每行不应超过 17 个字符，凡认为对于装运货物没有必要的 4 项内容中的任何一个都可予以省略，并且这些运输标志都应在包装物和相关单证上标出。

例如：

1）收货人名称的首字母缩写或简称——ABC

根据《国际铁路货物运输公约》对铁路运输的规定，全部包装物均需使用地址全称，另外该公约还适用于公路运输。因此除铁路和公路运输的习惯性做法外，其他各种运输方式均不用在包装物上给出名称/地址的全称。

2）参考号——1234

参考号应简单明了，以避免转抄错误。应仅使用所有参考号中最重要的那一个，如在买方和卖方间商定的合同号或发票号。应避免像“Order No.（订单号）”这样的信息及其所附年份和日期这样的信息数字。

3）目的地——MUMBAI

标明货物最终目的地港口或地点的名称。

4）包装件号

包装件号标明包装物连续编号及已知的总件数，例如“1/25”“2/25”……直至“25/25”。在单证上表示为“1/25”，表示包装物编号从 1 到 25。如果包装件数待定，也可表示为“C/Nos：1/Up”。这种表示方法在客户订单或来往函电中常常见到。

知识链接：主唛与侧唛

唛头一般反映的是整批货物的信息，一般刷在箱子最大的相对的两面，所以俗称“主唛”(Main Mark)。箱子的另两个较小的侧面常需要刷一些商品的信息，如重量、体积及产地等，通常称为“侧唛”(Side Mark)。

在运输包装上标明包装的毛重、净重和体积，以方便运输、装卸。在内外包装上均注明产地，作为商品说明的一个重要内容。商品产地是海关统计和征税的重要依据。

例如：GROSS WEIGHT　108 kg
NET WEIGHT　103 kg
MEASUREMENT　50 cm×45 cm×30 cm
MADE IN CHINA

(2) 指示性标志

指示性标志 (Indicative Mark) 是对某些易碎、易损、易变质的商品，在装卸、运输和保管过程中需要注意的事项，用简单、醒目的图形和文字在包装上标出，以提醒有关人员在操作时注意。常见的有“此端向上”(This Way Up)、“小心轻放”(Handle with Care)、“保持干燥”(Keep Dry)、“禁止翻滚”(No Turning Over)、“勿用手钩”(No Use Hook) 等。图 3-1 是一些指示性标志示意图。

(3) 警告性标志

警告性标志 (Warning Mark) 又称为危险品标志，是针对易燃、易爆、有毒或具有放射性的货物，在外包装上以醒目的图形和文字标明危险性质以警示有关人员在货物的运输、保管和装卸过程中，根据货物的性质，采取相应的防护措施，以保护人身安全和运输物资的安全。图 3-2 是一些警告性标志示意图。

图 3-1　指示性标志示意图　　　图 3-2　警告性标志示意图

除我国颁布的《危险货物包装标志》(GB 190—2009) 外，联合国政府间海事协商组织也规定了一套《国际海上运输危险品货物标志》。因此，在我国危险货物的运输包装上，要同时标明我国和国际海协所规定的两套危险品标志。

在运输危险品时一定要按照有关规定在包装上的明显部位刷制警告性标志，要注意颜色必须牢固、醒目，并防止脱落、褪色。

3.4　知识拓展

1. 中性包装与定牌生产

中性包装 (Neutral Packing) 是指在商品和内外包装上不标明生产国别、地名和厂商名称的包装。采用中性包装是为了打破某些进口国家或地区的关税壁垒和非关税壁垒，或者为适应交易的特殊性 (如转口贸易等)。它是出口厂商加强对外竞争和扩大出口的一种手段。

定牌是指卖方按买方要求在其出售的商品或包装上使用买方指定的商标或品牌。目的是利用买方的经营能力、商业信誉和名牌声誉，以提高售价和扩大出口。

在我国具体有以下几种做法。

1）在定牌生产的商品和/或包装上，只用外商所指定的商标或牌号，而不标明生产国别和出口厂商名称，这属于定牌中性包装。

2）在定牌生产的商品和/或包装上，标明我国的商标或牌号，同时也加注国外商号名称或表示其商号的标记。

3）在定牌生产的商品和/或包装上，在采用买方所指定的商标或牌号的同时，在其商标或牌号下标示“中国制造”字样。

2. 实用英语

Assorted Colors and Size　混色混码
Complete Knock Down（C. K. D）　全拆卸
Degree/Wide/Deep　度/宽/深
Flexible Package　软包装
Fragile　易碎的
Gross for Net　以毛重作净重
Gunny Bag　麻袋
Maximum & Minimum　最大和最小
Moisture Proof Packaging　防潮包装
More or Less Clause　溢短装条款
Neutral Packing　中性包装
Plastic Drum　塑料桶
Plywood　胶合板箱
Plastic Bag　塑料袋
Product Code　条形码
Quality Latitude　品质机动幅度
Quality Tolerance　质量公差
Semi Knock Down（S. K. D）　半拆卸
Size Assortment　尺码分配
Solid Color and Size　均色均码
Side Mark　侧唛
Top/Bottom/Side　顶/底/边
Water Proof Packing　防水包装

3.5　业务技能训练

3.5.1　自测习题

1. 翻译

1）Counter Sample ____________　2）Sale by Specification ________
3）Quality Latitude ____________　4）Cubic Meter ______________
5）Gross Weight ______________　6）Net Weight _______________
7）Shipping Mark ____________　8）More or Less Clause _________
9）Metric Ton _______________　10）Solid Color and Size ________

2. 单选题

1）目前我国出口的某些工艺品、服装、轻工业品等常用来表示品质的方法是（　　）。
A. 凭样品买卖　B. 凭规格买卖　C. 凭等级买卖　D. 凭产地名称买卖

2）凭样品买卖时，如果合同中无其他规定，那么卖方所交货物（　　）。
A. 可以与样品大致相同　B. 必须与样品完全一致
C. 允许有合理公差　D. 允许在包装规格上有一定幅度的差异

3）品质机动幅度条款一般适用于某些（　　）。
A. 制成品交易　B. 初级产品交易　C. 机电产品交易　D. 仪表产品交易

4）不能作为明确商品品质的标准，因而对买卖双方都没有约束力的样品是（ ）。

A. 参考样 B. 对等样 C. 买方样 D. 卖方样

5）国际贸易中，大宗农副产品、矿产品以及一部分工业制成品习惯的计量方法是（ ）。

A. 按面积计算 B. 按长度计算 C. 按重量计算 D. 按容积计算

6）对进口羊毛、生丝等纺织原料，应使用的计量方法为（ ）。

A. 毛重 B. 净重 C. 公量 D. 理论重量

7）如果合同中未明确规定以何种方法计量的话，其计量方法应为（ ）。

A. 毛重 B. 净重 C. 以毛作净 D. 公量

8）根据《跟单信用证统一惯例》规定，合同中使用"大约""近似"等约量字眼，可解释为交货数量的增减幅度为（ ）。

A. 不超过5% B. 不超过10% C. 不超过15% D. 由卖方自行决定

3. 判断题

1）在出口贸易中，表达品质的方法多种多样，为了明确责任，最好采用既凭样品又凭规格买卖的方法。（ ）

2）在凭样品成交的出口业务中，为了争取国外客户，便于达成交易，出口企业应尽量选择质量最好的样品请对方确认并签订合同。（ ）

3）在约定的品质机动幅度或品质公差范围内的品质差异，除非另有规定，一般不另行增减价格。（ ）

4）某外商来电要我方提供大豆，按含油量18%，含水量14%，不完善粒7%，杂质1%的规格订立合同。对此，在一般条件下，我方可以接受。（ ）

5）中国A公司向《公约》缔约国B公司出口大米，合同规定数量为50000公吨，允许卖方可溢短装10%。A公司在装船时共装了58000公吨，遭到买方拒收全部货物。按公约的规定，买方有权这样做。（ ）

6）运输包装上的标志就是指运输标志，也就是通常所说的唛头。（ ）

7）进出口商品包装上的包装标志，都要在运输单据上标明。（ ）

3.5.2 课堂训练

1. 一合同，国外开来信用证规定：数量1000公吨，散装货，不准分批装运，单价为250美元/公吨CIF悉尼，卖方装货时多装了15公吨，问银行是否会以单证不符为由而拒付？

2. 为什么在某些商品的买卖合同中要规定品质机动幅度条款和溢短装条款？

3. 如果包装由买方提供，签订合同包装条款时应该注意什么问题？刷制运输包装标志时应注意什么问题？

4. 请讨论如何确定商品的数量。合同数量除了集装箱的容积外，还受哪些因素的影响？

5. 如果短装后，卖方可以补交短少的数量吗？讨论在什么条件下，卖方补交短少的数量，就不算违反合同约定。

6. 案例分析。

（1）朝鲜一家进出口公司与常州自行车厂洽谈业务，准备从我国进口"金狮"牌自行车6800辆。但要求我方改用"凤凰"牌商标。请问：我方是否可以接受？在处理此项业务时，应注意什么问题？

(2) 我国某出口公司对外出口一批罐头，合同规定数量为454 g×24 听纸箱装1000箱。我方根据库存情况，实际出口454 g×48 听纸箱装500箱。外商以我方包装不符为由拒收货物。问：外商拒收是否合理，为什么？

(3) 国内某公司出口至俄罗斯黄豆一批，合同的数量条款规定：每袋净重100 kg，共1000袋，合计100公吨。货抵俄罗斯后，经检验，黄豆每袋净重96 kg，1000袋合计96公吨。适值黄豆价格下跌，俄罗斯客户以单货不符为由提出降价5%的要求，否则拒收。请问买方的要求是否合理，为什么？

3.5.3 实训操作

1. 常州天信外贸有限公司于2019年10月5日寄送两种型号MS691、MS862的男式衬衫给加拿大客户JAMES BROWN&SONS，样品编号发表为08091、08092，对方接到样品后，同意按卖方样品成交。请你拟订具体的品名和品质条款。

MS691、MS862的男式衬衫包装为：一件一个塑料袋，10件一个纸箱，均色均码，纸箱尺寸为80 cm×40 cm×50 cm。请你拟订具体的包装条款，并设计一个唛头。

商定MS691、MS862的男式衬衫一共出一个40英尺集装箱的货物，两种型号的衬衫数量相等，假设40英尺集装箱能够装58CBM货物。请你拟订具体的数量条款。

2. 江苏天地木业有限公司寄送5个规格的复合地板给美国现代公司，现代公司对M567、M695这两种型号的地板比较中意，决定购买这两种型号的地板，具体要求为M567，胡桃木1215 mm×195 mm×8.3 mm，25G OVERLAYER，WHITE HDF，以及M695，苹果木1230 mm×200 mm×8.8 mm，35G OVERLAYER，请你拟订具体的品名和品质条款。

M567、M695这两种型号的地板的包装为：8块地板一个纸箱，尺寸为1220 mm×200 mm×70 mm，毛重为15 kg，净重为14.5 kg，请你拟订具体的包装条款，并设计一个唛头。

江苏天地木业有限公司与现代公司商定M567、M695这两种型号的地板分别出一个40英尺集装箱的货物，假设40英尺集装箱能够装58CBM、21MT的货物。请你拟订具体的数量条款。

3. 我国A公司向日本JQL公司出口500 CARTONS产品，从上海运到OSAKA，合同号为：01-268-05，请根据以上条件设计一个标准化的运输标志。

任务4　订立合同的运输条款

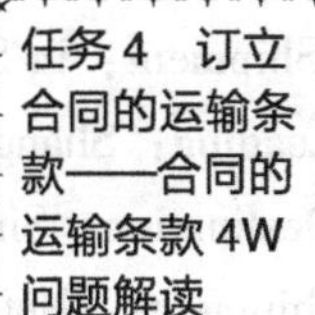

任务4　订立合同的运输条款——合同的运输条款4W问题解读

知识要点

1. 班轮运输
2. 集装箱运输
3. 装运港、目的港
4. 分批装运、转船

技能要点

- 选择合适的运输方式
- 订立出口合同的运输条款
- 正确计算海运运费

导学

在订立出口合同运输条款时，根据选定的贸易术语，需要思考如下问题：谁（who）办理运输手续并支付运费？选择什么（what）运输方式？什么时间（when）装？从哪个装运地运到哪个目的地（where）？是否允许分批装运和转运？

如果采用CIF术语，由出口方办理运输手续，一般情况下采用班轮运输。现在大多数货物用集装箱运输，所以重点掌握集装箱运输中的相关知识。

熟悉国际贸易地理中的主要航线上的港口，合理安排装运港和目的港。可以结合信用证中的装运条款（43P、43T、44A、44B、44C）一起学习。

4.1　任务描述与分析

1. 任务描述

常州常信外贸有限公司拟与新加坡莱佛士贸易公司签订服装出口合同，有海运和空运方式可供选择。考虑到不同运输方式下运输时间不同，孙潇和Lisa商量合同运输条款，确定交货时间。

2. 任务分析

不同国家（地区）之间的货物运输，环节多、距离长、涉及面广，情况复杂多变。

明确、合理地规定装运条款，是保证进出口合同顺利履行的重要条件。如果在签订合同时忽略了运输问题，或运输条款订立不恰当，责任不明确，甚至脱离了运输的实际可能，就会使运输工作陷于被动，引起经济损失和种种纠纷，严重的还会影响履约，使出口任务无法完成。

买卖双方必须就交货时间、装运地和目的地、能否分批装运和转船、转运等问题商妥，有时还规定卖方应予交付的单据和有关装运通知的条款。

4.2 任务实施与心得

任务实施

拟订合同中的装运条款如下。

Time of Shipment：in September，2020.

Port of Loading：Shanghai China

Port of Destination：Singapore

Partial Shipments：Not Allowed

Transshipment：Allowed

任务实施心得

（1）关于装运期

综合考虑交货期，装运期应是一个时间段。装运期必须明确年度及月份，对船舶较少去的偏僻港口，必须考虑船期情况。同时，装运期应结合商品的性质，考虑季节。如雨季不宜装烟叶，夏季不宜装沥青等。还应结合交货港、目的港的特殊季节因素，如北欧港口不宜订在冰冻期，热带地区港口不宜订在雨季等。

对买方提出限期运抵目的港的要求应予以重视，一般不接受合同明确规定限期运抵目的港的条款。如因特殊情况，必须限期运抵目的港时，需事先征求运输部门的意见，或改用其他贸易条件成交。

（2）关于装卸港

装卸港规定应明确，出口时尽可能将装运港订为“中国港口”，或者订立几个中国港口，由卖方选择。我国出口时的目的港或进口时的装运港一般不使用“……地区主要港口”以免由于含义不明，给安排船舶造成困难。

（3）关于分批和转运

对某些数量较大的商品或运往条件较差的港口时，应考虑到港口吃水限制和派船的可能条件。在没有直达船或虽有直达船但船期不固定、航班较少的港口，必须订明“允许转船及分批装运”。凡是“允许转船”的货物，不能接受买方指定中转港、二程船公司和船名的条件，也不要接受在提单中注明中转港和二程船舶名的条件。

其他装运条款举例：

【例 4-1】不迟于 5 月 31 日装船，由上海至惠灵顿，允许分批和转船，卖方在装船后两天内发出装运通知。

Shipment：on or before May 31 from Shanghai to Wellington；partial shipments and transshipment allowed. The seller should fax the shipping details to the buyer within two days after shipment.

【例 4-2】5 月份装船，由伦敦至上海，允许分批，不允许转船，卖方在装运月份前 45 天将备妥货物可供装船的时间通知买方。

Shipment during May from London to Shanghai，partial shipments are allowed and transshipment is not allowed. The seller should advise the buyer the goods will be ready for shipment 45 days before the month of shipment.

【例 4-3】3/4 月份分两批每月平均装运，由香港转运，1/3 正本提单和一套非议付单证在装船后 3 天内通过敦豪快运送交买方。

During March/April in two equal monthly shipments, to be transshipped at Hong Kong, 1/3 original B/L and one set of non-negotiable document to be sent to the buyer within 3 days after shipment by DHL.

【例 4-4】卖方应以电报通知买方，说明装运数量、发票金额、装运船名、装货港和预定开航日期等，以便买方办理保险。

Shipment advice shall be cabled by seller with indication of quantity shipped, invoice value, carrying vessel, ETD (expected time of departure), port of loading, etc, to enable the buyer to cover proper insurance accordingly.

【例 4-5】目的港：下列港口之一由买方选择并负担选港附加费。买方应于船舶预期抵达第一个选卸港 5 天前向承运人宣布确定的目的港。

Destination port: One port at buyer's option. The buyer must declare the definite port of destination to the carriers five days before the vessel's expected time of arrival (ETA) at the first port of discharge and bear the optional fees thus incurred.

4.3 相关知识

4.3.1 国际货物运输方式

在我国，国际货物运输大部分是海运，其次是铁路运输，也有些货物是管道运输、邮政运输、公路运输。近年来，航空货运量增长较大。

1. 海洋运输

海洋运输具有通过能力大、运输量大、运费低廉、对货物的适应性强、速度较低和风险较大等特点。目前，国际贸易总运量中的2/3以上，我国进出口货运总量的80%左右都是利用海上运输。根据船舶经营方式的不同，可分为班轮运输和租船运输。

(1) 班轮运输特点

班轮运输（Liner Transport）是指在固定的航线上，以既定的港口停靠顺序，按照事先公布的船期表和费率进行运营的水上运输方式。班轮运输适合于货流稳定、品种多和批量小的杂货运输。对于停靠的港口，不论货物数量多少，一般都可接受托运。

班轮运输具有“四固定一负责”的特点。

“四固定”指固定航线、固定停靠港口、固定船期和相对固定的运费率，这是班轮运输的最基本特征。

“一负责”指**班轮运价内包括装卸费用**，即承运人负责包括装、卸货物及理舱在内的作业，并负责全部费用，不计收滞期费和速遣费。

(2) 班轮船期表

船期表（Liner Schedule）有多方面的作用，首先是为了招揽航线途经港口的货载，既为满足货主的需要，又体现海运服务的质量；其次是有利于船舶港口和货物的及时衔接，以提高装卸的工作效率；再次是有利于提高船公司航线经营的计划质量。

班轮船期表的主要内容包括：航线、船名、航次、编号，始发港、中途港和终点港的港名，到达和驶离的时间，其他有关的注意事项等。

托运人、货代等国际货物运输相关方可从船东官网、中国国际海运网等多种方式查询船期信息。

网站链接：运价查询参考网址

锦程物流网 http://www.jctrans.com/

中华航运网 http://www.chineseshipping.com.cn

知识链接

租船运输（Charter Transport）是指根据协议租船人向船舶所有人租赁船舶用于货物运输，并按商定的运价，向船舶所有人支付运费或租金的运输方式。租船运输主要适用于货值较低的大宗散货。租船方式主要有定程租船（Voyage Charter）和定期租船（Time Charter）两种。

2. 航空运输

国际航空货物运输具有运送速度快、不受地面条件影响、深入内陆地区、安全准确、节约包装费用和保险费用等优点。

航空运输有班机运输、包机运输、集中托运、航空快递、陆空陆联运和送交业务等方式，前四种是主要的运输方式。其中，班机运输难以满足大批量的货物运输要求；包机运输至少需在发运前一个月与航空公司洽谈并签订协议以便航空公司安排运力办理包机过境、入境、着陆等有关手续；集中托运开展最为普遍，集中托运经营人类似于多式联运中的多式联运经营人；航空快递业务是一种最为快捷的运输方式，特别适合于各种急需物品和文件资料，其业务形式主要有门/桌到门/桌（Door/Desk to Door/Desk）、门/桌到机场（Door/Desk to Airport）和专人派送（Courier on Board）三种。

网站链接：世界著名的快递运输公司的中文网址

FedEx：http://www. fedex. com

DHL：http://www. cn. dhl. com/zh. html

UPS：http://www. ups. com/cn

TNT：http://www. tnt. com. cn

EMS：http://www. ems. com. cn

3. 集装箱运输

（1）国际标准集装箱

集装箱（Container）又称货柜。目前，国际上常用的干货集装箱有 20 英尺集装箱（Twenty Equivalent Unit，TEU）、40 英尺集装箱（Forty Equivalent Unit，FEU）及近年较多使用的 40 英尺高柜集装箱。其外尺寸分别为：20 英尺×8 英尺×8 英尺 6 英寸、40 英尺×8 英尺×8 英尺 6 英寸和 40 英尺×8 英尺×9 英尺 6 英寸。为使集装箱箱数计算统一化，**把 20 英尺集装箱作为一个计算单位 TEU，称为标准集装箱**，40 英尺集装箱作为两个计算单位。主要集装箱参数见表 4-1。

表 4-1　主要集装箱参数表

柜　型	内　容　积	配货毛重/t	配货体积/m^3
20 英尺柜	5.69 m×2.13 m×2.18 m	17.5	24~26
40 英尺柜	11.8 m×2.13 m×2.18 m	22.0	54
40 英尺高柜	11.8 m×2.13 m×2.72 m	22.0	68
45 英尺高柜	13.58 m×2.34 m×2.71 m	29.0	86

小技巧

集装箱装运货物时，不但要受内容积的限制，还受配货重量的限制。

集装箱装箱有顺装和侧装两种方式。顺装是指将包装箱的长顺着集装箱的长摆放，侧装是指将包装箱的长顺着集装箱的宽摆放。绝大多数货物的箱形有多种配式，改变货物的堆码方式，可得到不同堆码的体积。在此基础上加上相关的包装厚度就可以得到不同的包装箱体积，分别对这些包装箱进行装箱计算，可以得到不同的装箱数量，从而选出适合装集装箱的箱形。

(2) 集装箱货物的交接

集装箱运输分为整箱货（Full Container Load，FCL）和拼箱货（Less than Container Load，LCL）。整箱货由发货人在工厂或仓库进行装箱，货物装箱后直接交集装箱堆场（Container Yard，CY）等待装运（货物也可以在集装箱堆场装箱出运），到达目的地后，收货人可直接从目的地的集装箱堆场提走货柜。拼箱货是指货量不足一整箱，需由承运人在集装箱货运站（Container Freight Station，CFS）负责将不同发货人的货物拼装在一个集装箱内，货到目的地后，由承运人拆箱后分拨给各收货人。货物的交接方式见表 4-2。

表 4-2　集装箱货物的交接方式

货物交接方式	装　箱　人	拆　箱　人	交 接 地 点	表 达 方 式
整箱交整箱接（FCL/FCL）	货方	货方	门到门、门到场 场到门、场到场	Door to Door、Door to CY CY to Door、CY to CY
拼箱交拆箱接（LCL/LCL）	承运人	承运人	站到站	CFS to CFS
整箱交拆箱接（FCL/LCL）	货方	承运人	门到站、场到站	Door to CFS、CY to CFS
拼箱交整箱接（LCL/FCL）	承运人	货方	站到门、站到场	CFS to Door 、CFS to CY

注："门"（Door）指发货人、收货人的工厂或仓库。

需要说明的是，集装箱上都事先印有固定的集装箱编号，装箱后用来封闭箱门的钢绳铅封上印有号码。集装箱号码和铅封号码可以取代运输标志，显示在主要出口单据上，成为运输中的识别标志和货物特定化的记号。

4. 其他运输方式

(1) 铁路运输

铁路运输主要承担长距离、大批量的货物运输。在没有水运条件的地区，几乎所有大宗货物的运输都是依靠铁路运输完成，它在干线运输中起主力运输的作用。铁路运输有许多优点，例如一般不受天气条件的影响，可保障全年正常运输，运量大，速度快，有高度的连续性，风险也较小。它的主要缺点是灵活性差，只能在固定线路上实现运输，需要其他运输手段的配合和衔接。铁路运输的经济里程一般在 200 千米以上。

中欧班列是指按照固定车次、线路等条件开行，往来于中国与欧洲及“一带一路”沿线各国的集装箱国际铁路联运班列。西部通道由阿拉山口（霍尔果斯）出境，中部通道由二连浩特出境，东部通道由满洲里（或绥芬河）出境。网站链接：中欧国际铁路运输(https://www.srtrains.com)。

（2）邮政包裹物流

得益于万国邮政联盟和卡哈拉邮政组织（Kahala Post Group，KPG），邮政网络基本覆盖全球，比其他任何物流企业的渠道都要广。据不完全统计，中国出口跨境电商70%的包裹都是通过邮政系统投递的，其中中国邮政占据50%左右。中国邮政集团旗下主要有邮政小包、邮政大包、E特快、E包裹、E邮宝、E速宝等。其中邮政小包通邮范围广、邮寄便捷、价格优惠、通关快。

（3）国际多式联运

国际多式联运（International Multimodal Transport）是在集装箱运输的基础上产生和发展起来的一种以实现货物整体运输的最优化效益为目标的联运组织形式。它通常是以集装箱为运输单元，根据多式联运合同，以至少两种不同的运输方式，由多式联运经营人将货物从一国境内的接管地点运至另一国境内指定交付地点的货物运输。国际多式联运适用于水路、公路、铁路和航空多种运输方式。

国际多式联运必须具备以下条件。

1）一份合同，即多式联运经营人与托运人之间必须签订多式联运合同，以明确承、托双方的权利、义务和豁免关系。多式联运合同是确定多式联运性质的根本依据，也是区别多式联运与一般联运的主要依据。

2）一份单据，即必须使用全程多式联运单据（Multimodal Transport Documents，M.T.D），该单据也是物权凭证。

3）单一费率，即全程单一运价，该运价一次收取，包括运输成本（各段运杂费的总和）、经营管理费和合理利润。

4）一人全程负责，即多式联运经营人对全程运输负总责。

5）多种运输方式，即必须是两种或两种以上不同运输方式的连贯运输。如海/海、铁/铁、空/空联运，虽为两程运输，但仍不属于多式联运，这是一般联运与多式联运的一个重要区别。

4.3.2 装运时间

装运时间（Time of Shipment）又称为装运期，是指卖方将合同规定的货物装上运输工具或交给承运人的期限。国际贸易中常用的FOB、CFR、CIF三种贸易术语都属于装运港交货，所以习惯上常把“交货时间”与“装运时间”等同。但要注意在装运合同中不要规定到达时间，避免把装运合同性质改变为到达合同。

装运时间是合同的一项重要条款。《公约》第33条明确规定卖方必须按以下规定的日期交付货物。

1）如果合同规定有日期，或根据合同可以确定日期，应在该日期交货。

2）如果合同规定有一段时间，或根据合同可以确定一段时间，除非情况表明应由买方选定一个日期外，可在该段时间内任何时候交货。

3）在其他情况下，应在订立合同后一段合理时间内交货。

国际贸易中，常见的装运时间的规定方法有以下几种。

1）明确规定具体装运时间。可以规定某月或某几个月装运，也可以限定最迟装运时间。

如："3 月份装运（Shipment during March）""6 月 30 日前装运（Shipment before June 30）""不迟于 6 月 30 日装运（Shipment not later than June 30，或 Shipment on or before June 30）""2/3 月装运（Shipment during February/March）"。

2）规定在收到信用证后若干天内装运。为了防止买方拖延或拒绝开证，卖方还应该进一步规定信用证开抵卖方的最迟期限，以保护自己的利益。

如"收到信用证后 30 天内装运，买方信用证须在 3 月 1 日前抵达卖方（Shipment within 30 days after receipt of L/C subject to buyer's L/C reaching the seller before March 1）"。

3）规定在收到货款后若干天内装运。这种方法表明买方需要预付货款（Pre-payment）。因此，这种方式对卖方较有利。

小技巧：不宜采用的条款

规定在合同签约后立即装运（Immediate Shipment）或"尽快装运"（Shipment as soon as possible）或即速装运（Prompt Shipment）等，由于这些词语各国解释不一，容易引起争议。《跟单信用证统一惯例》也明确规定不宜使用此类词，如果使用，银行将不予置理。因此，非特殊情况，一般不宜采用。

4.3.3 装运港和目的港

装运港（Port of Shipment，Loading Port）是指货物起始装运的港口。为了便利卖方安排货物的装运和适应买方接受或转售货物的需要，在一般情况下，装运港都是由卖方提出的，经买方同意后确定。

目的港（Port of Destination），又称为卸货港（Unloading Port，Port of Discharge），是指买卖合同规定的最后卸货港口。目的港一般由买方提出，经卖方同意后确定。

在买卖合同中，装运港和目的港的规定方法有以下几种。

1）一般情况下，装运港和目的港都规定一个。例如，装运港：青岛；目的港：伦敦。Port of Shipment：Qingdao；Port of Destination：London.

2）有时按实际业务的需要，也可分别规定两个或两个以上的装运港或目的港。例如，装运港：青岛、大连、上海；目的港：伦敦、利物浦。Port of Shipment：Qingdao，Dalian and Shanghai；Port of Destination：London and Liverpool.

这种规定方法是在多个港口都要装卸货物。

3）在磋商交易时，如磋商时确定装运港或目的港有困难，则可以采用选择港（Optional Ports）办法或仅作笼统规定。例如，装运港：青岛/大连/上海；目的港：伦敦/利物浦。Port of Shipment：Qingdao/Dalian/Shanghai；Port of Destination：London/Liverpool.

和第二种的区别在于选择港最终只确定其中一个港口装卸货物即可。

小技巧：正确使用选择港

在使用选择港时应注意：合同规定选择港的数目一般不超过三个；备选港口必须在同一条班轮航线上，而且是班轮公司的船舶都停靠的港口；在核定价格和计算运费时，应选择备选港口中最高的费率加上选港附加费计算。此外，一般要求买方在开来信用证时宣布最终的目的港。

4.3.4 分批装运和转船

分批装运和转运直接关系到买卖双方权益。一般来说，允许分批和转运对卖方来说比较主动（明确规定分期数量者除外）。出口合同中如对分批和转运不作规定，根据有些国家法律，则不等于可以分批装运和转运。因此，为了避免不必要的争议，除非买方坚持，原则上均应争取在出口合同中订入“允许分批和转运”。

1. 分批装运

分批装运（Partial Shipments）是指一笔成交的货物，分若干批装运。在大宗货物交易中，买卖双方根据交货数量、运输条件和市场售价等因素，可在合同中规定分批装运条款。

在买卖合同中规定分批装运的方法主要有三种。

1）只原则规定允许分批装运，对于分批的具体时间、批次和数量均不作规定。这种做法对卖方比较有利，卖方完全可以根据货源和运输条件，在合同规定的装运期内灵活掌握，可以全数出运不分批，也可以分批出运，每批数量不限。

2）规定分若干批装运，而不规定每批装运的数量。

3）在规定分批装运条款时，具体订明每批的时间、批次和数量。这种做法往往是根据买方对货物的使用或销售的需要确定的，对卖方的限制较严。例如：“3月~6月分四批，每月平均装运”（Shipment during March / June in four equal monthly lots）。

2. 转船

转船（Transshipment）是指货物从装运港到目的港的运输过程中，允许在中途港口换装其他船舶转运至目的港。为了明确责任和便于安排转运，买卖双方应在买卖合同中对是否允许转运、转运办法、转运费的负担等问题做出具体规定。

知识链接：UCP600 相关规定

UCP600 第 20 条 c 款规定：i. 只要同一提单包括运输全程，则提单可以注明货物将被转运或可被转运。ii. 银行可以接受注明将要发生或可能发生转运的提单。即使信用证禁止转运，只要提单上证实有关货物已由集装箱、拖车或子母船运输，银行仍可接受注明将要发生或可能发生转运的提单。

UCP600 第 20 条 d 款规定：对于提单中包含的声明承运人保留转运权利的条款，银行将不予置理。

UCP600 第 31 条 b 款规定：表明使用同一运输工具并经由同次航程运输的数套运输单据在同一次提交时，只要显示相同目的地，将不视为部分发运，即使运输单据上标明的发运日期不同或装卸港、接管地或发送地点不同。如果交单由数套运输单据构成，其中最晚的一个发运日将被视为发运日。含有一套或数套运输单据的交单，如果表明在同一种运输方式下经由数件运输工具运输，即使运输工具在同一天出发运往同一目的地，仍将被视为部分发运。符合“四同”情形的货物同时到达目的港，在收货人看来与一批装运没有显著差异，对收货人也不会造成明显的不利影响，故不视为分批装运。

UCP600 第 31 条 c 款规定：含有一份以上快递收据、邮政收据或投邮证明的交单，如果单据看似由同一快递公司或邮政机构在同一地点和日期加盖印戳或签字并且表明同一目的地，将不视为分批发运。

UCP600 第 32 条规定：如信用证规定在指定的时间段内分期支款或分期发运，任何一期未按信用证规定期限支取或发运时，信用证对该期及以后各期均告失效。

4.3.5 装运通知

装运通知（Shipping Advice）是出口商向进口商发出货物已于某月某日或将于某月某日装运某船的通知。**装运通知的作用在于方便买方购买保险、准备提货手续或转售，其内容通常包括货名、装运数量、船名、装船日期、合同号或信用证号码等。**装运通知大多以电报或者电邮方式发送。出口商发送装运通知时，有时需要附上或另行寄上货运单据副本，以便进口商明了装货内容。若碰到货运单据正本迟到的情况，方便进口商及时办理担保提货（Delivery against letter of guarantee)。

按照国际贸易的习惯做法，发货人在装运后应立即（一般在装船后两天内）发送装运通知给买方或其指定的人。如卖方未及时发送装船通知给买方而使其不能及时办理保险或接货，卖方就应负责赔偿买方由此而引起的一切损害及/或损失。

即使合同装运条款中没有列出装运通知的内容，出口商在实际业务操作中，也需要及时发送装运通知。

4.3.6 班轮运费的计算

班轮运费是班轮公司因运输货物而向货主收取的费用，根据散货运输和集装箱运输而有所不同。班轮运费是按照班轮运价表（Liner's Freight Tariff）的规定计算的。不同的班轮公司或班轮工会有不同的班轮运价表。班轮运费包括基本运费（Basic Freight）和附加费（Additional or Surcharge）两部分，**即班轮运费=基本运费+附加运费**。

1. 基本运费

基本运费是指从装运港到目的港之间收取的运费，也是全程运费的主要部分。

基本运费按班轮运价表规定的计收标准计收。在班轮运价表中，根据不同的商品，班轮运费的计算标准通常采用下列几种形式，具体见表 4-3。

表 4-3 班轮基本运费的计算标准

计算标准	计算单位	运价表内的表示方式	说明
重量法	按货物的毛重计收，即重量吨（Weight Ton）	W	1 重量吨一般为 1 公吨 运费=实际重量吨 × 单位运费
体积法	按货物的体积计收，即尺码吨（Measurement Ton）	M	1 尺码吨一般为 1 立方米 运费=实际尺码吨 × 单位运费
从价法	一般以商品的 FOB 价按一定的百分率计收运费	AV 或 Ad Val	适用于体积、重量不大的贵金属、精密仪器、工艺品等货物 运费=实际 FOB 价 × 单位费率
选择法	按货物的毛重或体积从高计收	W/M	重量吨和尺码吨统称运费吨（Freight Ton） 运费=Max（实际运费吨）× 单位运费
	根据货物重量、体积或价值三者中较高者计收	W/M or AV	
	选择货物的重量、体积从高计收，然后再收取一定比例的从价运费	W/M Plus AV	

（续）

计算标准	计算单位	运价表内的表示方式	说　明
按件法	按货物的个数（辆、头……）计收运费	Per…	适用于车辆、活牲畜等
议定法	船、货双方临时议定运价	Open Rate	通常适用于粮食、矿石、煤炭等运量较大、货值较低、装卸容易、装卸速度快的农副产品和矿产品。临时议定运价的运费率一般较低

课堂思考

某出口公司出口货物对外报价FOB新港，每公吨500港元。外商要求改报CIF香港价。业务人员在查阅运价表时见该商品每吨运费为50港元，并框算保险费为6港元，便以CIF每公吨556港元对外报价，结果成交150公吨。到装运时发现运价表上运费吨50港元是指尺码吨，不是重量吨，因商品是轻抛货（1公吨重的货物体积为2.5 m^3），造成损失11250港元。请问该业务员的正确运费报价应是多少？

2. 附加费

附加费指对一些需要特殊处理的货物，或者突然事件的发生或客观情况变化等原因而另外加收的费用。一般是在基本运费的基础上加收一定百分比（附加运费率）的费用或根据运费吨收取固定数值的费用。附加费也有用绝对数字表示，每运费吨增收若干元。

常见附加费大致有以下几种：超重附加费、超长附加费、直航附加费、转船附加费、港口附加费、港口拥挤附加费、选择港附加费、燃油附加费、货币贬值附加费等。

3. 班轮运费的计算

班轮运费是按照班轮运价表的规定计算的。班轮运价表的结构一般为：说明及有关规定、港口规定及条款、货物的分类和分级表、航线费率表、附加费率表、冷藏货及活牲畜费率表等。计算步骤一般如下。

第一步，选择相关的运价表；根据货物名称，在货物分级表中查到运费计算标准（BASIS）和等级（CLASS）；货物分级表是班轮运价表的组成部分，有“货名”“等级”和“计算标准”三个项目，如表4-4所示。

表4-4　货物等级表

货　名	COMMODITIES	CLASS	BASIS
……	……	……	……
棉布及棉纱	COTTON GOOODS & PIECE GOODS	10	M
文具及办公用品	SATATIONERY & OFFICE APPLIANCE	10	W/M
茶叶	TEA	8	M
童车	TRICYCLES, CHILDREN VEHICLES	9	M
瓷砖	TILES, PROCELAIN	7	W
…	…	…	…

第二步，在等级费率表的基本费率部分，找到相应的航线、起运港、目的港，按等级查到基本运价。

第三步，再从附加费部分查出所有应付的附加费项目和数额（或百分比）及货币种类。

第四步，根据基本运价和附加费算出实际运价。

【例4-6】某公司出口箱装货，对外报价为每箱50美元CFR伦敦，英商要求改报FOB价，我应报多少？（已知：该货物体积每箱长45 cm，宽40 cm，高25 cm，每箱毛重35 kg，运费计算标准为W/M，每运费吨基本运费为120美元，并加收燃油附加费20%，港口附加费10%）

解：M：$45\ cm\times40\ cm\times25\ cm=45000\ cm^3=0.045\ t$

W：35 kg=0.035 t

因0.045>0.035

故选用M

F=(120×0.045+120×0.045×20%+120×0.045×10%)美元=7.02美元

FOB=CFR-F=(50-7.02)美元=42.98美元

答：我应报FOB中国港口，每箱42.98美元。

【例4-7】我外贸公司拟出口某商品的原报价为每箱100美元FOB大连，现国外要求改报CFR旧金山每箱的价格。假设该商品按重量计收运费，系木箱装，每箱货物净重20 kg，木箱重量5 kg，从大连至旧金山每吨运费为300美元，问我方应如何对外报价？

解：毛重为25 kg=0.025 t

F=(300×0.025)美元=7.5美元

CFR=FOB+F=(100+7.5)美元=107.5美元

答：我方应报CFR旧金山每箱107.5美元。

4. 集装箱整箱运费计算

实务中，集装箱运费的计算相对简单。计算集装箱运费时，只需知道待运货物是整箱货还是拼箱货，整箱时适用整箱货运价，拼箱时适用拼箱货运价。在整箱货物运输中，大多数公司都会采用以箱为单位的计费方式，实行包箱费率。包箱费率是船公司根据自身情况，以不同类型的集装箱为计费单位确定整箱货的不同航线包干费。整箱货包箱费率通常包括集装箱海上运输及装卸港口码头装卸费用。拼箱货物运输中，采用与普通杂货班轮运输基本运费相同的方法，对具体的航线按不同的计费标准来计算基本运费。

如2020年某日上海港到某些港口的运价报价如表4-5所示。

表4-5　上海港到部分港口集装箱海运费运费表　（单位：美元）

目的港	拼箱货运费		整箱货运费	
	拼箱费率1 LCL（M）	拼箱费率2 LCL（W）	包箱费率 FCL 20′	包箱费率 FCL 40′
SINGAPORE	65	-	1100	2035
BARCELONA	103	139	2100	4130
MARSEILLES	109	147	2250	4330
GENOA	115	156	2400	4730
NAPLES	121	165	2550	5030
ADELAIDE	103	139	2100	3960
MONTREAL	130	-	3150	4350
AUCKLAND	123	-	2090	3955
WELLINGTON	133	-	2290	4335

【例 4-8】我国某出口商委托国际货运代理人出运一票货物，从上海到鹿特丹，共装 10 个 20 英尺集装箱。假设每只 20 英尺集装箱从上海港到鹿特丹港的费用如下：基本运费 USD1600，燃油附加费 USD200，绕航附加费 USD80，港口拥挤附加费 USD150，港口附加费 USD100。请问托运人需要支付多少总运费？

解：F=10×(1600+200+80+150+100)美元=21300 美元

4.4 知识拓展

1. 普通货物航空运费计算

航空公司规定，在货物体积小、重量大时，按实际重量计算；在货物体积大、重量小时，按体积计算。在集中托运时，一批货物由几件不同的货物组成，有轻抛货也有重货。其计费标准则采用整批货物的总毛重或总的体积，按两者之中较高的一个计算。

航空公司根据货物的密度来计算费用，对于重货而言，计费重量等于实际重量，即货物的毛量；对于轻抛货物而言，货物的计费重量按照 1 个立方米等于 167 千克计算。不足一千克的，尾数四舍五入。

轻抛货物的计费重量公式为：

$$\begin{aligned}计费重量(千克) &= 长(cm)\times宽(cm)\times高(cm)\div6000\\ &=货物的体积(立方米)\times167\ 千克\end{aligned}$$

注意：根据货物重量不同，普通货物运价分为若干个重量等级分界点运价。例如：N 表示标准普通货物运价，指的是 45 千克以下的普通货物运价。同时，普通货物运价还公布有 Q45、Q100、Q300 等不同重量等级分界点运价。Q45 表示 45 千克以上（含 45 千克）普通货物运价，依次类推。对于 45 千克以上的不同重量分界点的普通货物运价均用 Q 表示。用货物的计费重量和其适用的普通货物运价计算而得的航空运费，不得低于运价手册上公布的航空运费的最低收费标准（M）。

2. 实用英语

Class Rate Freight Tariff　等级运价表

Classification of Commodities　货物分级表

Combined Transport Documents（C. T. D）　多式联运单据

Courier on Board　专人派送

Forty Equivalent Unit（FEU）　40 英尺集装箱

Full Container Load（FCL）　整箱货

International Multimodal Transport　国际多式联运

Lay Days Date　受载时间

Lay Time　装卸时间

Less than Container Load（LCL）　拼箱货

Liner Schedule　船期表

Marine Transport　海洋运输

Merchant Vessel（M/V）　商船

Multimodal Transport Documents（M. T. D）　多式联运单据

Place of Receipt　收货地

Port of Call　挂靠港

Port of Discharge　卸货港

Port of Transshipment　转运港

Twenty Equivalent Unit（TEU）　20 英尺集装箱/标准集装箱

Estimated/ Expected Time of Arrival（ETA）　预计到达时间

Estimated/Expected Time of Departure（ETD）　预计开航时间

4.5 业务技能训练

4.5.1 自测习题

1. 翻译

1）FCL ________________　　2）LCL ________________

3）CY ________________　　4）CFS ________________

5）Partial Shipments ________　　6）Transshipment ________

7）TEU ________________　　8）Container ____________

2. 单选题

1）成交量较小、批次较多、交接港口分散的货物运输比较适宜（　　）。

A. 班轮运输　B. 租船运输　C. 定期租船运输　D. 定程租船运输

2）海洋运输的特点是（　　）。

A. 投资大　B. 运输量大　C. 运费高　D. 运输速度快

3）我国出口到蒙古的杂货运输应选择（　　）。

A. 海洋运输　B. 铁路运输　C. 航空运输　D. 管道运输

4）在国际货物运输中，使用最多的是（　　）运输。

A. 公路　B. 铁路　C. 航空　D. 海洋

5）在班轮运价表中用字母“M”表示的计收标准为（　　）。

A. 按货物重量计收　B. 按货物体积计收

C. 按商品价格计收　D. 按货物件数计收

6）在国际货物运输中，对需要进行拼箱处理的货物，一般需要承运人在（　　）负责将不同发货人的货物拼装在一个集装箱内。

A. 集装箱堆场　B. 集装箱货运站　C. 发货人仓库　D. 码头

7）下列运输方式中不能实现“门到门”运输的是（　　）。

A. 航空运输　B. 邮政运输　C. 国际多式联运　D. 集装箱运输

8）下列装运港和目的港的规定方法中，叙述不正确的是（　　）。

A. 一般只规定一个装运港和目的港

B. 无需列明港口名称

C. 可规定选择港

D. 可酌情规定两个或两个以上的装运港和目的港

9）不建议采用的装运期的规定方法的是（　　）。

A. 明确规定具体装运期限　B. 规定在收到信用证后若干天装运

C. 笼统规定近期装运　D. 规定在交货期若干天前装运

3. 判断题

1）集装箱运输时，LCL是指拼箱运输。（　　）

2）铁路运输是国际货物运输的主要方式之一。（　　）

3）租船运输比较适合大宗货物的运输。（　　）

4）合同中规定装运条款为“9/10月份装运”，我出口公司必须将货物于9月、10月两个月内，每月各装一批。（　　）

5）如果信用证规定在指定时期内分批装运，若其中某一期未按规定装运，则信用证对该期即告失效，对其余各期仍有效。（　）

6）在统计不同型号的集装箱时，按照集装箱的长度换算成40英尺单位加以计算。（　）

4.5.2　课堂训练

1. 进出口合同中的装运期有哪些规定办法？合同中的装运港和目的港有哪些规定办法？

2. 什么叫分批装运？《跟单信用证统一惯例》对此有何规定？讨论分批装运中若一批未按期发运的后果。

3. 案例分析。

（1）我国某粮油进出口公司对新加坡出口5000公吨大豆，国外开来信用证规定：不允许分批装运。结果粮油公司在规定的期限内分别在大连港、天津新港各装2500公吨于同一航次的同一船上，提单也注明了不同的装运地和不同的装船日期，但目的港相同。请问是否构成违约？银行能否顺利议付？

（2）我国某公司对印度尼西亚按CFR合同出口一批化肥，合同规定1～3月份装运，国外来证也如此，别无其他字样。但我国该公司在租船订舱时发生困难，因出口量大一时租不到足够的舱位，需分三次装运。请问在这种情况下，是否需要国外修改信用证的装运条款？

（3）我国某公司向俄罗斯出口茶叶9000箱，合同和信用证均规定“从7月份开始，连续每月3000箱”，问：我方于7月份装3000箱，8月份没装，9月份装3000箱，10月份装3000箱，可否？

4. 计算题

（1）大连某纺织品进出口公司出口到日本横滨一批纺织品，共9.6 m^3，运费计算标准为“M”。从大连至日本横滨基本运费为每运费吨36元人民币，燃油附加费每运费吨18元人民币，港口拥挤费25%。试计算总运费为多少？

（2）某公司向西欧推销箱装货，原报价每箱50美元FOB上海，现客户要求改报CFR Hamburg。问在不减少收汇的条件下，应报多少？（该商品每箱毛重40 kg，体积0.05 m^3。在运费表中的计费标准为W/M，每运费吨基本运费率为200美元，另加收燃油附加费10%）

4.5.3　实训操作

1. 常州天信外贸有限公司与加拿大客户JAMES BROWN&SONS通过磋商，决定货物从张家港运到加拿大的温哥华，不允许分批，允许转运，时间为2020年3月上旬。请你拟订具体的运输条款。

2. 江苏天地木业有限公司与现代公司商定，决定货物从宁波港运到美国的旧金山，允许分批，不允许转运，最迟时间为2019年12月底。请拟订具体的运输条款。

3. 常州常信外贸公司向法国金山贸易公司出口一批男士衬衫，经过双方磋商决定，2019年7月、8月、9月从上海港分三批平均装运，目的港为法国马赛，允许分批和转运。请你拟定具体的运输条款。

任务 5　订立合同的运输保险条款

知识要点

1. 国际货物运输保险的种类和特点
2. 共同海损和单独海损

技能要点

- 选择恰当的海运货物保险险别
- 能够订立出口合同的运输保险条款
- 计算出口货物的保险金额和保险费

导学

本次任务需要解决以下几个问题，为什么（why）要办理国际货物运输保险？谁（who）办理运输保险手续？在不同的国际货运运输方式下，应该投保什么（what）保险险别？投保金额与保险费应该如何（how）计算？

海洋运输保险主要是为了防范海上风险和外来风险造成的损失（全部损失和部分损失，共同海损和单独海损）和产生的费用。主要辨析共同海损和单独海损的区别。

主要学习中国保险条款，在海洋运输保险基础上拓展其他运输保险。平安险、水渍险、一切险和附加险的选择，主要看其承保范围的大小，另外注意不同险别不同术语下的保险责任的起讫。

一般情况下，投保金额为 CIF、CIP 价格的 110%。

5.1　任务描述与分析

1. 任务描述

> 常州常信外贸有限公司多数情况下出口采用 CIF 术语，进口采用 FOB 术语。此前孙潇已经和莱佛士公司就运输条款达成一致。现在孙潇下面开始和 Lisa 讨论货物运输保险的相关事项，订立合同的保险条款。

2. 任务分析

在国际贸易的货物运输等诸多环节中，可能遇到各种风险，造成货物的各种损失，产生一定的费用。为了转嫁货物在运输途中的风险，通常要投保货物运输险。

采用不同的贸易术语，则办理保险手续的责任人也就不一样。按 FOB、FCA、CFR、CPT 贸易条件签订买卖合同，由买方办理保险手续，并支付保险费。在此情况下，合同中的保险条款比较简单，只需明确保险由买方负责办理（Insurance: To be covered by the buyer.）。

在 CIF、CIP 术语环境下，则由卖方负责办理保险手续并缴纳保险费。此时，保险涉及买卖双方的利益。保险条款应具体包括保险责任、保险金额、投保险别和适用条款等具体内容。对此，买卖双方必须做出明确、具体、合理的规定。

5.2 任务实施与心得

任务实施

(1) 约定保险险别

目前，我国通常采用中国人民保险公司 1981 年 1 月 1 日生效的《海洋运输货物保险条款》，买卖双方选择平安险、水渍险、一切险三种基本险别中的一种，再根据货物特性和实际情况加保一种或若干种附加险。

现在根据货物的具体情况，双方约定投保一切险、战争险和罢工险。

(2) 签订保险条款

保险：由卖方按发票金额的 110%投保一切险、战争险和罢工险，以中国人民保险公司 1981 年 1 月 1 日生效的《海洋运输货物保险条款》为准。

Insurance: To be covered by the Seller for 110% of total invoice value against All Risks, War Risks and Strike Risks as per and subject to the relevant ocean marine cargo clause of the People's Insurance Company of China, dated January 1st, 1981.

任务实施心得

订立合同保险条款在国际贸易业务中属于比较简单的任务，经过几次训练就可以掌握这个技能，但需要注意以下事项。

1）明确依据何种保险条款进行投保。通常采用中国人民保险公司 1981 年 1 月 1 日生效的《海洋运输货物保险条款》。如果国外客户要求按照英国伦敦保险业协会货物保险条款（ICC Clause）投保，我方也可以接受，根据货物特性和实际需要约定具体保险险别。

2）明确投保险别。根据货物的性质和特点，选择平安险、水渍险或一切险中的一种，如需加保一种或几种附加险也应同时写明。在双方未约定险别的情况下，按惯例，卖方可按最低的险别投保，即中国保险条款里的平安险或协会货物保险条款 ICC（C）。但在实际业务中，最好投保一切险并加保战争险、罢工险等，以免投保险别过低，货物发生损失后得不到赔偿。

3）规定投保加成率。一般按照发票金额再加一成投保。如果买方要求按较高金额投保，而保险公司也同意承保，卖方也可接受，但因此而增加的保险费原则上应由买方承担。如果合同对此未做规定，**按《跟单信用证统一惯例》规定，卖方有义务按 CIF 或 CIP 价格的总值另加 10%作为保险金额。**

4）明确保险单据形式。合同中明确注明投保人应提交保险单据的名称（保险单或保险凭证等）。

5）保险单所采用的币种通常与发票币种一致。

> 其他保险条款参考示例：
>
> **【例 5-1】**保险由买方委托卖方按发票金额的 110%代为投保水渍险和串味险，保险费由买方负担。以中国人民保险公司 1981 年 1 月 1 日的有关《海洋运输货物保险条款》为准。

Insurance: To be effected by the Seller on behalf of the buyers for 110% of total invoice value against W. P. A. including Taint of Odors, premium to be for buyer's account as per and subject to the relevant Ocean Marine Clauses of the People's Insurance Company of China, dated January 1st, 1981.

【例 5-2】保险由卖方按发票金额的 120%投保协会货物条款 A 险，以伦敦保险协会 2009 年 1 月 1 日货物保险条款为准。

Insurance: To be covered by the Seller for 120% of total invoice value against ICC (A), as per Institute Cargo Clause dated January 1st, 2009.

5.3 相关知识

任务 5 订立合同的运输保险条款——理解风险、损失和险别的关系

5.3.1 海上货物运输保险承保范围

国际货物运输以海洋运输为主，国际货物运输保险也以海上货物运输保险（Marine Cargo Insurance）为主。

1. 风险

在海运途中，船只和货物可能遭受自然灾害（Natural Calamities）和意外事故（Fortuitous Accidents）等海上风险，此外还有偷窃、渗漏、短量、雨淋、提货不着、串味和受热、受潮等一般外来风险和由于军事、政治、国家政策法令以及行政措施等特殊外来原因造成的风险。海上货物运输风险见表 5-1。

表 5-1 海上货物运输风险

风险	海上风险	自然灾害	暴风、巨浪、雷电、海啸、洪水等
		意外事故	船舶搁浅、触礁、沉没、碰撞、失火、爆炸等
	外来风险	一般外来风险	偷窃、渗漏、短量、雨淋、提货不着、串味、受热、受潮等
		特殊外来风险	战争、罢工、交货不到、货物被当局拒绝进口或没收等

2. 损失

被保险货物在海洋运输中由于以上风险所造成的损坏或灭失，称为海损。按货物损失的程度，海损可分为全部损失和部分损失。海损的分类见表 5-2。

表 5-2 海损的分类

海损	全部损失	实际全损
		推定全损
	部分损失	共同海损
		单独海损

(1) 全部损失

全部损失（Total Loss）是指运输中的整批货物或不可分割的一批货物的全部损失。全部损失又可分为实际全损和推定全损两种。

实际全损（Actual Total Loss）是指被保险货物（保险标的物）全部灭失；或货物毁损后

不能复原；或完全丧失原有用途，已不具有任何使用价值；或不能再归被保险人所有等。如货物沉没海底无法打捞、水泥被水浸泡后变质而完全丧失原有用途、货物全部被海盗劫走等。

推定全损（Constructive Total Loss）是指被保险货物受损后完全灭失已不可避免，或修复受损货物的费用将超过货物本身价值，或被保险货物遭受严重损失后，继续运抵目的地的运费将超过残损货物的价值。

在发生推定全损的情况下，被保险人既可要求按部分损失赔偿，也可以按全部损失赔偿。如要求按全部损失赔偿，被保险人必须向保险人发出委付通知，经保险人同意，才能按推定全损赔付。所谓委付（Abandonment）是指被保险货物发生推定全损时，被保险人自愿将货物的一切权利转移给保险人，要求保险人按全损给予赔偿。

案例分析

> 我方与美国某公司以 CIF 旧金山成交一批布料。货轮在海上运输途中，因触礁某舱舱底出现裂口，舱内存放的 A 公司的布料全部严重受浸。因舱内进水，船长不得不将船就近驶入避风港修补裂口。如果将受水浸的布料漂洗后，再运至原定的目的港旧金山，所花费的费用超过该批布料的本身价值。请问：该批布料的损失属于什么性质的损失？
>
> 分析：该批布料的损失应属于推定全损。当损失发生时，为挽回损失对被保险货物采取措施的支出超过全部损失的情况下，可要求保险公司按全部损失给予赔偿。同时，A 公司可委付，将布料的权利转移给保险公司。

(2) 部分损失

部分损失（Partial Loss）是指被保险货物的损失没有达到全部损失的程度。按照造成损失的原因，它又可分为共同海损和单独海损两种。

1) 共同海损：共同海损（General Average，GA）是指载货船舶在航行途中遭遇灾害、事故，威胁到船、货共同的安全，为了解除这种威胁，维护船货的共同安全，或者使航程得以继续完成，由船方有意识地、合理地采取措施而造成的特殊损失或支出的额外费用。

共同海损成立必须具备以下条件。

① **必须确实遭遇危难。**共同海损的危险是真实存在不可避免的，而不是主观臆测的。

② **必须是为船、货共同安全而采取的措施。**如果只是为了船舶或货物单方面的利益而造成的损失，不能作为共同海损。

③ **所支付的费用是额外的，损失是非常性质的。**例如，船舶搁浅之后，为使船舶脱浅，非正常地使用船上轮机，因而导致主机损坏，船舶无法航行，被其他船只拖至安全处，由此支付救助的费用，就属于额外费用。

④ **必须是主动地、有意识地采取的合理措施。**例如，船只在海上遭遇风暴，船只剧烈倾斜，如不减轻重量，会导致船身整个倾入海中而沉没。为此，将偏重部分货舱中的货物抛入大海以保证船身平衡，这种有意采取合理措施造成的损失属于共同海损。

共同海损牺牲和费用均为使船舶、货物和运费方免于遭受损失而支出的，因而，应该由船方、货主和运费方按最后获救价值共同按比例分摊，这种分摊称为共同海损的分摊（GA Contribution）。

2) 单独海损：单独海损（Particular Average，PA）是指除共同海损以外的部分损失，即由于遭受海上风险所造成的损失，其损失未达到全损程度，而且该损失应由受损方单独承担。

案例分析

> 某货轮从天津新港驶往新加坡，在航行途中船舶货舱起火，大火蔓延到机舱。船长为了船、货的共同安全，决定采取紧急措施，往舱中灌水灭火，火虽然扑灭，但由于主机受损，无法继续航行。于是船长决定雇佣拖轮将船拖回新港修理。检修后重新驶往新加坡。事后调查，这次事件造成的损失有：A .1000 箱货被火烧毁；B. 600 箱货由于灌水灭火受到损失；C. 主机和部分甲板被烧毁；D. 拖船费用；E. 额外增加的燃料和船长、船员工资。上述各项损失属于共同海损还是单独海损？
>
> 分析：根据共同海损和单独海损的概念，判断的依据主要在于发生损失的原因是主观还是客观，如果是人为的就是共同海损，反之则是单独海损。B、D、E 属于共同海损，A、C 是单独海损。

可见，共同海损和单独海损均属部分损失，但二者的性质、起因和补偿方法有较大的区别。

① 造成海损的原因不同。单独海损是海上风险所直接导致的损失；共同海损则是为了解除船、货共同危险有意采取合理措施而造成的损失。

② 损失的承担责任不同。单独海损由受损方自行承担；共同海损要由受益方（船方、货主、运费方）按照受益大小的比例共同分摊。

3. 费用

遭遇海上货物运输风险，不仅使货物本身受到损毁导致经济损失，还可能会产生费用方面的损失。保险人对上述费用都负责赔偿，但以总和不超过保险金额为限。保险人承保的费用包括施救费用（Sue and Labour Expenses）和救助费用（Salvage Charges），见表 5-3。

表 5-3 保险人承保的费用

费用	施救费用	被保险人或其代理人、雇员等为防止损失扩大而采取抢救措施所支付的费用
		常与单独海损相联系，施救无论有无效果均予以赔偿
	救助费用	被保险人本身力量无法脱困，保险人和被保险人以外的第三方采取救助措施，为此支付给第三方的费用
		常与共同海损相联系，救助如无效果则不予以赔偿

5. 3. 2 我国海洋货物运输保险的险别

保险险别是保险人对风险和损失的承保责任范围，是保险人与被保险人履行权利与义务的基础，也是保险人承保责任大小和被保险人缴付保险费多少的依据。

在我国，进出口运输保险最常用的是《中国保险条款》（China Insurance Clause, C. I. C. ）。该条款是由中国人民保险公司制定，按照不同的运输方式，分为海洋、陆上、航空和邮包保险条款等。

我国的货物运输保险险别按照能否单独投保，可分为基本险和附加险两类。**基本险可以单独投保，而附加险不能单独投保**，只有在投保某一种基本险的基础上才能加保附加险。

1. 我国海洋运输货物保险的基本险

按照我国现行的《海洋运输货物保险条款》的规定，海洋货物运输保险的基本险分为平安险、水渍险和一切险三种。

(1) 平安险

平安险（Free from Particular Average，FPA）的英文原意是指单独海损不负责赔偿，原来的承保范围仅限于货物发生的全部损失和共同海损，不包括货物所遭受的单独海损。但是随着国际贸易的发展，其承保范围已经突破了原先的严格限制，现在保险公司对某些单独海损也负责赔偿。目前平安险责任范围如下。

1）在运输过程中，由于自然灾害和运输工具发生意外事故，造成被保险货物的实际全损或推定全损。

2）由于运输工具遭遇搁浅、触礁、沉没和互撞、与流冰或其他物体碰撞，以及失火、爆炸等意外事故造成被保险货物的全部或部分损失。

3）在运输工具已经发生搁浅、触礁、沉没和浸毁等意外事故的情况下，货物在此前后又在海上遭遇恶劣气候、雷电、海啸等自然灾害所造成的部分损失。

案例分析

对于下列各项损失，平安险是否应给予赔偿。①运输货物的船舶在运输途中触礁，海水涌进船舱，将甲商人的5000公吨货物浸泡2000公吨；②货物在运输途中遭遇恶劣天气，海水涌进船舱，将乙商人6000公吨货物浸泡3000公吨；③货物运输途中遭遇恶劣天气，海水涌进船舱，将丙商人6000公吨货物全部浸泡；④货物运输途中遭遇恶劣天气，海水涌进船舱，将丁商人的6000公吨货物，浸泡3000公吨之后又触礁，海水涌进船舱，货物又被浸泡1000公吨。

分析：①货物被浸泡2000公吨是由于意外事故造成的部分损失，予以赔偿；②货物被浸泡3000公吨是自然灾害造成部分损失，不予赔偿；③6000公吨货物全部被浸泡是自然灾害造成的全部损失，予以赔偿；④3000公吨货物被浸泡是遭遇意外事故前由于自然灾害造成的损失，予以赔偿。1000公吨是由于意外事故造成的损失，予以赔偿。

4）在装卸或转运过程中，一件或数件、整件货物落海所造成的全部损失或部分损失，如棉纱落海后，无论是否打捞，无论是否发生全损，保险公司均予以赔偿，以鼓励被保险人对保险标的进行施救。

5）被保险人对承保责任内遭受危险的货物采取抢救，防止或减少货损的措施而支付的合理费用，但以不超过该批被救货物的保险金额为限。此项所针对的是“施救费用”。

6）运输工具遭遇海难后，在避难港由于卸货所引起的损失，以及在中途港或避难港由于卸货、存仓以及运送货物所产生的特别费用。

7）共同海损所引起的牺牲、分摊费和救助费用。

8）运输契约订有《船舶互撞条约（Both to blame collision clause）》，按该条款规定应由货方偿还船方的损失。

(2) 水渍险

水渍险（With Particular Average，WPA/WA）的责任范围，除包括上述平安险的各项责任外，还负责被保险货物由于恶劣气候、雷电、海啸、地震和洪水等自然灾害所造成的部分损失。

因此，水渍险比平安险的责任范围大，保险费率也比平安险高。

(3) 一切险

一切险（All Risks）的责任范围除包括平安险和水渍险的所有责任外，还包括货物在运输过程中，因一般外来原因所造成的被保险货物的全部损失或部分损失。如货物被盗窃、钩损、碰损、受潮、受热、淡水雨淋、短量、包装破裂和提货不着等。

案例分析

南京一外贸公司向坦桑尼亚出口一批坯布300包，CIF达累斯萨拉姆。南京公司按合同规定保险金额投保了水渍险。货轮在航运途中，舱内一食用水管渗漏，致使该批坯布中的50包水渍。请问：该损失可否向保险公司索赔？为什么？如果投保了一切险，结果会怎么样？

分析：如投保了水渍险，该损失不能从保险公司获得赔偿。船舱内的食用水管滴漏致使货物受损，属于一般外来风险损失，不属于水渍险的赔偿责任范围。因此，保险公司不予赔偿。

如果投保了一切险，该损失可以从保险公司获得赔偿。一切险的责任范围包括一切外来原因造成的损失。本案中，船舱内食用水管滴漏致使货物受损，属于一般外来风险损失。因此，保险公司应予赔偿。

从三种基本险别的责任范围来看，**平安险范围最小**，它对自然灾害造成的全部损失和意外事故造成的全部和部分损失负赔偿责任。水渍险的责任范围比平安险大，凡因自然灾害和意外事故所造成的全部和部分损失，保险公司均负责赔偿。**一切险的责任范围是三种基本险别中最大的。一切险是平安险和水渍险加一般附加险的总和。**

小技巧

在保险实务中，平安险一般适用于低值的大宗货物，例如铁丝、钢板、建筑用的板材、沙石等；水渍险一般适用于不大可能由于其本身的特性或外部环境变化而导致损失的货物，例如小五金工具等；一切险提供的保障范围比较全面，所以适用于各类易受损的货物，例如纺织品、工艺品、精密仪器等。

2. 我国海洋运输货物保险的附加险

附加险是对基本险的补充和扩大。目前，我国海洋运输货物保险条款的附加险有一般附加险和特殊附加险两类。

(1) 一般附加险

一般附加险所承保的是由于一般外来风险所造成的全部或部分损失。其险别共有下列11种：偷窃提货不着险（Theft, Pilferage and Non-delivery, T. P. N. D）、淡水雨淋险（Fresh Water & Rain Damage, F. W. R. D）、短量险（Risk of Shortage），混杂和玷污险（Risk of Intermixture & Contamination）、渗漏险（Risk of Leakage），碰损和破碎险（Risk of Clash & Breakage）、串味险（Risk of Odour）、受热和受潮险（Damage Caused by Heating & Sweating）、钩损险（Hook Damage）、包装破裂险（Loss or Damage Caused by Breakage of Packing）、锈损险（Risk of Rust）。

一般附加险不能作为一个单独的项目投保，只能在投保平安险或水渍险的基础上，根据需要加保一种或若干种一般附加险。但**如已投保了一切险，就不需要再加保一般附加险，因为保险公司对于承保一般附加险的责任已包含在一切险的责任范围内。**

(2) 特殊附加险

特殊附加险是指承保由于军事、政治、国家政策法令以及行政措施等特殊外来原因所引起的风险与损失的险别，有 8 种：战争险（War Risk）、罢工险（Strikes Risk）、交货不到险（Failure to Deliver Risk）、进口关税险（Import Duty Risk）、舱面险（On Deck Risk）、拒收险（Rejection Risk）、黄曲霉素险（Aflatoxin Risk）、货物出口到香港（包括九龙）或澳门存仓火险责任扩展条款。

下面介绍两种常用的特殊附加险。

1）战争险。它是承保战争或类似战争行为等引起保险货物的直接损失，不能单独投保。

战争险的承保责任范围包括：直接由于战争、类似战争行为和敌对行为、武装行为或海盗行为所致的损失；以及由此所引起的捕获、拘留、扣留、禁止和扣押所造成的损失；或由于各种常规武器（包括水雷、鱼雷、炸弹）所致的损失，以及由上述责任范围而引起的共同海损的牺牲、分摊和救助费用。但对原子弹、氢弹等核武器造成的损失，保险公司不负责赔偿。

2）罢工险。它对被保险货物由于罢工、工人被迫停工或参加工潮、暴动等人员的行动或任何人的恶意行为所造成的直接损失和上述行动或行为所引起的共同海损的牺牲、分摊和救助费用负责赔偿。

案例分析

我方按 CIF 出口冷冻食品一批，合同规定投保平安险加罢工险。货到目的港后发生码头工人罢工，港口无人作业，货物无法卸载。不久货轮因无法补充燃料以致冷冻设备停机。等到罢工结束，该批冷冻食品已变质。请问这种由于罢工而引起的损失，保险公司是否负责赔偿？

分析：保险公司只对因罢工造成的直接损失负责赔偿。对于间接损失则不负责赔偿。例如，由于罢工引起劳动力不足，致使堆放码头的货物遭雨淋日晒而受损，冷冻机因无燃料而中断致使货物变质，货物堆积在码头淋湿受损等均属间接损失。故此案中，保险公司对于该损失不予赔偿。

按国际保险业惯例，已投保战争险后另加保罢工险，不另增收保险费，如仅要求加保罢工险，则按战争险费率收费。

风险、损失和险别的关系见表 5-4。

表 5-4 风险、损失和险别的关系

<table>
<tr><th colspan="3" rowspan="4">风险和险别</th><th colspan="5">损 失</th></tr>
<tr><th colspan="3">海损</th><th colspan="2">其他损失</th></tr>
<tr><th rowspan="2">全部损失</th><th colspan="2">部分损失</th><th rowspan="2">一般其他损失</th><th rowspan="2">特殊其他损失</th></tr>
<tr><th>共同海损</th><th>单独海损</th></tr>
<tr><td rowspan="3">风险</td><td colspan="2">海上风险</td><td>√</td><td>√</td><td>√</td><td></td><td></td></tr>
<tr><td rowspan="2">外来风险</td><td>一般外来风险</td><td></td><td></td><td></td><td>√</td><td></td></tr>
<tr><td>特殊外来风险</td><td></td><td></td><td></td><td></td><td>√</td></tr>
<tr><td rowspan="5">险别</td><td rowspan="3">基本险别</td><td>平安险</td><td>√</td><td>√</td><td>*</td><td></td><td></td></tr>
<tr><td>水渍险</td><td>√</td><td>√</td><td>√</td><td></td><td></td></tr>
<tr><td>一切险</td><td>√</td><td>√</td><td>√</td><td>√</td><td></td></tr>
<tr><td rowspan="2">附加险别</td><td>一般附加险</td><td></td><td></td><td></td><td>√</td><td></td></tr>
<tr><td>特殊附加险</td><td></td><td></td><td></td><td></td><td>√</td></tr>
</table>

注意：“*”表示平安险负责赔偿部分单独海损。

3. 除外责任

我国的《海洋运输货物保险条款》中的除外责任（Exclusions）共包括以下5条：①被保险人的故意行为或过失所造成的损失（如买方指使船员把完好的货物抛弃并谎称发生海难）；②属于发货人责任引起的损失（如货物标志错误导致货物误运）；③在保险责任开始前，被保险货物已存在的由于品质不良或数量短差所造成的损失（例如铁丝在装运前就存在严重的锈损现象，货主如果提出索赔，保险人有权拒赔）；④由于被保险货物的自然损耗、本质缺陷、特性以及市价跌落、运输延迟所造成的损失和费用（如运输延迟导致鲜活货物死亡）；⑤如果仅投保基本险，属于海洋运输货物战争险条款和货物运输罢工险条款规定的责任范围和除外责任。

4. 保险公司的保险责任的起讫

我国的《海洋运输货物保险条款》中除了战争险以外的所有险别的保险责任的起讫，均采用国际保险业惯用的“仓至仓”条款（Warehouse to Warehouse Clause，W/W Clause），即**保险公司的保险责任是从被保险货物运离保险单所载明的起运港（地）发货人仓库开始，一直到货物到达保险单所载明的目的港（地）收货人的仓库时为止。**当货物一进入收货人仓库，保险责任即告终止。但是，当货物从目的港卸离海轮后满60天，或当货物卸离海轮后进行了分配、分派或分散转运时，不论保险货物有没有进入收货人的仓库，保险责任均告终止。

案例分析

江西赣南卷烟厂从德国进口卷烟包装机组，向中国平安保险公司投保一切险及战争险。设备于9月12日顺利运抵到岸口岸——广州黄埔港，同月17日卸离海轮，存放于黄埔港码头。该厂于11月3日前往黄埔港提货运往海洋运输货物保险单载明的赣南卷烟厂仓库。11月4日装载进口设备的6辆大货车中的一辆由于一辆卧铺大客车强行超车发生车祸，冲出车道，坠入深谷。大货车上装载的1台透明纸卷烟机、3台电器控制设备被摔得支离破碎。事后，赣南卷烟厂向保险公司报告并要求赔偿，但遭拒绝，于是提起诉讼。法院最终判决保险公司赔偿赣南卷烟厂损失约五百万元。

分析：就本案来说，货物卸离海轮后存放于黄埔港码头，该码头的仓库只是属于正常运输过程中的用于临时储存货物的场所，赣南卷烟厂仓库才是保险单所载明的最终目的地。因此保险公司的保险责任期间应延展至最后目的地赣南卷烟厂仓库。并且江西赣南卷烟厂的进口设备于9月17日全部卸离海轮，11月4日在陆上运输出了险，期限并未超出60天之限，因此该货物仍然处于保险人的责任期间。保险公司不能推卸责任，赣南卷烟厂有权从保险公司获得赔偿。

海洋运输货物战争险的保险责任起讫不采用“仓至仓”条款，而是仅限于水上危险或运输工具上的危险，即自货物在起运港装上海轮或驳船时开始，直到在目的港卸离海轮或驳船时为止。如果货物不卸离海轮或驳船，则从海轮到达目的港的当日午夜起算满15天，保险责任自行终止。如在中途港转船，不论货物是否在当地卸货，保险责任以海轮到达该港或卸货地点的当日午夜起算满15天为止，待再装上续运海轮时恢复有效，保险人仍继续负责。

5. 索赔期限

我国的海洋运输货物保险条款中的三种基本险别的索赔时效，自被保险货物在最后卸离海轮后起算，最多不超过两年。

5.3.3 其他货物运输保险

保险公司对不同运输方式的货物都订有相应的专门条款。现简要介绍中国人民保险公司的其他运输货运保险。

1. 其他运输的货物保险的种类

陆上运输货物保险的基本险别分为陆运险（Overland Transportation Risks）和陆运一切险（Overland Transportation All Risks）两种；航空运输货物保险的基本险别有航空运输险（Air Transportation Risks）和航空运输一切险（Air Transportation All Risks）两种；邮包运输保险的基本险别包括邮包险（Parcel Post Risks）和邮包一切险（Parcel Post All Risks）两种。

陆运险、航空运输险和邮包险的承保责任范围与海洋运输货物保险条款中的“水渍险”大致相同。保险公司负责赔偿被保险货物在运输途中遭受暴风、雷电、地震和洪水等自然灾害，或由于运输工具（主要是指火车、汽车、飞机）遭受碰撞、倾覆、出轨，或在驳运过程中因驳运工具搁浅、触礁、沉没、碰撞，或由于遭受隧道坍塌、崖崩或火灾、爆炸等意外事故所造成的全部损失或部分损失。

陆运一切险、航空运输一切险和邮包一切险的承保责任范围与海洋运输货物保险条款中的一切险相似。保险公司除承担上述陆运险、航空运输险和邮包险的赔偿责任外，还负责被保险货物在运输途中由于一般外来原因造成的短少、短量、偷窃、渗漏、碰损、破碎、钩损、雨淋、生锈、受潮、受热、发霉、串味和玷污等全部或部分损失。

此外，还有陆上运输冷藏货物险的专门险，以及陆上运输货物战争险（火车）、航空运输货物战争险、邮包运输货物战争险等附加险。由于邮包运输可能通过海、陆、空三种运输方式，因此保险责任兼顾了海、陆、空三种运输工具特征。

知识链接

> 在附加险方面，除战争险外，海洋运输货物保险中的一般附加险和特殊附加险险别和条款均可适用于陆、空、邮运输货物保险。

2. 保险公司对运输货物险的保险责任起讫

陆上运输货物险的责任起讫也采用“仓至仓”责任条款。保险人负责被保险货物运离保险单所载明的启运地发货人的仓库或储存处所开始运输时生效，包括正常陆运和有关水上驳运在内，直到该项货物运达保险单所载明的目的地收货人仓库或储存处所，或被保险人用作分配、分派的其他储存处所为止。但如未运抵上述仓库或储存处所，则以被保险货物到达最后卸载的车站满 60 天为止。航空运输货物保险的责任起讫同样适用于“仓至仓”条款。如未进仓，以被保货物在最后卸载地卸离飞机后满 30 天为止。

陆运货物战争险的责任起讫与海运战争险相似，以货物置于运输工具为限。即自货物装上保险单所载起运地火车时开始，至卸离保险单所载目的地火车时为止。如不卸离火车，以火车到达目的地的当日午夜起满 48 小时为止。航空运输货物战争险，其责任起讫自被保货物装上飞机时开始至目的地卸离飞机为止。如不卸离飞机，以飞机到达目的地的当日午夜满15天为止。

各种货物运输保险责任起讫对照表见表5-5。

表5-5 各种货物运输保险责任起讫对照表

<table>
<tr><th colspan="2">运输保险险别</th><th>责任起讫</th><th>最长保险责任期限</th></tr>
<tr><td colspan="2">海运险</td><td>装运港发货人仓库至目的港收货人仓库</td><td>如果不进仓库，从目的港卸离海轮满60天</td></tr>
<tr><td colspan="2">陆运险</td><td>起运地发货人仓库至目的地收货人仓库</td><td>如果不进仓库，运抵最后卸货车站满60天</td></tr>
<tr><td colspan="2">空运险</td><td>起运地发货人仓库至目的地收货人仓库</td><td>如果不进仓库，从目的地卸离飞机满30天</td></tr>
<tr><td colspan="2">邮包险</td><td>起运地邮局的寄件人处所至所载明的目的地邮局</td><td>如果不进邮局，邮局发出通知书给收货人的当日午夜起满15天</td></tr>
<tr><td rowspan="4">战争险</td><td>海运</td><td rowspan="3">装上运输工具至卸离运输工具（海运、空运在中途转运港卸下的15天内可以转存在该转运港口辖区，一俟续运，保险责任又重新开始）</td><td>如果不卸离船，到达目的港满15天</td></tr>
<tr><td>陆运</td><td>如果不卸离火车，火车到目的地站午夜满48小时，到中途站午夜满10天</td></tr>
<tr><td>空运</td><td>如果不卸离飞机，到达目的地起满15天</td></tr>
<tr><td>邮包</td><td colspan="2">开始运送起至送交收货人止</td></tr>
</table>

5.3.4 保险金额与保险费

保险金额是指保险人承担赔偿或者给付保险责任的最高限额，也是保险人计算保险费的基础。保险金额一般由买卖双方协商确定。

在国际货物买卖中，保险金额通常在CIF或CIP发票金额的基础上增加一定的百分率，即“投保加成”，一般为10%。这增加的10%作为买方进行这笔交易所支付的费用和预期利润。

保险金额的计算公式是：

保险金额=CIF价×(1+投保加成率)

投保人交付保险费是保险合同生效的前提条件。

保险费=保险金额×保险费率

=CIF价×(1+投保加成率)×保险费率

5.4 知识拓展

1. 保险原则

保险的四大原则包括保险利益原则、最大诚信原则、近因原则、损失补偿原则。此外，还存在由损失补偿原则派生的两个原则：求偿原则和重复保险分摊原则。

1）保险利益原则。财产保险的被保险人在保险事故发生时对保险标的应当有保险利益。保险利益原则是为了通过法律防止保险活动成为一些人谋取不正当利益的手段。

国际货运保险同其他保险一样，被保险人必须对保险标的具有保险利益，体现在对保险标的所有权和所承担的风险责任上。

以FOB、CFR方式达成的交易，货物在越过船舷后风险由买方承担。一旦货物发生损失，买方的利益就会受到损失，所以买方具有保险利益。因此由买方作为被保险人向保险公司投保，保险合同只在货物装上船后才生效。货物装上船以前，买方不具有保险利益，因此不属于保险人对买方所投保险的承保范围。

在 FOB、CFR 术语下，若买方投保，则保险公司的责任起讫为装运港船上到目的港收货人的仓库。以 FOB 和 CFR 价格条款成交的合同，为避免保险“盲区”，卖方可以在装船前单独向保险公司投保“装船前险”，也叫国内运输险，这样一旦发生装船前的损失，卖方即可从保险公司获得赔偿。

以 CIF 方式达成的交易，卖方向保险公司投保，卖方拥有货物所有权，当然具有保险利益。保险合同在货物启运地启运后即生效。保险公司的责任起讫为仓至仓。

2）最大诚信原则。主要通过保险双方的诚信义务来体现，具体包括投保人或保险人如实告知的义务以及保证义务，保险人的说明义务以及弃权义务。

3）近因原则。近因是指风险和损失之间，导致损失的最直接最有效起决定作用的原因，用以确定保险赔偿责任。

4）损失补偿原则。保险事故发生后，被保险人从保险人得到的赔偿正好填补被保险人因保险事故造成的保额范围内的损失。实际运用过程中，赔偿金额不得超过被保险人的实际损失，也不能超过保险单的保险金额。

2. 伦敦保险协会海运货物保险

在国际保险市场上，最为普遍采用的是英国伦敦保险协会所制定的“协会货物条款”（Institute Cargo Clause，ICC）。“协会货物条款”最早制定于 1912 年，经多次补充和修改，最新版条款的生效日期为 2009 年 1 月 1 日。

新版的伦敦保险协会的海运货物保险条款共有 6 种险别：①协会货物 A 险条款［ICC（A）］；②协会货物 B 险条款［ICC（B）］；③协会货物 C 险条款［ICC（C）］；④协会战争险条款（货物）（Institute War Clauses-Cargo）；⑤协会罢工险条款（货物）（Institute Strikes Clauses-Cargo）；⑥恶意损害险条款（Malicious Damage Clauses）。

以上 6 种险别中，**ICC（A）险相当于中国保险条款中的一切险**，其责任范围更为广泛，故采用承保“除外责任”之外的一切风险的方式表明其承保范围。**ICC（B）险大体上相当于水渍险。ICC（C）险相当于平安险**，但承保范围较小。ICC（B）险和 ICC（C）险都采用列明风险的方式表示其承保范围。

伦敦保险协会海运货物保险条款中，除了前三者可单独投保外，在需要时，战争险、罢工险也可独立投保。

3. 实用英语

Actual Total Loss　实际全损

China Insurance Clause（C. I. C.）　中国保险条款

Commencement and Termination　起讫

Constructive Total Loss　推定全损

Fortuitous Accidents　意外事故

Franchise　相对免赔率

Free All Average（F-A-A）　不计一切海损

Free from Particular Average（FPA）　平安险

Fresh Water & Rain Damage（F. W. R. D）　淡水雨淋险

General Average　共同海损

Import Duty Risk　进口关税险

Insurable Interest　保险利益；可保权益

Insured Amount　保险金额

Natural Calamities　自然灾害

Ocean Marine Cargo Clause，OMCC　海洋运输货物保险条款

Risk of Clash & Breakage　碰损和破碎险

Risk of Intermixture & Contamination　混杂和玷污险

Salvage Charges　救助费用　　　　　　　　　With Particular Average（WPA 或 WA）
Subject Matter Insured　保险标的物　　　　水渍险
Sue and Labour Expenses　施救费用　　　　W/W Clause　“仓至仓”条款

5.5　业务技能训练

5.5.1　自测习题

1. 翻译

1）Total Loss ________　　2）Partial Loss ________
3）GA ________　　4）PA ________
5）FPA ________　　6）WPA/WA ________
7）ICC ________　　8）W/W Clause ________

2. 单选题

1）下列属于自然灾害的是（　　）。
A. 恶劣气候　B. 共同海损　C. 淡水雨淋　D. 黄曲霉素超标

2）“仓至仓”条款是（　　）。
A. 承运人负责运输起讫的条款　B. 保险人负责保险责任起讫的条款
C. 出口人负责交货责任起讫的条款　D. 进口人负责付款责任起讫的条款

3）我国海运货物保险条款中基本险的责任起讫采用（　　）条款。
A. OCP　B.“仓至仓”　C.“港至港”　D.“门到门”

4）为防止运输途中货物被窃，应该投保（　　）。
A. 一切险、偷窃险　B. 水渍险
C. 平安险、偷窃险　D. 一切险、平安险、偷窃险

5）某公司出口货物在运输途中遭遇风暴，运输船舶与货物均沉入海底。该公司损失的货物应属于（　）。
A. 部分损失　B. 全部损失　C. 单独海损　D. 共同海损

6）公司出口茶叶 5 公吨，在海运途中遭受暴风雨，海水涌入仓内，致使一部分茶叶发霉变质，这种损失属于（　　）。
A. 实际全损　B. 推定全损　C. 共同海损　D. 单独海损

7）按我国海运货物保险条款的规定，投保一切险后还可加保（　　）。
A. 偷窃、提货不着险　B. 卖方利益险
C. 战争险、罢工险　D. 淡水雨淋险

8）按照国际保险市场的惯例，投保时的保险加成率一般为（　　）。
A. 2%　B. 5%　C. 10%　D. 没有惯例

3. 判断题

1）某载货船舶在航行途中因故搁浅，船长为了解除船、货共同危险，命令将部分货物抛入海中，使船舶起浮，继续航行至目的港。上述搁浅和抛货的损失均属共同海损。（　　）

2）附加险不能单独投保，水渍险的责任范围小于平安险。（　　）

3）我国某公司按 FOB 贸易术语进口时，在国内投保了一切险，保险公司的保险责任起

讫期限应为“仓至仓”。 (　　)

4）出口玻璃器皿，因运输途中易出现破碎，故应在投保一切险的基础上加保碰损和破碎险。 (　　)

5）全部损失是指运输中的整批货物或不可分割的一批货物的全部损失。 (　　)

6）ICC（A）类似于我国的平安险。 (　　)

5.5.2　课堂训练

1. 简述构成共同海损的条件。

2. 我国海洋货运保险有哪三种基本险别？（写出中文名称及英文简称）

3. 仓至仓条款的主要内容是什么？

4. 请辨析什么叫共同海损？什么叫单独海损？二者有何区别？

5. 计算题。

（1）我方以每件30美元CIF迪拜出口服装5000件，货物出口前，由我方向中国人民保险公司投保水渍险、淡水雨淋险及战争险，水渍险、淡水雨淋险及战争险的保险费率分别为0.6%、0.3%、0.2%，按发票金额110%投保。问：该批货物的投保金额和保险费各是多少？

（2）我国某外贸公司以每公吨10000英镑CIF伦敦（按加一成投保一切险，保险费率为1%），向外商出售一批轻工业产品，该外商拟自行投保，要求改报CFR价，问CFR价格为多少，出口人应从CIF价中扣除多少保险费？

5.5.3　实训操作

1. 常州天信外贸有限公司与加拿大客户JAMES BROWN & SONS磋商决定，以发票金额的120%投保ICC（A）险和战争险。请拟订具体的保险条款。

2. 江苏天地木业有限公司与美国现代公司商定，采用CFR术语，买方委托卖方按发票金额的110%代为投保水渍险和串味险，保险费由买方负担。以中国人民保险公司1981年1月1日的《海洋运输货物保险条款》为准，请拟订具体的保险条款。

3. 常州常信外贸公司向法国金山贸易公司出口一批男士衬衫，双方磋商决定，成交总价为CIF Marseille USD 20000。常信外贸公司欲向中国人民保险公司依据其海洋运输保险条款投保货物运输保险（已知保险费率：一切险为0.2%，水渍险为0.15%，平安险为0.1%）。假设你是常信外贸公司的业务员，请回答：

1）依据保险惯例，常信外贸公司应如何确定货物的保险金额？该批货物的保险金额是多少？

2）应该投保何种险别比较合适？

3）如最后确定投保一切险加战争险、罢工险，请拟定英文保险条款。

任务6　订立合同的价格条款

知识要点

1. 商品的价格构成
2. 佣金与折扣

技能要点

- 进行成本核算与盈亏分析
- 进行不同贸易术语之间的价格转换
- 制订出口合同的价格条款

导学

价格是国际商品竞争的主要因素之一，是买卖双方谈判的焦点，直接关系到买卖双方的经济利益。通过本任务的学习，主要掌握成本核算与报价的技能。

首先学习扣除出口退税后的实际采购成本的计算，然后是出口报价的核算，常用不同贸易术语价格（FOB、CFR、CIF）的换算、佣金价的换算等。

单价条款由计价货币、单位价格金额、计量单位、贸易术语四部分组成，每个部分都要认真思考，做到最佳。

6.1　任务描述与分析

1. 任务描述

王明向附近几个合作多次的供应商询价，得知该批出口的男式衬衫采购成本为每件56.50元左右，包含13%的增值税，出口退税率为13%，公司的定额费率为10%，预期利润为报价的10%。此时该商品的面料价格不断上涨，美元对人民币汇率不断走低。

王明和孙潇核算成本后，和对方进行价格磋商，订立合同的价格条款。

2. 任务分析

国际贸易的商品价格包括总价（Total Amount）和单价（Unit Price）两项基本内容。单价由计价货币、单位价格金额、计量单位、贸易术语四部分组成，见表6-1。此外，商品价格还经常涉及佣金和折扣等。

表6-1　价格四部分组成示例表

USD	1000	Per M/T	CIF NewYork
计价货币	单位价格金额	计量单位	贸易术语

在与国外客户价格磋商时，应考虑各种影响因素，不同的价格往往意味着不同的质量、数量、包装等。除了按照国际市场价格水平，结合经营意图和国别地区政策确定价格外，还应正确选择计价货币、适当地选用贸易术语、列明作价方法，必要时，还须规定价格调整条

款。同时，对佣金和折扣应视交易的具体情况，正确地加以运用和规定。

6.2 任务实施与心得

核算出口产品价格

(1) 选择合适的贸易术语

孙潇考虑到，虽然运费由于原油价格的变动不断变化，但由我方办理运输和保险能控制货物的出运，故选择使用"CIF SINGAPORE"的贸易术语。

(2) 进行商品的价格核算与报价

孙潇对商品价格进行核算，从工厂采购成本为每件 56.50 元，包含 13%的增值税，出口退税率为 13%，定额费率为 10%，上海到新加坡的 40'FCL 运费换算为人民币 1000 元，公司如按客户要求加一成投保一切险和战争险，费率为 0.8%和 0.08%，公司的预期利润为报价的 10%，由任务 3 商品的数量条款可知，一个 40'集装箱装可装 2744 件该类衬衫，CIF 术语下的人民币报价如下。

实际采购成本=含税采购成本-退税收入

=含税采购成本-含税采购成本×[出口退税率÷(1+增值税税率)]

=56.50 元/件-56.50 元/件÷(1+13%)×13%=50 元/件

CIF =实际采购成本+国内费用+国外运费+国外保险费+净利润

=50 元/件+56.50 元/件×10%+1000÷2744+CIF×110%×0.88%+CIF×10%

[1-(110%×0.88%+10%)] CIF=56.01

CIF =56.01÷[1-(110%×0.88%+10%)]

=62.91 元/件

以美元和人民币汇率为 7.1 计算。

CIF=62.91 元/件÷7.1=8.86 美元/件

在磋商过程中，进口商要求 3%的佣金，孙潇以 CIF 新加坡每件 8.86 美元的净价，核算含佣价：

含佣价=净价/(1-佣金率)= 8.86 美元/件÷(1-3%)= 9.13 美元/件

(3) 制订价格条款

孙潇经过价格核算，考虑到交货期较近，虽然存在美元贬值和原材料价格上涨因素，但并未制订价格调整条款和外汇保值条款，经和对方磋商同意，签订以下价格条款。

单价：每件 9.13 美元 CIF 新加坡含 3%佣金

总值：25052.72 美元

Unit Price：USD9.13 per piece CIF SINGAPORE including 3% Commission

Total Value：USD25052.72 (Say U.S. Dollars Twenty Five Thousand and Fifty Two and Cents Seventy-two Only)

任务实施心得

订立合同价格条款的难点在于事先进行准确的价格核算，并多方考虑各种价格影响因素。为了使价格条款的规定明确合理，必须注意下列事项。

（1）根据经营意图和实际情况选用适当的贸易术语

目前在国际贸易中，较多使用象征性交货的术语，即以装运港或装运地交货的方式成交。**在出口贸易中，争取按 CIF 或 CIP 方式成交。在进口大宗商品贸易中，争取使用 FOB 或 FCA 术语**，由我方自行租船、投保，以免卖方与船方勾结，利用租船提单，骗取货款。

采用货到付款或托收等商业信用的收款方式时，尽量避免采用 FOB 或 CFR 术语。

（2）正确书写单价中涉及的计量单位、装卸地名称

一般情况下，单价中的计量单位应该与合同数量条款中使用的计量单位一致。

对于贸易术语，要注意术语中所涉地点与贸易术语相适应，如：F 组术语所涉地点为装运地，C 组术语所涉地点为卸货地；FOB、CFR、CIF 术语所涉地点为港口，FCA、CPT、CIP 术语所涉地点可以是港口，也可以是机场等。

（3）合理确定商品的单价，防止作价偏高或偏低

制订进出口商品价格时，应注意国际市场价格走势和商品供求变化，并应考虑下列因素，如商品的质量和档次、运输距离、交货地点和交货条件、市场需求、季节性需求变化、成交数量、支付条件和汇率变动、自由贸易区或自由贸易协定、客户类别（进口商、零售商、超市、新老客户等）和产品类别（新老产品）等。

如交货品质和数量约定有一定的机动幅度，则对机动部分的作价也应一并规定；如包装材料和包装费另行计价时，对其计价办法也应一并规定；对港口拥挤费、选择费等特殊费用，如果由对方负担的，也须在价格条款中订明。

其他价格条款参考示例：

（1）净价条款

单价：每公吨 120 美元 CIF 曼谷

总值：13000 美元

Unit Price：USD120 per M/T CIF Bangkok

Total Value：USD13000（Say U. S. Dollars Thirteen Thousand Only）

（2）含佣价条款

单价：每箱 15 英镑 FOB 广州含 2%佣金

总值：14350 英镑

Unit Price：GBP15 per box FOB Guangzhou including 2% Commission

Total Value：GBP14350（Say Pounds Sterling Fourteen Thousand Three Hundred and Fifty Only）

（3）含折扣单价条款

单价：每码 100 美元 FOB 上海减 2%折扣

Unit Price：USD100 per yard FOB Shanghai less 2% discount

（4）固定价格条款

单价：每公吨 235 美元 CIF 纽约包含佣金 2%。合同成立后，不得调整价格。

Price：USD235 per M/T CIFC 2% New York. No price adjustment shall be allowed after conclusion of this contract.

6.3 相关知识

6.3.1 商品的价格核算

1. 价格核算

商品的价格由成本、费用、利润三个部分构成。

商品成本是在采购成本中扣除出口退税后的成本，即实际采购成本；费用可分为国内费用（如包装费用、存储及处理费用、国内运费、检验及证明书费用、装货费用、出口捐税、邮电费及银行手续费、预计损失、垫款利息和业务费用等）和国外费用（视贸易术语不同，可能是海运或陆运、空运费和运输保险费）；利润即出口公司的预期利润。除此之外，有时还有支付给中间商的佣金等。

实际采购成本=含税成本-退税收入

退税收入=含税采购成本×出口退税率/(1+增值税税率)

因此，实际采购成本的计算公式为：

实际采购成本=含税采购成本-退税收入

=含税采购成本-含税采购成本×[出口退税率/(1+增值税税率)]

=含税成本×[1-出口退税率/(1+增值税税率)]

FOB 价=实际采购成本+国内费用+净利润

CFR 价=实际采购成本+国内费用+国外运费+净利润

CIF 价=实际采购成本+国内费用+国外运费+国外保险费+净利润

【例 6-1】 新扬公司将出口一个 20'货柜的钢丝绳切割器（货号 BY350）至斯里兰卡的科伦坡。20'货柜可以装该批货物 25 m^3，按重量可以装 17.5 公吨。已知 BY350 的包装方式为 4 台装 1 箱，每箱毛重 34.5 kg，净重 32 kg，尺码为 42 cm×42 cm×20 cm。每台购货成本为 80 元，包含 17%的增值税，出口退税率为 6%。这批货国内运杂费共计 600 元；仓储费为每天 10 元，预计存储 30 天；出口商检费 200 元；报关费 150 元；港区港杂费 800 元；其他业务费用 2000 元。上海到科伦坡的 20'货柜运费换算为人民币 15000 元。公司如按客户要求加一成投保一切险，费率为 0.8%。如果新扬公司的预期利润率为 7%，且该商品不须缴纳出口关税，请报出 FOB SHANGHAI、CFR COLOMBO、CIF COLOMBO 的人民币价格。

解：实际采购成本：80 元-80 元÷(1+17%)×6% =75.8974 元

20'货柜的货量：按照体积可以装 25 m^3÷(0.42×0.42×0.2) m^3/箱=708 箱

按照重量可以装 17.5 公吨÷0.0345 公吨/箱=507 箱

实际只能够装 507 箱(取以上计算较小的箱数)

4×507=2028 台

国内费用：(600+10×30+200+150+800+2000)元÷ 2028=1.9970 元

国外运费：15000 元÷2028=7.3964 元

国外保险费：CIF×110%×0.8%

FOB 报价：FOB =实际采购成本+国内费用+净利润

=75.8974 元+1.9970 元+FOB×7%

FOB=(75.8974+1.9970)元÷(1-7%)= 83.76 元/台

CFR 报价：CFR =实际采购成本+国内费用+国外运费+净利润

$$= 75.8974 元 + 1.9970 元 + 7.3964 元 + CFR \times 7\%$$

$$CFR = (75.8974 + 1.9970 + 7.3964) 元 \div (1 - 7\%) = 91.71 元/台$$

CIF 报价：$CIF = 实际采购成本 + 国内费用 + 国外运费 + 国外保险费 + 净利润$

$$= 75.8974 元 + 1.9970 元 + 7.3964 元 + CIF \times 110\% \times 0.8\% + CIF \times 7\%$$

$$CIF = (75.8974 + 1.9970 + 7.3964) 元 \div (1 - 7\% - 110\% \times 0.8\%)$$

$$= 92.59 元/台$$

价格核算注意事项：

1）价格核算出来之后，可以采用逆算方法验算，即报价产生以后，用“收入-支出=成本”的原理来核算对外报价是否正确。

2）实际业务中，国内费用除了采用各项实际费用相加的方法外，还有规定定额费用的做法，该费用率的计算基础是含税的进货成本。

3）银行费用是根据出口发票金额的一定百分比收取，计费基础是成交价格。佣金和保险费通常也根据成交价格来计算。

4）垫款利息按照进货成本计算，远期收款利息按照成交价格计算。

5）确保集装箱所装货物数量的准确性，它直接影响单位运价和国内费用的多少。

2. 出口效益核算

在对外报价、制订价格条款前，要注意加强成本核算，以提高经济效益，防止出现不计成本单纯追求成交量的倾向。出口效益核算的指标主要有以下两种。

（1）出口商品换汇成本（换汇率）

该指标反映出口商品每取得一美元外汇净收入所耗费的人民币成本。换汇成本越低，出口的经济效益越好。出口商品换汇成本如高于结汇时银行的外汇牌价，则出口为亏损；反之，则说明出口有盈利。其计算公式为

出口商品换汇成本=出口总成本（人民币元）÷出口外汇净收入（美元）

这里的出口总成本是指出口商品的进货成本加上国内费用（出口前的一切费用和税金）。出口外汇净收入指的是扣除运费和保险费后的FOB外汇净收入。

【例6-2】 某商品国内进价为5070元（人民币），加工费800元，流通费700元，税金30元，出口销售外汇净收入为1100美元，则：

出口总成本=5070元+800元+700元+30元=6600元（人民币）

出口商品换汇成本=6600元（人民币）÷1100美元=6元（人民币）/美元

（2）出口商品盈亏率

该指标说明出口商品盈亏额在出口总成本中所占的百分比，正值为盈，负值为亏。

$$出口商品盈亏率 = \frac{出口销售人民币净收入 - 出口总成本}{出口总成本} \times 100\%$$

其中，出口人民币净收入是指出口商品的FOB价按当时外汇牌价折成人民币的数额。

【例6-3】 某公司向加拿大出口某商品，外销价为每公吨500美元CIF温哥华，支付运费为70美元，保险费6.5美元。如果该公司收购该商品的收购价为每公吨1800元（人民币），且国内直接和间接费用之和为收购价的17%，试计算该商品的出口总成本、出口销售外汇净收入和出口换汇成本。假若当期银行外汇牌价为1美元合6.4元（人民币），试计算该笔出口的盈亏率。

解：出口总成本=1800元×(1+17%)=2106元(人民币)

出口外汇净收入=500 美元-(70+6.5)美元=423.5 美元

出口换汇成本=2106 元(人民币)÷423.5 美元≈4.973 元(人民币)/美元

出口人民币净收入=423.5 美元×6.4=2710.40 元(人民币)

出口盈亏率=(2710.4-2106)元÷2106 元×100%≈28.70%

6.3.2 商品的价格换算

完成出口产品报价

FOB 价换算为其他价：

CFR 价=FOB 价+运费

CIF 价=FOB 价+运费+保险费

=FOB 价+运费+CIF 价×(1+投保加成率)×保险费率

CIF 价=(FOB 价+运费)/[1-(1+投保加成率)×保险费率]

CFR 价换算为其他价：

FOB 价=CFR 价-运费

CIF 价=CFR 价/[1-(1+投保加成率)×投保费率]

CIF 价换算为其他价：

FOB 价=CIF 价×[1-(1+投保加成率)×保险费率]-运费

CFR 价=CIF 价×[1-(1+投保加成率)×保险费率]

FCA、CPT 和 CIP 三种贸易术语的价格构成与 FOB、CFR 和 CIF 类似。

【例 6-4】我方对外报价为每公吨 1000 美元 CIF 新加坡，而外商还盘为每公吨 902 美元，FOB 中国口岸。经查该货物由中国港口运至新加坡每公吨运费为 88 美元，保险费率合计为 0.95%。试问单纯从价格角度讲，我方可否接受该项还盘？

解：将我方报价 CIF 新加坡换算成 FOB 中国口岸价格，其结果是：

FOB 中国岸价=CIF 价×[1-(1+投保加成率)×保险费率]-运费

=1000 美元-1000 美元×110%×0.95%-88=901.55 美元

而外商报价为 FOB 中国口岸 902 美元，二者相差无几，可以接受外商还盘。

【例 6-5】某商品的出口价为每公吨 CFR 香港 700 美元，买方提出改报 CIF 价，并要求按 CIF 价的 110%投保水渍险和战争险，总保险费率为 1.2%，求 CIF 报价。

解：CIF =CFR/[1-(1+投保加成率)×投保费率]

=700 美元/[1-(1+10%)×1.2%]

=709.36 美元

6.3.3 佣金和折扣

佣金和折扣直接影响到商品的成交价格，但两者存在着很大不同。佣金是由卖方或买方付给中间商的报酬，而折扣是卖方给予买方价格上的优惠。灵活运用佣金和折扣，可以调动外商的积极性，增强市场竞争力，达到扩大出口的目的。

(1) 佣金

在国际贸易中，有些交易是通过中间代理商进行的。因中间商介绍生意或代买代卖而需收取一定的酬金，此项酬金叫作佣金（Commission）。**包含佣金的价格称为含佣价，不含佣金者则为净价（Net Price）**。凡在合同中，明确规定佣金的百分比，叫作明佣。如果中间商为了从买卖双方获取双头佣金或为了逃税，有时要求在合同中不规定佣金，而另按双方暗中达成的协议支付。这种暗中约定佣金的做法，叫作暗佣。货价中是否包括佣金以及佣金比例的大小，都会影响到商品的价格。

商品价格中的佣金，通常以文字来说明。例如，“每公吨 200 美元 CIF 旧金山，包括 2%佣金”（USD200 per M/T CIF San Francisco including 2% commission）。也可在贸易术语上加注佣金的缩写英文字母 C 和佣金的百分比来表示。例如，“每公吨 200 美元 CIFC2%旧金山”（USD200 per M/T CIFC2% San Francisco）。商品价格中所包含的佣金，还可以用绝对数来表示。例如，“每公吨付佣金 25 美元”（USD25 of commission per metric ton）。

佣金的规定应合理，其比率一般掌握在 1%～5%，不宜过高。

在国际贸易中，计算佣金的方法不一，有的按成交金额约定的百分比计算，也有的按成交商品的数量来计算。在按成交金额计算时，有的以发票总金额作为计算佣金的基数，有的则以 FOB 总值为基数来计算佣金。

常见的佣金计算公式为

$$佣金额=含佣价\times佣金率$$

$$净价=含佣价-佣金额$$

上述公式也可写成

$$净价=含佣价\times(1-佣金率)$$

$$含佣价=净价\div(1-佣金率)$$

【例 6-6】一批出口商品的成交金额按 FOB 条件含佣价为 200000 美元，佣金率为 3%，则佣金为多少？扣除佣金后的净价为多少？

解：佣金=200000 美元×3%=6000 美元

净价=200000 美元-6000 美元=194000 美元

佣金的支付一般有两种做法：一种是由中间代理商直接从货价中扣除佣金；另一种是在委托人收清货款之后，再按事先约定的期限和佣金比率，另行付给中间代理商。后一种情况对委托人比较有利。

（2）折扣

折扣（Discount，Allowance）是指卖方按原价给予买方一定百分比的优惠。除一般折扣外，还有为扩大销售而使用的数量折扣（Quantity Discount），为实现某种特殊目的而给予的特别折扣（Special Discount）以及年终回扣（Turnover Bonus）等。凡在价格条款中明确规定折扣率的，叫作明扣；凡交易双方就折扣问题已达成协议，而在价格条款中不明示折扣率的，叫作暗扣。折扣率越高，则价格越低。

在国际贸易中，折扣通常在合同价格条款中用文字明确表示出来。例如：“CIF 伦敦每公吨 200 美元，折扣 3%”（USD200 per metric ton CIF London including 3% discount）。此例也可这样表示：“CIF 伦敦每公吨 200 美元，减 3%折扣”（USD200 per metric ton CIF London Less 3% discount）。此外，折扣也可以用绝对数来表示。例如，“每公吨折扣 6 美元”（Less USD6. 00 per metric ton）。

折扣通常是以成交额或发票金额为基础计算。其计算方法为

$$单位货物折扣额=原价(或含折扣价)\times折扣率$$

$$卖方实际净收入=原价-单位货物折扣额$$

【例 6-7】我国某公司以每公吨 520 美元 CIF 香港，含折扣 2%的价格对外出口一批货

物，那么，我方每公吨扣除折扣的净收入为多少？

解：我方单位商品净收入 = 520 美元×(1-2%) = 509.6 美元

折扣一般是在买方支付货款时预先予以扣除，也有的折扣金额不直接从货价中扣除，而按暗中达成的协议另行支付给买方，这种做法通常在给“暗扣”或“回扣”时采用。

6.4 知识拓展

1. 非固定价格

合同价格一经确定，除非另有约定或对方同意，任何一方不得擅自更改。我国进出口合同中绝大部分都固定价格。

但是由于国际市场商品价格行情多变，价格时涨时落，固定价格这种作价办法会给某一方造成损失，导致履约困难。因此，应采取较灵活的作价办法，主要有以下三种。

1）暂不固定价格。这是指合同中货物的价格暂不固定，但约定未来确定价格的时间和方法。例如，在合同中规定：“以装船日某某交易所的收盘价为正式价格。”

2）暂定价格。这是指买卖双方在合同中规定一个临时价格，作为开立信用证和初步付款的依据，待日后交货时，双方再确定正式价格。这种做法由于没有规定明确的作价标准，双方可能在最后定价时产生分歧而导致不良后果，一般不宜采用。

3）滑动价格。这是指买卖双方在合同中先规定一个基础价格，同时订立价格调整条款，约定价格调整的百分比。如交货时或交货前一定时间按工资、原材料价格的变动情况对原定价格进行调整，计算出最终的成交价格。这种情况主要适用于加工周期长的大型机器设备的交易和市场价格变动大的大宗交易，如农产品、矿产品等。

此外，有时也可采用一部分固定价格、另一部分不固定价格的做法。如在大宗交易分期交货的情况下，对近期交货的部分采用固定价格方法，远期交货部分选用后三种作价方法。

2. 实用英语

Balance Rate of Export　出口商品盈亏率
Commission　佣金
Currency Exchange Cost　出口商品换汇成本
Discount；Allowance　折扣
Foreign Exchange Exposure　外汇风险
Measurement Unit　计量单位
Net Price　净价
Total Amount　总价
Unit Price Figure　单价金额

6.5 业务技能训练

6.5.1 自测习题

1. 翻译

1）Commission ____________ 2）Net Price ______________

3）Unit Price ____________ 4）Quantity Discount ____________

2. 单选题

1）在我国进出口业务中，计价货币选择应（　　）。

A. 力争采用硬币收付

B. 力争采用软币收付

C. 出口时采用软币计价收款，进口时采用硬币计价付款

D. 进口时采用软币计价付款，出口时采用硬币计价收款

2）合同中规定佣金率时，其幅度通常应掌握在（　　）。

A. 1%以下　　B. 1%~5%　　C. 10%以上　　D. 5%~10%

3）下列我国进口商品单价表达正确的是（　　）。

A. 每箱 100 元 CIF 鹿特丹　　B. 每吨 100 英镑 CFR 纽约

C. 每箱 50 法郎 FOB 上海　　D. 每箱 50 美元 FOB 东京

4）以下正确表示含佣价的是（　　）。

A. FOBS　　B. FOBT　　C. FOBC　　D. FOBST

5）在国际贸易中，含佣价的计算公式是（　　）。

A. 净价×佣金率　　B. 含佣价×佣金率

C. 净价×(1+佣金率)　　D. 净价÷(1-佣金率)

6）在合同对外洽商过程中，如果报出的净价为 2000 美元，可是对方要求 2%的佣金，为了保证实收 2000 美元，所报的含佣金价应是（　　）。

A. 2040 美元　　B. 2000 美元　　C. 2040.82 美元　　D. 2200 美元

3. 判断题

1）在实际业务中，较常采用的作价方法是固定作价。（　　）

2）不论在何种情况下，固定作价都比非固定作价有利。（　　）

3）CIF 合同和目的港交货合同是两种不同性质的合同。（　　）

4）佣金是买方给卖方的价格优惠。（　　）

6.5.2 课堂训练

1. 商品价格由哪几部分内容组成？

2. 简述 FOB、CFR、CIF 三种主要贸易术语之间的价格转换关系。

3. 计算题。

（1）我方对外出口某商品，CFRC3%价为 1500 美元，现在外商要求改报 CFRC5%价。在保持我方净收入不变的前提下，应如何报价？

（2）设我方出口某商品，FOB 价为 10000 美元，该批货物的运费为 2000 美元，投保一切险加战争险，两者保险费率合计为 1.5%，加 20%投保。请计算 CIF 价格。

4. 分析下列我方出口单价的写法是否正确？为什么？

每码 3.50 元 CIF HONGKONG　　每件 580 日元 FOB SHANGHAI

每打 5.80 元 CIFC NEW YORK　　每吨 100 美元 FOB TOKYO

每箱 100 FOB TOKYO　　每公吨 200 美元 FOB 香港

每打 30 英镑 CFR 英国　　每箱 CIF 伦敦 50.50 元

每台 300 马克 CIF 上海　　每辆 40 美元 CFR 新加坡

每吨 1000 美元 FOB LONDON

5. 请讨论影响进出口商品价格的具体因素主要有哪些？出口商品价格制订过高或过低会带来什么不利影响？

6.5.3　实训操作

1. 常州天信外贸有限公司与加拿大客户 JAMES BROWN & SONS，商定 MS691、MS862 的男式衬衫一共出一个 40 英尺集装箱的货物。请计算并报 FOB 美元价、CIF 价。

货号：　　　　　　　　含税采购成本（每件）

MS691（男式衬衫）　　120 元人民币

MS862（男式衬衫）　　100 元人民币

每个 40 英尺 FCL 出口运费为 4400 美元。

除此以外其他信息如下：

一个集装箱装 MS691 & MS862 男式衬衫各 1800 件，10 件衬衫装一只纸箱。

出口退税率：13%，增值税税率：13%。

国内费用：出口包装费 15 元/纸箱，仓储费 5 元/纸箱。

当时的外汇牌价：1 美元=7.1 元人民币。

一个 40 英尺集装箱的其他国内费用为：国内运杂费 400 元、商检费 550 元、报关费 50 元、港口费 600 元、其他费用 1400 元。

保险：按发票金额加成 10%投保一切险和战争险，费率分别为 0.6%和 0.3%。

预期利润：报价的 10%，付款方式是即期信用证。

2. 请对江苏天地木业有限公司的 M567、M695 地板进行 FOBC5%美元报价。

货号：　　　　　　　　含税采购成本

M567　　　　　　　　40 元人民币/块

M695　　　　　　　　52 元人民币/块

每个 40 英尺 FCL 出口运费为 4400 美元。

除此以外其他信息如下。

每个货号的地板装一个集装箱，数量为 1400 箱（11200 块）。

出口退税率：0，增值税税率：13%。

公司费用为采购净成本的 5%，利润为报价的 8%。

当时的外汇牌价：1 美元=7.1 元人民币。

任务7 订立合同的商品检验与索赔条款

知识要点

1. 出口商品的检验检疫机构
2. 出口商品检验的时间与地点

技能要点

- 掌握出口合同中检验条款的主要内容
- 能够订立出口合同的商品检验与索赔条款

导学

可遵循探究5W1H六大问题去学习本任务：商品检验的原因（Why）、对象（What）、地点（Where）、时间（When）、人员或机构（Who）、方法（How）。

1. Why——为什么要检验（包括国际公约或贸易惯例约定是什么？出口国法律有何规定？进口国法律有何规定？买卖双方约定是什么？）？

2. What——检验商品的哪些方面？哪些内容？（例如质量、数量、包装、残值等）。

3. Where & When——检验地点和检验时间，目前大致有三种基本做法，其中“出口国检验，进口国复验”这种做法在国际贸易中采用最多。

4. Who——谁来检验？分三种情况：买方（Buyer）检验；卖方（Seller）检验；第三方（Third party）机构，分为官方和民间两种性质的检验、检疫机构。

5. How——用什么检验方法（包括物理的、化学的和生物的方法）？

7.1 任务描述与分析

1. 任务描述

> 常信公司和莱佛士公司就其他条款已经达成一致，孙潇现在准备和Lisa洽谈商检与索赔的相关事项，订立合同的商品检验检疫与索赔条款。

2. 任务分析

出口商品能否顺利地交货履约，一旦发生问题后能否对外索赔挽回损失，都与商品的检验密切相关。这涉及合同的商品检验与索赔条款。

出口合同中的商品检验与索赔条款一般包括检验的时间和地点、检验机构、检验证书、复验、索赔依据以及期限等相关事项。检验与索赔条款涉及合同双方的切身利益，因此，合同双方对此都十分关注，需要在合同中加以明确规定。

7.2 任务实施与心得

在我国的出口贸易中，一般采用在出口国检验，进口国复验的办法。莱佛士公司要求中

国海关出具质量检验证书。

双方签订以下检验与索赔条款。

买卖双方同意以装运港中国海关签发的质量检验证书作为信用证项下议付所需单据之一，买方有权对货物的质量进行复验，复验费由买方承担。如发现质量与合同规定不符，买方有权向卖方索赔，并提交经卖方同意的公证机构出具的检验报告。

索赔期限为货到目的港180天内。如果货物已经过加工，买方即丧失索赔的权利。

It is mutually agreed that the certificate of quality issued by the China Customs at the port/place of shipment shall be part of the documents to be presented for negotiation under the relevant L/C. The buyers shall have the right to reinspect the quality of the cargo. The reinspection fee shall be borne by the buyers. Should the quality be found not in conformity with that of the contract, the buyers are entitled to lodge with the sellers a claim which should be supported by survey reports issued by a recognized surveyor approved by the sellers.

The claim, if any, shall be lodged within 180 days after arrival of the goods at the port of destination. If the goods have already been processed, the buyers shall thereupon lose the right to claim.

任务实施心得

检验条款中的索赔有效期限和复验时间不宜过长，通常视商品性质而定，为货到目的港后30~180天不等。其他主要注意事项如下。

1）合同的品质条款和包装条款应该明确、具体，否则商品检验便无法进行。同时，商检条款的内容不能与品质条款、包装条款相矛盾。

2）明确对进出口商品进行检验检疫的机构，以确立其合法性。确定出具的检验检疫证书的名称和份数，以满足不同部门的要求。

3）可以根据业务需要规定检验标准、抽样方法和检验方法。检验标准是指检验机构进行检验工作所遵循的尺度和准则，是评定检验对象是否符合规定要求的准则。一般应按我国的有关标准和抽样方法进行。

4）出口食品和动物产品的卫生检验检疫，一般均按我国标准和有关法令规定办理。如外商提出特殊要求或按国外法规有关标准检验检疫，应要求对方提供有关资料，经中国海关和有关部门研究同意后，才能接受。

索赔条款示例

索赔条款通常有两种规定方式：一种是异议和索赔条款；另一种是罚金或违约金条款。大多数买卖合同只订有异议和索赔条款。只有在大宗商品和机械设备买卖合同中才同时订立上述两种条款。违约金条款示例见任务19，本任务仅示例索赔条款如下。

该条款针对卖方交货品质、数量或包装不符合合同规定而订立。

例如，买方对于装运货物的任何异议，必须于装运货物的船只到达提单所指定的目的港的30天内提出，并须提供经卖方同意的公证机构出具的检验报告。

Any claim by the buyers regarding the goods shipped shall be filed within 30 days after arrival of the goods at the port of destination specified in the relative B/L and supported by a survey report issued by a surveyor approved by the sellers.

7.3 相关知识

进出口商品检验检疫（Commodity Inspection and Quarantine）是指在国际贸易过程中对买卖双方按合同规定成交的商品由商品检验检疫机构对商品的质量、数量、重量、包装、安全、卫生以及装运条件等进行检验，并对涉及人、动物、植物的传染病、病虫害、疫情等进行检疫的工作。

7.3.1 商品检验、检疫的目的

检验检疫的目的是保证进出口商品的质量，维护对外贸易有关各方的合法权益，保护国家整体利益和社会效益。

从性质上分可分为法定检验检疫和非法定检验检疫两种。其法律法规依据主要是“四法三条例”，即《中华人民共和国进出口商品检验法》《中华人民共和国进出境动植物检疫法》《中华人民共和国国境卫生检疫法》《中华人民共和国食品安全法》《中华人民共和国进出口商品检验法实施条例》《中华人民共和国进出境动植物检疫法实施条例》《中华人民共和国国境卫生检疫法实施细则》。

对于法定检验检疫的产品，必须经过海关检验后才通关放行。

对于非法定检验检疫的产品，通常由买卖双方在合同中对检验检疫做出规定，检验证书作为卖方履行合同的依据或买方索赔的依据。

7.3.2 商品检验、检疫机构

在国际贸易活动中，进出口商品检验、检疫简称为商检。商检机构的选择，关系到由谁对商品实施检验并出具有关证书，涉及合同双方的切身利益，需要在合同中加以明确规定。

国际贸易中，商品的检验工作一般都由专业的检验机构负责办理。在国外，检验机构从组织的性质来分，有官方的，有同业公会、协会或民间私人经营的，也有半官方的。检验机构的名称也多种多样，如检验公司、公证行、鉴定公司、实验室或宣誓衡量人等。

海关总署主管全国进出口商品检验工作。海关总署设在省、自治区、直辖市以及进出口商品的口岸、集散地的出入境检验检疫机构，管理所负责地区的进出口商品检验工作。

中国检验认证集团（简称中检集团，英文缩写 CCIC）作为国内甚至世界知名的第三方检验检测认证机构，办理进出口商品的检验和鉴定业务。

中国检验认证集团及其设在各地的子公司根据海关的指定，也以第三方的地位办理进出口商品的检验和鉴定业务。

知识链接

比较著名的商检机构有：瑞士日内瓦通用鉴定公司（SGS）、日本海外货物检验株式会社（OMIC）、美国保险人实验室（UL）、英国劳氏公证行（Lloyd's Surveyor）、法国船级社（B. V）以及香港天祥公证化验行等。

其中瑞士日内瓦通用鉴定公司（SGS）成立于1878年，总部设在瑞士日内瓦，是世界上最大的从事检验、测试和质量认证服务的公司，在商检领域一直是全球的领导者和创新者。在中国，SGS与中国标准技术开发公司于1991年合资成立通标标准技

术服务有限公司，逐步建立了16个分公司、8个办事处和22个国际实验室。

网站链接 https://www.sgsonline.com.cn。

7.3.3 商品检验、检疫的时间与地点

在国际贸易中，允许买方在接受商品前，有权检验商品。确定商品检验的时间和地点，实际上就是确定买卖双方中哪一方行使对货物的检验权的问题。

关于合同中检验时间与地点的规定，基本有以下几种。

1. 在出口国检验

在出口国检验又可以分为产地检验、装运前或装运时检验。在出口国检验的方法对卖方有利，对买方不利，所以很少采用。

(1) 产地检验

即在货物离开生产地点（如工厂、农场或矿山）之前，由卖方或其委托的检验机构对货物进行检验或验收。卖方承担货物离开产地之前的责任，货物进行检验或验收后，在运输途中出现的品质、数量等方面的风险由买方负责。

(2) 装运前或装运时检验

这种做法又称为"离岸品质、离岸重量"（Shipping Quality and Shipping Weight）。货物在装运港装运前或装运时，以双方约定的商检机构对货物进行检验后出具的商检证明作为决定商品品质和数量的最后依据。货物运抵目的港后，买方如再对货物进行检验，即使发现问题，也无权拒收或提出异议和索赔。

2. 在进口国检验

在进口国检验是指货物运抵目的港或目的地卸货后，由双方约定的目的地检验机构验货并出具检验证明作为最后依据，这叫作"到岸品质、到岸重量"（Landed Quality and Landed Weight）。对于技术密集型商品或卸货后不宜拆开包装的商品，也可在买方营业地或最终用户的所在地进行检验。

在进口国检验的方法对买方有利，对卖方不利，所以也很少采用。

3. 在出口国检验，在进口国复验

货物在出口国装船前进行必要的检验，但此时出具的装运港检验证明不能作为卖方交货质量和重量的最后依据，只是作为卖方向银行议付货款的一种单据。货物到达目的港后，在双方约定的时间内，买方有权对货物进行复验，复验后若发现货物与合同不符，可根据复验的结果向卖方索赔。

这种做法避免了上述两类方法的缺点，兼顾了双方权益，比较公平合理，因而在国际贸易中广泛采用。

7.3.4 进出口商品检验标准

我国的《进出口商品检验法实施条例》规定，我国出入境检验检疫机构按下列标准对进出口商品实施检验。

1) 法律、行政法规规定有强制性检验标准或者其他必须执行的检验标准的，按照法律、行政法规规定检验标准检验。

2) 法律、行政法规未规定有强制性检验标准或者其他必须执行的检验标准的，按照对

外贸易合同规定的检验标准检验；凭样成交的，应按照样品检验。

3）法律、行政法规规定强制性检验标准或者其他必须执行的检验标准，低于对外贸易合同规定的检验标准的，按照对外贸易合同规定的检验标准检验；凭样成交的，应当按照样品检验。

4）法律、行政法规未规定有强制性检验标准或者其他必须执行的检验标准的，对外贸易合同又未规定检验标准或者检验标准不明确的，按照生产国标准、有关国际标准或者国家商检部门制订的检验标准检验。

7.4 知识拓展

1. 产品认证

产品认证是由可以充分信任的第三方证实某一产品或服务符合特定标准或其他技术规范的活动。产品认证分为强制认证和自愿认证两种。

世界大多数国家和地区设立了自己的产品认证机构，使用不同的认证标志，来标明认证产品对相关标准的符合程度，如UL美国保险人实验室安全试验和鉴定认证、CE欧盟安全认证、VDE德国电气工程师协会认证、中国CCC强制性产品认证等。其他的还有CCEE认证、CSA认证、GS认证等。

如果一个企业的产品通过了国家著名认证机构的产品认证，就可获得国家级认证机构颁发的“认证证书”，并允许在认证的产品上加贴认证标志。这种被国际上公认的、有效的认证方式，可使企业树立起良好的信誉和品牌形象，同时让顾客和消费者也通过认证标志来识别商品的质量好坏和安全与否。目前，世界各国政府都通过立法的形式建立起这种产品认证制度，以保证产品的质量和安全、维护消费者的切身利益。

2. 实用英语

Authentic Surveyor　公证鉴定人

China Council for the Promotion of International Trade（CCPIT）　中国国际贸易促进委员会

Inspection and Acceptance　验收

Inspection and Certificate Fee　检验签证费

Inspection before Delivery　交货前检验

Inspection of Commodity　商品检验

Inspection of Incoming Merchandise　到货验收

Inspection of Packing　包装检验

Inspection of Storage　监装

Inspection on Cleanliness　清洁检验

Inspection Report　检验报告

Inspection Tag　检查标签

Loyd's Surveyor　英国劳氏公证行

Reinspect; Reinspection　复验

Shipping Quality, Weight or Quantity as Final　以离岸品质，数量或重量为准

Survey Report　检验报告

Surveyor　检验行，公证行

Underwriters Laboratory　保险人实验室

7.5 业务技能训练

7.5.1 自测习题

1. 翻译

1）Shipping Quality ______________ 2）Inspection and Quarantine ________

3）Landed Weight ________________ 4）Survey Report ________________

2. 单选题

1）在进出口合同的商检条款中，关于检验时间和地点的规定使用最多的为（　）。

A. 在出口国检验　　B. 在进口国检验

C. 在出口地检验，在进口地复检　　D. 在出口地检验重量，在进口地检验品质

2）双方合同约定在装运港检验的情况下，货物在装运港装运前双方约定的检验机构对货物进行检验，该机构出具的检验证书作为决定交货质量、重量和数量的（　）。

A. 初始依据　　B. 最后依据　　C. 粗略依据　　D. 次要依据

3）商检部门对进出口商品的质量、规格、等级进行检验后出具的是（　）。

A. 品质检验证书　　B. 重量检验证书　　C. 数量检验证书　　D. 卫生检验证书

4）若使买方在目的港对所收货物无权提出异议，商品检验应（　）。

A. 以离岸品质、离岸重量为准　　B. 以到岸品质、到岸重量为准

C. 以离岸品质、到岸数量为准　　D. 以到岸品质、离岸数量为准

3. 判断题

1）法定检验是根据国家法律法规，对规定的重要进出口商品进行的强制性检验。（　）

2）货物检验是国际贸易中可有可无的环节。（　）

3）货物检验就是特指对商品质量的检验。（　）

7.5.2 课堂训练

1. 在出口贸易中，一般采用什么方法检验商品？

2. 简述签订商品检验条款时应注意的问题。

3. 请讨论下面检验条款的利弊：装运前买方检验商品质量，以决定商品质量是否符合合同，凭买方签发的质量合格证装运。

4. 案例分析。

在一份国外银行开来的信用证中关于商检证书的条款如下：

Inspection certificate in duplicate issued and signed by authorized person of applicant whose signature must comply with that held in our bank's record.

请问：如果你作为出口公司的业务员，这样的条款能接受吗？

7.5.3 实训操作

1. 常州天信外贸有限公司与加拿大客户 JAMES BROWN&SONS，就男式衬衫的检验达成一致：买卖双方同意以装运港中国海关签发的质量检验证书作为信用证项下议付所需单据之一，买方有权对货物的质量进行复验，复验费由买方承担。如发现质量与合同规定不符，买方有权向卖方索赔，并提交经卖方同意的公证机构出具的检验报告。请你拟订具体的检验检疫英文条款。

2. 请你为江苏天地木业有限公司和美国现代公司就 M567、M695 地板出口合同，拟订具体的检验条款（中英文）。

任务 8　订立合同的支付条款

知识要点

1. 汇票的内容和使用程序
2. 汇付和托收的种类、流程
3. 信用证的特点及流程

技能要点

- 选择适当的支付方式和支付工具
- 能订立出口合同的支付条款

导学

支付条款是合同的最关键条款之一。订好合同中的支付条款，要选好支付方式，确定支付时间和地点以及所涉单据的交付条件和时间等。

支付方式是国际贸易中最基础、最重要的知识点之一，主要有汇付、托收、信用证等。汇付方式是进口人通过银行汇款给出口人；托收方式是出口人委托银行向进口人收款；信用证方式是银行做出的有条件付款承诺。应重点掌握汇付、信用证的流程和特点，汇票的相关知识。

汇付、托收属于商业信用，信用证属于银行信用。汇付的银行费用最低，信用证的银行费用最高。

国际贸易中使用的票据主要有汇票、本票、支票，其中以汇票为主。在信用证和托收方式下，出口人一般出具商业汇票，向银行或进口人索要款项。

8.1　任务描述与分析

1. 任务描述

常信公司和莱佛士公司是第一次业务合作，因而对对方的资信都不大放心。因此在订立合同的支付条款时，孙潇和 Lisa 都颇为重视。买卖双方在磋商交易时，都力争规定对自己有利的支付条件。

2. 任务分析

在国际贸易中，货款的收付互为买卖双方的基本权利和义务。货款的收付直接影响双方的资金周转及各种金融风险和费用的负担。这是关系到买卖双方利益的问题。

支付方式是支付条款的主要内容，主要有信用证、汇付、托收等。订好合同中的支付条款，要选好支付方式，确定支付时间和地点。**在选择支付方式考虑其利弊优劣的诸因素中，安全是第一要素，其次是占用资金时间的长短。**至于办理手续的繁简，银行费用的多少也应给予适当的注意。

8.2　任务实施与心得

孙潇经过和对方磋商，决定采用即期信用证方式，签订以下支付条款。

The buyers shall open through United Overseas Bank an irrevocable sight Letter of Credit to reach the sellers 45 days before the month of shipment, valid for negotiation in China until the 10th day after the month of shipment, but within the validity of the L/C.

任务实施心得

选择结算方式时考虑以下主要因素。

(1) 客户信用

对于信用不是很好或尚未充分了解的客户，交易时应选择风险较小的支付方式，如在出口业务中，应尽量争取以预付货款方式支付（如前 T/T），也可采用跟单信用证方式。若客户信用很好，可选择手续比较简单、费用较少的方式，如在出口业务中可采用付款交单（D/P）的托收方式。承兑交单（D/A）或赊账交易（如后 T/T），应仅限于本企业的分支机构或者确有把握的个别对象，对一般客户应从严掌握，原则上不能采用。

(2) 经营意图

在货物畅销时，卖方不仅可以提高售价，还可选择对己有利的支付方式；而在货物滞销或商品竞争激烈时，不仅售价可能要降低，而且在支付方式上也需做出必要让步，否则可能难以达成交易。

(3) 贸易术语

在使用 CIF、CFR、CIP 和 CPT 等属于象征性交货术语的交易中，采用的是凭单交货、凭单付款的方式，卖方交货与买方收货不同时发生，转移货物所有权以单据为媒介，此时就可选择跟单信用证方式。在买方信用较好时，也可采用跟单托收（如 D/P）方式收取货款。但在**使用 EXW、DAP 等属于实际交货方式术语的交易中**，由于是卖方通过承运人向买方直接交货，**卖方无法通过单据控制物权，因此一般不能使用托收**。即使是**以 FOB、FCA 条件达成的买卖合同**，虽然在实际业务中也可凭运输单据交货与付款，但这种合同的运输由买方安排，由卖方将货物装上买方指定的运输工具，或交给买方指定的承运人，卖方或接受委托的银行很难控制货物，所以**也不宜采用托收方式。**

(4) 运输单据

如货物通过海上运输或多式联合运输，出口人装运货物后得到的运输单据一般为可转让的海运提单或可转让的多式联运单据。因这些单据是货物所有权凭证，出口人可通过这些单据控制物权，故可适用于信用证或托收方式结算货款。

如货物通过航空、铁路或邮政运输时，出口人装运货物后得到的运输单据为航空运单、铁路运单或邮包收据，这些都不是货物所有权凭证（海运中的海运单同样如此）。进口人提货时无须提交这种单据。因此，**这些情况都不适宜托收。**即使采用信用证，大多也规定必须以开证行作为运输单据的收货人，以便银行控制货物。

(1) 汇付条款举例

预付货款

买方应不迟于 10 月 15 日将 100%的货款经由票汇（或电汇）预付给卖方。

The buyer shall pay 100% the sales proceeds in advance by Demand Draft (or T/T) to reach the sellers not later than Oct. 15.

预付货款和货到付款结合

买方同意在本合同签字之日起 1 个月内将合同总金额 30%的预付款，以电汇方式汇交卖方。其余70%的货款，买方在收到合同所列单据的传真后，于2天内电汇付款。

30% of the total contract value as advance payment shall be remitted by the buyer to the seller through telegraphic transfer within one month after signing this contract. The remaining 70% of the contract value shall be remitted by the buyer to the seller through telegraphic transfer not later than 2 days after receipt of the fax documents listed in the contract.

要点：为明确责任，防止拖延付款时间，影响及时发运货物和企业的资金周转，应在合同中明确规定汇付时间、具体的汇付方法和金额等。

（2）托收条款

即期付款交单条款

买方应凭卖方开具的即期跟单汇票，于见票时立即付款，付款后交单。

Upon first presentation the buyers shall pay against documentary draft drawn by the sellers at sight. The shipping documents are to be delivered against payment only.

远期付款交单条款

买方对卖方开具的见票后60天付款的跟单汇票，于提示时应立即承兑，并应于汇票到期日付款，付款后交单。

The buyers shall duly accept the documentary draft drawn by the sellers at 60 days sight upon first presentation and make payment on its maturity. The shipping documents are to be delivered against payment only.

承兑交单条款

买方对卖方开具的见票后60天付款的跟单汇票，于提示时应立即承兑，并应于汇票到期日付款，承兑后交单。

The buyers shall duly accept the documentary draft drawn by the sellers at 60 days sight upon first presentation and make payment on its maturity. The shipping documents are to be delivered against acceptance.

要点：应明确规定交单条件（付款或承兑）和付款期限等内容。

（3）信用证条款

买方应通过卖方可接受的银行于装运月份前45天开立并送达卖方不可撤销即期信用证，有效期至装运月份后第15天在中国议付。否则，若因此不能按规定装运，卖方不负责任，而且有权撤销合同并向买方提出索赔。

The buyers shall open through a bank acceptable to the sellers an irrevocable sight Letter of Credit to reach the sellers 45 days before the month of shipment, valid for negotiation in China 15 days after the month shipment, failing which the sellers shall not be responsible for shipment as stipulated and shall have the right to rescind this contract and claim for damages against the buyers.

买方应通过卖方可接受的银行于装运月份前45天开立并送达卖方不可撤销见票后30天付款的信用证，有效期至装运日后第15天在中国议付。买方应在信用证内规定：在装运时，如有港口拥挤附加费，由开证人负担，可凭受益人开具的发票和船公司表明实际已付附加费的正本收据，在信用证金额外支付给受益人。

The buyers shall open through a bank acceptable to the sellers an Irrevocable Letter of Credit at 30 day's sight to reach the sellers 45 days before the month of shipment, valid for negotiation in China until the 15th day after the month of shipment. The buyers shall stipulate in the L/C: Port congestion surcharges, if any, at the time of shipment is for opener's account and shall be paid to the beneficiary in excess of the credit amount against their invoices and shipping company's original receipt showing actual surcharges paid.

要点：应在合同支付条款中，明确规定开证时间、开证银行、信用证的受益人、种类、金额、装运期和到期日等。

8.3 相关知识

8.3.1 结算工具

国际贸易中的结算工具主要是货币和票据。使用的票据主要有汇票、本票和支票，其中以汇票为主。

1. 汇票的定义和内容

汇票（Bill of Exchange，Draft）是由一方向另一方签发的无条件的书面支付命令，要求对方立即或在将来的固定时间或可以确定的时间，支付一定金额给特定的人或其指定的人或持票人。

汇票样张如图 8-1 所示。

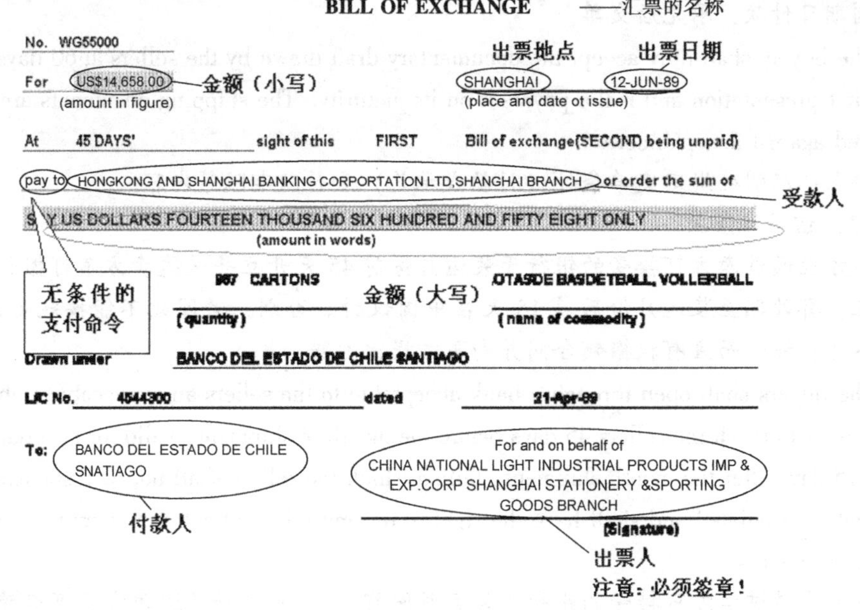

图 8-1 汇票样张

2. 汇票的当事人

商业汇票主要当事人有出票人、付款人和受款人，见表 8-1。出票人也可以是受款人。除了 3 个主要当事人之外，还有背书人（Endorser）、承兑人（Acceptor）、持票人

（Holder）和善意持票人（Bona Fide Holder）等。

表 8-1　商业汇票主要当事人

项　目	内　容	要点提示
出票人（Drawer）	即签发汇票的人	通常为出口商
付款人（Drawee，Payer）	也称为受票人	信用证下通常为银行（开证行或其指定的银行），托收下通常为进口商
受款人（Payee）	也称为收款人、抬头人	实务中常做成指示式抬头，以便背书转让

课堂思考

CHANGZHOU CHANGXIN IMPORT & EXPORT CORP. 向 RAFFLES TRADING CO., LTD. 出口一批男式衬衫，现 CHANGZHOU CHANGXIN IMPORT & EXPORT CORP. 签发汇票以收回货款，请问，该汇票的出票人、付款人和受款人分别是谁？

3. 汇票的种类

汇票的种类很多，可以汇票的当事人、付款期限等不同角度对汇票进行分类，见表 8-2。

表 8-2　汇票的分类

分类标准	分　类	特　征
是否附有单据	跟单汇票（Documentary Bill）	附有装运单据，以收取货款，使用较多
	光票（Clean Bill）	不附有装运单据，常用于收取小额款项（如货款尾数、佣金或代垫费用），使用较少
付款期限	即期汇票（Sight Bill/Demand Draft）	付款期限：at sight，付款人见票即付
	远期汇票（Time Bill/Usance Draft）	付款期限：at xxx days sight，付款人到期付款
出票人	银行汇票（Banker's Bill）	出票人和付款人都是银行，常用于汇付（票汇）
	商业汇票（Commercial Bill）	出票人不是银行，付款人不限；常用于信用证和托收
承兑人	银行承兑汇票（Banker's Acceptance Bill）	由银行承兑，易贴现
	商业承兑汇票（Commercial Acceptance Bill）	非由银行承兑，不易贴现

一张商业汇票可以同时是即期的跟单汇票、一张远期的商业跟单汇票，同时又可以是由银行承兑的汇票。

4. 汇票的使用程序

即期汇票的使用程序为：出票、提示和付款，如图 8-2 所示。远期汇票的使用程序为：出票、提示、承兑和付款，如图 8-3 所示。如需转让，还要经过背书手续。汇票遭到拒付时，还要涉及制作拒绝证书和行使追索权等法律问题。

图 8-2　即期汇票使用程序图　　　图 8-3　远期汇票使用程序图

（1）出票（Issue）

出票是指出票人在汇票上填写相关项目，并把汇票交付给受款人。其中汇票的受款人和付款时间主要填写方法见表 8-3 和表 8-4。

表 8-3 汇票受款人（抬头）的制作方法

制 作 方 法	常 见 格 式	要 点 提 示
记名抬头	Pay to ××× ONLY，或 Pay to ××× NOT NEGOTIABLE	不可以转让汇票
不记名抬头	Pay to bearer（付给持票人）	也称为持票或来人抬头 无须背书即可转让
指示抬头	Pay to order of ×××，或 Pay to ××× or order 两者效果相同，即付款给×××指定的人，当然包括×××	必须背书才能转让，实务中使用最多 ×××一般可以做成××× CO.（出口商）或 ××× BANK.（议付银行）

表 8-4 付款时间的制作方法

付 款 时 间	常 见 表 述
即期付款	见票即付（At sight）
远期付款	① 见票后若干天付款（At … days after sight）
	② 出票后若干天付款（At … days after date） 注意：此处 date 为汇票出票日
	③ 提单签发日后若干天付款（At … days after date of B/L）
	④ 指定日期付款（At a fixed date in future）

（2）提示（Presentation）

提示是指汇票持有人将汇票提交付款人要求承兑或付款的行为。提示可以分为如下两种。

1）提示付款（Presentation for Payment）。即期汇票或已到期的远期汇票的持票人向付款人出示汇票，要求付款人付款的行为。

2）提示承兑（Presentation for Acceptance）。远期汇票的持票人向付款人出示汇票，要求付款人承兑的行为。

即期汇票：直接提示付款，无须提示承兑；远期汇票：必须先提示承兑，再提示付款。

（3）承兑（Acceptance）

承兑是指付款人对远期汇票表示承担到期付款责任的行为。付款人承兑汇票后，即成为承兑人。承兑的意义在于，付款人在承兑以前，无付款义务（汇票是出票人给付款人的无条件支付命令，付款人可以接受也可以拒绝）；在承兑之后，则必须到期付款（付款人接受该支付命令后，须按其命令行事）。

承兑的手续包括：由付款人在汇票正面写上“承兑”（Accepted）字样，注明承兑日期，并由付款人签名，有时还加注汇票到期日；付款人把承兑后的汇票交还持有人（或者把承兑通知书交给持有人）。

（4）付款（Payment）

对即期汇票，在持有人提示时，付款人应立即付款；对远期汇票，付款人经过承兑后，在汇票到期日付款。受款人或持有人在收取票款时，应交出汇票，该汇票即成为付款人已付款的证明。付款人一般应以汇票载明的货币支付。

（5）背书（Endorsement）

背书是转让汇票的一种手续。背书人（Endorser，即打算把收取汇票款项的权利转让出去的人）在汇票背面背书（即在汇票背面背书人一栏中签章），或再加上被背书人（Endorsee，即打算接受汇票款项的人），并把汇票交给被背书人的行为。第一背书人是汇票的受款人，以后的背书人都是上一背书的被背书人。

汇票可以经过背书不断地转让下去。背书的意义在于：经背书后，汇票的收款权利便由背书人转移给被背书人。对被背书人来说，所有以前的背书人及出票人都是他的"前手"；对背书人来说，所有在他让与以后的被背书人都是他的"后手"。前手对后手负有担保汇票必然会被承兑或付款的责任。

背书方式见表 8-5。

表 8-5　背书方式

制作方法	常见格式	要点提示
限定性背书（Restrictive Endorsement）	背书人：签章 被背书人：Pay to ××× ONLY，或 Pay to ××× NOT NEGOTIABLE	不得继续转让（或背书人对被背书人以后的被背书人免责），使用较少
特别背书（Special Endorsement）	背书人：签章 被背书人：Pay to order of ×××（付给×××的指定人）	又称为记名背书、完全背书 背书即可继续转让
空白背书（Blank Endorsement）	背书人：签章 被背书人：空白	又称为不记名背书 无须背书即可继续转让，使用最多

常见的贴现就是汇票背书转让的一种方式。**远期汇票经承兑后，汇票持有人在汇票尚未到期前在贴现市场上转让，受让人扣除贴现利息后将票款付给出让人的行为，或者是银行购买未到期的票据业务，叫作贴现（Discount）。**

（6）拒付（Dishonour）

拒付是指当汇票提示时，遭到付款人拒绝付款或拒绝承兑，或者由于付款人破产、死亡等原因，使付款或承兑实际上成为不可能。

如果汇票经过转让，一旦被拒付，最后的持有人有权向所有的"前手"追索，可以一直追索到出票人。追索时可以按背书的顺序从后向前追索，也可以不按顺序追索。

持有人为了行使追索权，应及时做成拒付证书（Protest）。拒付证书是由付款地的法定公证人或其他依法有权做这种证书的机构（例如法院、银行公会等）所做出的付款人拒付的正式文件，凭此可以向其"前手"进行追索的法律依据。此外，汇票的出票人或背书人为了避免承担被追索的责任，可以在出票或背书时加注"不受追索"（Without Recourse）的字样。凡列有这种批注的汇票，在市场上一般很难转让流通。

8.3.2　支付方式之一：汇付

8.3.2　支付方式之一：汇付

支付方式的分类很多，按资金和支付工具流向的关系可将其分为顺汇与逆汇两大类。顺汇是指付款人主动委托银行使用某种支付工具，将款项支付给收款人，这实际上就是银行的汇款业务。逆汇是指收款人出具某些票据作为支付工具，委托银行向付款人收取款项，此时支付工具与资金流向恰恰相反，常见的托收与信用证方式都属于此类。

汇付（Remittance）又称为汇款，是指付款人主动通过银行或其他途径将款项汇交收款人的一种支付方式。**它属于顺汇法。**

1. 汇付方式的当事人

汇款人在委托汇出行办理汇款时，要出具汇款申请书。一旦汇出行接受其汇款申请，就要按申请书中的指示通知汇入行向收款人付款。汇付中的主要当事人详见表 8-6。

表 8-6 汇付主要当事人

当事人	英 文 名	进出口贸易中的适用方	职 责
汇款人	Remitter	进口商	交款，付费 填写汇款申请书
汇出行	Remitting Bank	进口地银行	指示汇入行付款给收款人
汇入行	Paying/ Receiving Bank	出口地银行	通知收款人领取汇款
收款人	Payee/ Beneficiary	出口商	主动到汇入行领款

2. 汇付方式的种类

根据汇出行向汇入行发出汇款委托的方式，汇付有三种形式。

(1) 电汇 (Telegraphic Transfer，T/T)

汇款人将款项交与汇出行，同时委托汇出行以电报或电传方式指示国外的汇入行将款项解付给收款人。电汇因其交款迅速，在三种汇付方式中使用最广。但因银行利用在途资金的时间短，所以电汇的费用较高。电汇使用程序图如图 8-4 所示。

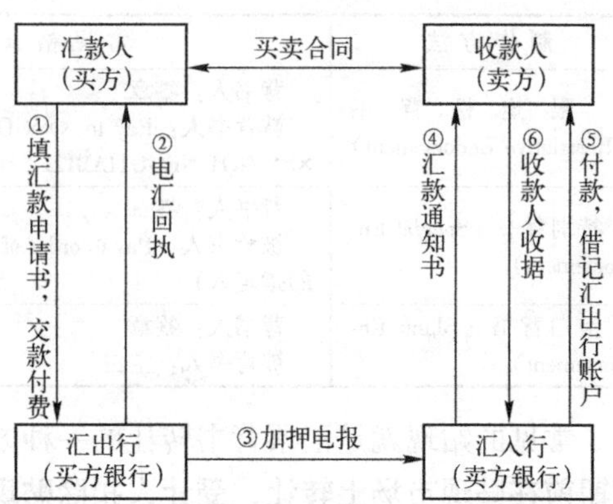

图 8-4 电汇使用程序图

在外贸实务中，电汇通常分为前 T/T 和后 T/T，两者的比较见表 8-7。

表 8-7 前 T/T 与后 T/T 比较

电 汇 分 类	进口商付款时间	出口商交单时间	出口商的风险
前 T/T	1) 货物生产前； 2) 货物装运前	收到货款后	较小
后 T/T	1) 收货×××天后付款； 2) 提单日后×××天付款； 3) 货物装运，且收到卖方提单传真件后付款（最常见）	收到货款前 收到货款前 收到货款后	较大 但有利于成交

注意：①前 T/T 一定要确认货款到账。②前 T/T 比例不可太小，一般为 30%，建议至少为货物来回运杂费或略多。③后 T/T 最好只和资信较好的客户做；如果要做后 T/T，一定要做好风险防范：万一客人不付款怎么办？后 T/T 最好与前 T/T 等其他支付方式结合使用。

(2) 票汇 (Draft Demand，D/D)

票汇是以银行即期汇票为支付工具的一种汇付方式。由汇出行应汇款人的申请，开立以其代理行或分行为付款人，并列明汇款人所指定的收款人名称的银行即期汇票，交由汇款人自行寄给收款人。由收款人凭票向汇票上的付款人（银行）取款。

票汇方式下，收款人主动凭票取款，而不像电汇、信汇方式一样，需要汇入行向其发出汇款到达通知。注意：需谨防汇款人伪造汇票，要先确认汇票真伪！

票汇使用程序如图 8-5 所示。

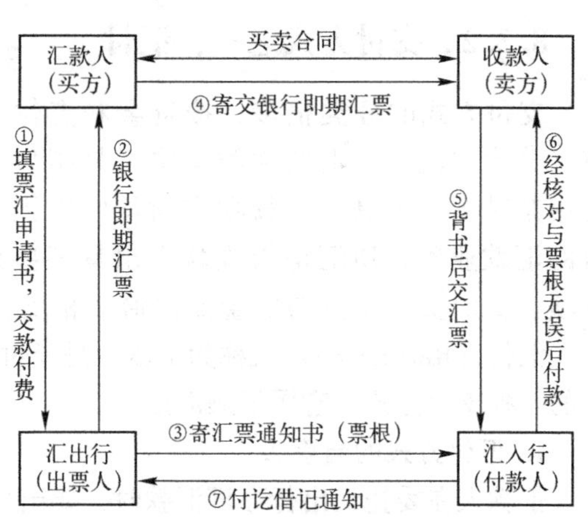

图 8-5 票汇使用程序图

(3) 信汇（Mail Transfer，M/T）

信汇和电汇基本相同，因信汇方式人工手续较多，时间较长，目前大多数银行已不再办理信汇业务。三种汇款方式的比较详见表 8-8。

表 8-8　三种汇款方式的比较

方式	利	弊	费率（以中行为例）	速度	适用情况
T/T	较安全，款通过银行付给指定的收款人；汇款人可充分利用资金；减少利息损失	银行不能占用资金；汇款人要多付电讯费和手续费	汇款金额×1‰；最低 50 元/笔，最高 1000 元/笔；电讯费 150 元	最快	最多
D/D	汇入行不必通知取款；背书后可流通转让；汇出行可占用客户资金	可能丢失、被窃	同 M/T，自己办理费率更低	最慢	较少
M/T	银行可占用客户的资金	速度较慢，有可能在邮寄中延误或丢失	汇款金额×1‰；最低 100 元/笔，最高 1200 元/笔；收邮费（如有）	比 T/T 慢	较少，欧洲已停用

3. 汇付的应用及风险

汇付方式具有手续简便、费用低廉等优点，但**汇付属于商业信用**，在进出口双方互不信任的情况下，具有风险大、资金负担不平衡的缺点。

案例：T/T 的风险

国内某公司一位业务员与国外客户商定，货款结算使用美元电汇支付。货物发出后十余天，该公司业务员收到客户电汇付款的银行收据传真件，当即书面指示船公司将货物电放（凭提单正本影印件提货）给提单上的通知人，客户将货提走，货款却未到账。经查客户在银行办理了电汇付款手续后，取得银行收据，马上传真给卖方，并要求立即电放货物，在拿到卖方给船公司的电放指示提货后，即去银行撤销了这笔电汇付款，造成了该公司 8 万美元的损失。

知识链接：跨境电商小额汇款

(1) 线下支付方式

银行电汇一般选择先付款再发货的模式，可有效地保护卖方的利益，安全性较高。银行电汇在汇款时仅设置最高限额，而不设置最低限额，可满足中小额度的汇款。

在跨境电商贸易中，西联汇款的优势主要体现在收款方不需要支付手续费，极大地降低交易成本。其次，西联汇款的流程简单，并建有全球化的汇款网络，可在几分钟之内完成汇款，效率极高。西联汇款的缺点主要体现在以下几点：汇款方会承担一定比例的手续费，甚至部分服务会追加服务费，尤其是中小额付款，其手续费的比例更高，会给汇款方带来较大的经济压力。其次，西联汇款的货币形式较为单一，仅支持美元交易，其他国家的货币均需要自行兑换。

速汇金，是与西联相似的一家汇款机构，是一种个人间的环球快速汇款业务，可在十余分钟内完成由汇款人到收款人的汇款过程，具有快捷便利的特点，适用于年交易额在 5 万美元以下的跨境电商零售业务。速汇金在国内的合作伙伴是中国银行、中国工商银行、交通银行和中信银行。

(2) 线上支付方式

随着跨境电商的不断发展，尤其是跨境电商零售 B2C、C2C、M2C 模式的迅速发展，线下跨境支付方式逐渐不能满足小额跨境消费的支付需求，跨境电商第三方支付方式应运而生，如 PayPal、阿里巴巴 Secure Payment、Cashrun、Moneybookers、Payoneer、WebMoney 等。相比于线下支付方式，第三方支付更适合从事跨境电商零售平台的企业和个人。

此外，许多跨境电商平台支持信用卡支付方式，通过与国际信用卡组织如 Visa、MasterCard 等合作，或直接与海外银行进行合作，用于跨境电商的小额支付。

8.3.3 支付方式之二：托收

8.3.3 支付方式之二：托收

托收（Collection）是出口商出具汇票，并提交全套单据，委托银行向进口商收取货款。**托收属于商业信用。**

1. 托收方式的当事人

托收方式的当事人见表 8-9。

表 8-9 托收方式的基本当事人

当　事　人	英　文　名	适　用　方	职　　责
委托人	Principal	出口商	出票，委托托收行托收
托收行	Remitting Bank	出口地银行	委托代收行托收
代收行	Collecting Bank	进口地银行	代收，要求付款人付款
付款人	Payer	进口商	汇票的付款人，付款

除了这四个基本当事人，托收业务中还可能遇到提示行和“需要时的代理”。提示行（Presenting Bank）是向付款人提示单据要求付款的银行，通常由代收行兼任。若代收行与付款人之间没有直接往来，它就要委托一家与付款人有往来账户的银行作为提示行。需要时的代理（Principal's Representative in case-of-need），是委托人在付款人所在地指定的代理人，负责在付款人拒付货款时，代委托人办理货物的存仓、保险、转售、运回等事宜，以最大限度地减少委托人的损失。

2. 托收方式的种类

根据是否随附运输单据，托收可以分为光票托收与跟单托收两大类，见表 8-10。

表 8-10 托收的种类

托收名称	特　征	分　类		备　注
光票托收（Clean Collection）	不附运输单据 金额较小 应用较少	—	—	主要用来收取货款尾数、样品费、佣金及其他贸易从属费用
跟单托收（Documentary Collection）	附运输单据 金额较大 应用较多	付款交单（D/P）Documents against Payment	即期付款交单 D/P at sight	付款人付款，银行交单 可以采用
			远期付款交单 D/P after sight	付款人先承兑，到期付款，银行交单 不建议采用
		承兑交单（D/A）Documents against Acceptance	仅限远期	付款人先承兑，银行交单，付款人到期付款 不建议采用

3. 跟单托收的一般业务流程

（1）即期付款交单

即期付款交单（D/P at sight）是指出口商发货后开具即期汇票连同商业单据，通过银行向进口商提示，进口商见票后立即付款，在付清货款后，银行把商业单据交给进口商。即期付款交单流程如图 8-6 所示。

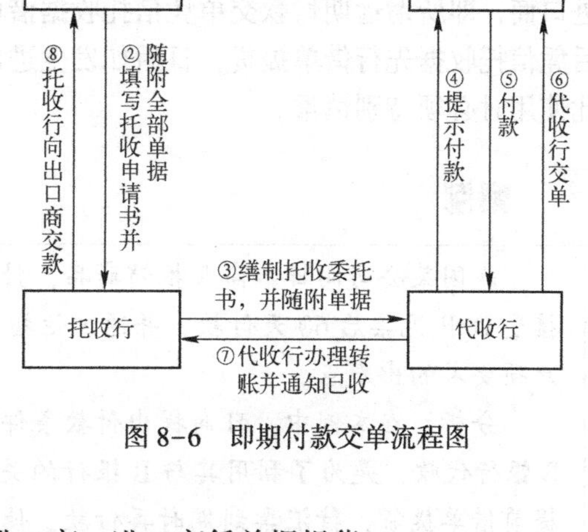

图 8-6 即期付款交单流程图

① 进出口双方在合同中约定采用 D/P 方式结算。出口商按合同发运货物。

② 出口商交付货物后，填写托收申请书并随附全部单据（包括货运单据如提单；商业单据如汇票、发票等）交托收行，委托银行托收货款。

③ 托收行审核接受后，将全套单据寄送代收行，委托代收行向进口商收款。

④ 代收行将单据向进口商进行付款提示。

⑤ 进口商审核单据无误后，付款。

⑥ 代收行在收到货款项后将全部单据交给进口商。进口商凭单据提货。

⑦ 代收行办理转账并通知托收行款已收妥，将收到的款项转交给托收行。

⑧ 托收行把货款交给出口商。

（2）远期付款交单

远期付款交单（D/P after sight）是指出口商发货后开具远期汇票连同商业单据，通过银行向进口商提示，进口商审核无误后即在汇票上进行承兑，于汇票到期日付清货款后，银行把商业单据交给进口商。远期付款交单流程如图 8-7 所示。

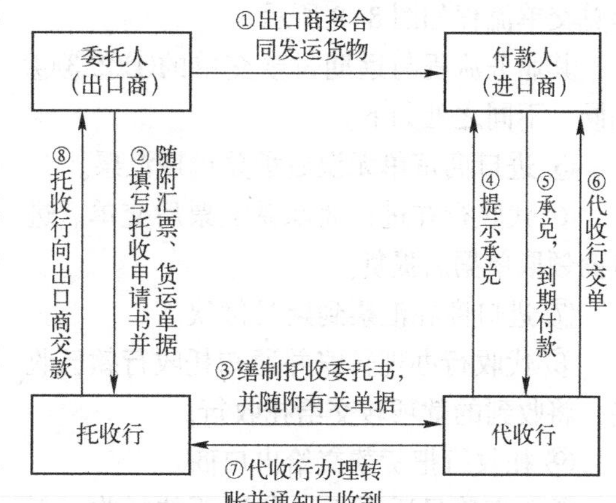

图 8-7 远期付款交单流程图

①②③ 步骤同上。

④ 代收行将单据向进口商进行承兑提示。

⑤ 进口商审核单据无误后，承兑远期汇票，全部单据保留在代收行。进口商在汇票到期时付款。

⑥ 代收行在收到货款项后将全部单据交给进口商。进口商凭单据提货。

⑦ 代收行办理转账并通知托收行款已收妥，将收到的款项转交给托收行。

⑧ 托收行把货款交给出口商。

无论是即期付款交单还是远期付款交单，进口商必须在付清货款后才能取得货运单据，提取或转售货物。在远期付款交单条件下，如果付款日期与实际到货日期基本一致，仍不失为对买方的一种资金融通，进口商可以不必在到货之前提前付款。但如果付款日期晚于到货日期，进口商为了抓住有利市场机会，不失时机地转售货物，可采取两种做法。

一种是进口商在付款到期日之前提前付款赎单，扣除提前付款日至原付款到期日之间的利息，作为进口商提前付款的现金折扣。

另一种做法，即代收行对于信用较好的进口商，允许其凭信托收据（Trust Receipt，T/R）借取单据先行提货，在汇票到期前将票款偿还代收行，换回信托收据。这是代收行自己向进口商提供的信用便利，与出口商无关。若进口商在汇票到期时不能付款，一切责任要由代收行承担。但如果出口商指示代收行借单，就是由出口商主动授权银行凭信托收据借单给进口商，即所谓远期付款交单凭信托收据借单（D/P·T/R）方式，也就是进口商承兑汇票后凭信托收据先行借单提货，日后如发生进口商到期拒付，其风险应由出口商自己承担，因此使用时必须特别慎重。

案例

我国某公司向日本商人推销商品，付款条件为D/P见票即付。对方答复：我方如接受D/P见票后60天付款，并通过他指定的B银行代收则可接受。请分析日商提出此项要求的出发点。

分析：在本例中，日商提出付款条件为D/P见票后60天付款，并通过他指定的B银行代收，是为了利用其与B银行的关系采取“付款交单凭信托收据借单”方式，提前借单提货，待汇票到期时再付款，使该笔进口业务不占用资金。

（3）承兑交单

承兑交单（Documents against Acceptance，D/A）是指出口商的交单以进口商在远期汇票上承兑为条件。出口商开具远期汇票，连同商业单据通过银行向进口商提示，进口商承兑汇票后，代收银行即将商业单据交给进口商，在汇票到期时进口商方履行付款义务。承兑交单流程如图8-8所示。

其业务流程与远期付款交单的①②③④相同，不同之处如下。

⑤ 进口商审单无误后承兑远期汇票。

⑥ 代收行在进口商承兑汇票后交单。进口商领取单据后提货。

⑦ 进口商在汇票到期时付款。

⑧ 代收行办理转账并通知托收行款已收妥，将收到的款项转交给托收行。

⑨ 托收行把货款交给出口商。

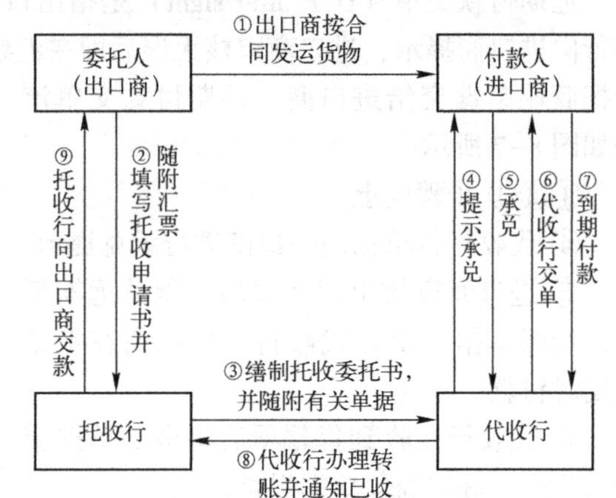

图8-8 承兑交单流程图

承兑交单只适用于远期汇票的托收。对买方而言，远期付款交单是先付款，后交单；承兑交单是先提货，后付款。买方提货后拒付的话，卖方会遭受很大的损失。因此，**承兑交单风险很大，卖方采用时需慎重。**

4. 托收方式的特点和应用

托收属于商业信用，银行办理托收业务时，只是按委托的指示办事，没有检查单据的义务，也无承担付款人必然付款的义务。如进口商破产或丧失清偿债务的能力，出口商则可能收不回货款。在进口商拒不付款赎单后，除非事先约定，银行没有义务代为保管货物。如货物已到达，还要发生在进口地办理提货、缴纳进口关税、存仓、保险、转售以致被低价拍卖，或被运回国内的损失。**一般而言，托收有利于进口人而不利于出口人。**

出口业务中采用托收方式时，应注意下列问题。

1）调查进口商的资信状况和经营作风，正确掌握成交金额。

2）了解进口国家的贸易管制和外汇管制条例，以免进口国不准进口或不准付汇而造成损失。了解进口国托收的商业惯例和习惯做法。

3）出口合同争取以 CIF 条件成交，由出口商办理货运保险或投保出口信用险；如不能采取 CIF 条件成交时，应投保卖方利益险。

4）对托收方式的交易，要建立健全管理制度并定期检查，及时催收清理，发现问题应迅速采取措施，以避免或减少可能发生的损失。

5）慎重选择代收行，由出口商自己选择代收行，并听取托收行的意见。

案例思考

我国 A 公司出口一批货物，付款方式为 D/P 90 天。汇票及货运单据通过托收银行寄抵国外代收行后，买方进行了承兑。但货物到达目的地后，恰逢行市上涨，于是买方出具信托收据（T/R）向银行借出单证。货物出售后，买方由于其他原因倒闭。但此时距离汇票到期日还有30天。试分析 A 公司于汇票到期时收回货款的可能性及处理措施。

5. 关于托收的国际惯例

国际商会于1958年制定了《商业单据托收统一规则》，后来不断修改，1995年颁布了最新的修订本《托收统一规则》（Uniform Rules for Collection，URC522），于1996年1月1日起正式实施。目前该规则是国际上银行间办理托收业务的最重要的国际惯例。

8.3.4 支付方式之三：信用证

信用证（Letter of Credit，L/C）是国际贸易中使用广泛的一种支付方式。使用信用证支付时，由银行提供付款保证，解决了进出口商互不信任的矛盾，同时还为进出口双方提供了资金融通的便利，而银行并不参与货物的买卖。

1. 信用证的定义

《跟单信用证统一惯例（2007年修订本）》（UCP600）第二条对信用证所下的定义是：“信用证”意指一项约定，无论其如何命名或描述，该约定不可撤销并因此构成开证行对于相符交单予以兑付的确定承诺。

信用证是银行做出的有条件的付款承诺，即开证行根据开证申请人的请求和指示，向受益人开具的有一定金额并在一定期限内凭规定的单据承诺付款的书面文件。信用证属于银行信用，采用的是逆汇法。

2. 信用证的当事人

信用证的主要当事人有6个，如表8-11所示。

除上述当事人外，有时还会有以下当事人。

保兑行（Confirming Bank），根据开证行的请求在信用证上加具保兑的银行。信用证一经保兑，保兑行和开证行就承担同样的付款责任。保兑行通常由通知行兼任。

表 8-11 信用证当事人

当事人	当事人英文名	SWIFT 代码	适 用 方	职 责
开证申请人	Applicant, Accountee, Opener	50	一般为进口商	向银行申请开立信用证，并审单付款
开证行	Issuing/Opening Bank	51A	进口商所在地银行	开出信用证，承诺付款
受益人	Beneficiary	59	一般为出口商	按信用证要求行事，并制作信用证所要求单据，获得信用证下款项
通知行	Advising/Notifying Bank	57A	开证行在出口商所在地的分行或代理行	审核信用证真伪，将信用证转交给受益人
议付行	Negotiating Bank	—	常由通知行兼任	审核单据，议付货款
付款行	Paying/Drawee Bank	42A	开证行或开证行指定的银行	审核单据，履行付款义务

偿付行（Reimbursing Bank）是指受开证行的指示或者授权，对有关议付行的索偿予以照付的银行。它可以是开证行的分行，也可以是第三方银行。如偿付行不偿付，则开证行必须自行偿付，在这种情况下，开证行将对付款行（或承兑行、议付行）由于偿付行不偿付而造成的利息损失负责。

3. 信用证的特点

（1）信用证方式属于银行信用（Bank's Credit）

在信用证方式下，**开证行取代**了开证申请人（即进口商）**承担第一性的付款责任**。只要受益人（即出口商）提交的单据与信用证相符，不论进口商是否同意开证行付款，不论进口商是否有能力向开证行还款，开证行都必须对出口商或其指定银行付款。

（2）信用证是一项自足文件，不依附于贸易合同而独立存在

信用证的开立以交易双方的买卖合同为依据，其各项条款也应与合同条款的规定一致，但信用证一经开出就成为一项独立的文件。所有的当事人，特别是**有关银行，只受信用证条款的约束，而不受合同条款的约束。**

案例分析

江苏公司甲和美国公司乙达成协议：乙向甲出口 20M/T 商品，最迟交货日期为 2020 年 3 月 31 日，以不可撤销的即期信用证支付；合同经双方签字或盖章后生效。

甲把合同打印好并签好两份合同后寄给乙，要求其签字或盖章后退回一份。乙没有签字或盖章，却催甲公司开出信用证，理由是合同没用，有信用证就可以了。于是甲向中国银行南京分行申请开证。开证行把最迟装运日期打成 2020 年 3 月 30 日；甲认为无关紧要，没要求改证；乙收到信用证后一直都没有表示异议。

信用证开出后，由于该商品行情出现暴跌，甲认为进口对己不利，请求乙解除合同；但乙表示货物已发运，不同意解除合同。

4 月初，中国银行南京分行通知甲，单据已到，但装运日期为 2020 年 3 月 31 日。

请问合同有效吗？在此情况下，信用证有效吗？

分析：

合同无效，因为双方约定合同经双方签字或盖章后生效，但乙并没有签字或盖章，所以合同无效。

但信用证是有效的，因为信用证是自足文件。信用证中一般不涉及买卖合同，因此银行不管买卖合同是否存在或有效。无效的合同不能成为信用证无效的理由，信用证是有效的。但装运单据日期为 2020 年 3 月 31 日，超过信用证规定的最迟装运期，银行可以拒付。

（3）信用证业务处理的是单据而不是货物

信用证方式下实行的是凭单付款的原则，只要出口人提交了表面上符合信用证条款规定的单据（即相符交单，Complying Presentation），就可以得到银行的付款。银行对单据的“形式、完整性、准确性、真实性、伪造或法律效力，以及对单据上所载的或附加的一般及/或特殊条件”概不负责。同样，即使货物与合同相符，若单据与信用证规定不符，银行也有权拒绝付款。因此，出口人若要安全、迅速收汇，就必须做到单证相符、单单相符，即“严格相符原则”。

4. 信用证的一般业务程序

以议付信用证为例，信用证的一般业务程序如图 8-9 所示。

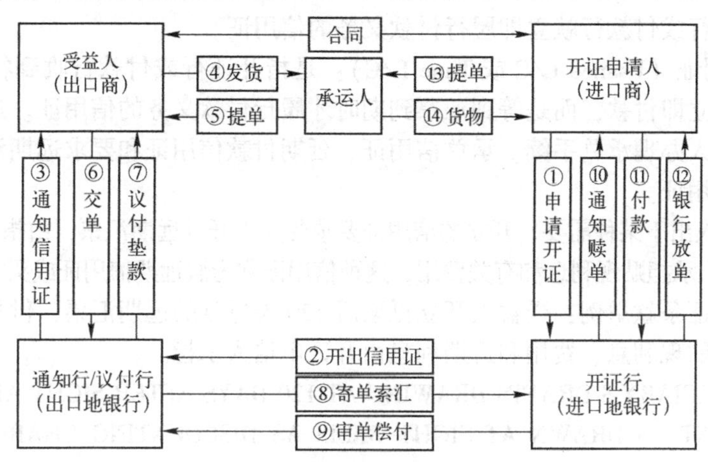

图 8-9 信用证的一般业务程序图

5. 信用证的开立形式

开证行使用电报、电传或全球银行金融电讯协会（SWIFT）等电讯方式，将信用证内容传递给通知行，使用这种方式开立的信用证，称为电开本信用证。现在大多数银行采用 SWIFT 开立信用证。

6. 信用证的种类

（1）根据信用证项下的单据是否附有货运单据划分

1）跟单信用证（Documentary Credit）：是开证行凭跟单汇票或仅凭单据付款的信用证。外贸业务中使用的信用证绝大部分都是跟单信用证。

2）光票信用证（Clean Credit）：是指开证行仅凭不附单据的汇票付款的信用证。这种信用证一般用于预付货款。

（2）根据信用证是否被保兑划分

根据信用证是否被保兑可以划分为保兑信用证和不保兑信用证。具体见表 8-12。

表 8-12　保兑信用证与不保兑信用证

信用证形式	英文名称	备　注
保兑信用证	Confirmed Credit	由开证行以外的另一家银行（保兑行）加具保兑的信用证，保兑行同时承担第一性付款责任（开证行付款责任不变） 一般只在经审核认为开证行资信不够时才要求加具保兑
不保兑信用证	Unconfirmed Credit	没有经过开证行以外的其他银行保兑的信用证 外贸中使用较多，以免买方付出额外的保兑费

课堂思考

江苏A公司收到国外开来的不可撤销信用证，由设在我国境内的某外资银行通知并加以保兑。A公司在货物装运后，正拟将有关单据交银行议付时，忽接到该外资银行通知：由于开证行已宣布破产，该行不承担对该信用证的议付或付款责任，但可接受A公司委托向买方直接收取货款的业务。对此，你认为A公司应该如何处理为好？

（3）根据付款时间的不同划分

1）即期信用证（Sight L/C）：是指受益人一旦向信用证指定的付款行提交符合信用证条款的单据，开证行或付款行就立即履行付款义务的信用证。

2）远期信用证（Usance L/C 或 Time L/C）：是指开证行或付款行收到符合信用证条款的单据后，并不立即付款，而是等到汇票到期时才履行付款义务的信用证。远期信用证一般都要由汇票付款人办理承兑手续。承兑信用证、延期付款信用证和要求远期汇票的议付信用证都属于远期信用证。

有时，开证人出于某种需要，开立的信用证要求受益人开具远期汇票，由指定的付款行负责贴现汇票，开证人承担贴现利息和有关费用，这种信用证称为假远期信用证或买方远期信用证。

假远期信用证条款举例：受益人开立见票后120天付款的远期汇票，付款是在即期基础上以面值支付，贴现利息、费用和远期利息由开证申请人承担。

THE BENEFICIARY'S DRAFTS DRAWING AT 120 DAYS AFTER SIGHT ARE TO BE PAID IN FACE AMOUNT AS DRAWN AT SIGHT BASIS AS DISCOUNTING CHARGES, ACCOUNTANCE COMMISSIONS AND USANCE INTEREST ARE FOR BUYER'S ACCOUNT.

（4）根据付款方式的不同划分

根据付款方式划分的信用证见表8-13。

表 8-13　付款信用证、承兑信用证与议付信用证

信用证形式	英文名称	备　注
即期付款信用证	Sight Payment Credit	汇票可有可无
延期付款信用证	Deferred Payment Credit	无需汇票：一般用于大型设备等合同履行期较长的交易中，以防卖方将经银行承兑汇票转让贴现，而不履行合同 即期付款信用证与延期付款信用证，合称付款信用证 Payment Credit
承兑信用证	Acceptance Credit	需汇票，汇票可贴现 付款行确认单证相符后，承兑汇票并发承兑电，到期付款
议付信用证	Negotiation Credit	需汇票 议付行确认单证相符后，议付行扣除利息和手续费后买入汇票和/或单据；若开证行以单证不符外的原因拒付时，议付行可向受益人追索款项 议付信用证又分为：限制议付信用证（规定了议付行）和公开议付信用证（可在任何银行进行议付） 思考：为什么议付行可向受益人追索？开证行和议付行在汇票中分别是什么角色？

(5) 根据信用证可否转让划分

1) 可转让信用证 (Transferable L/C)：可转让信用证是指受益人有权将信用证全部或部分金额转让给第三人使用的信用证。可转让信用证一定要注明“可转让”字样。如信用证规定：THIS LETTER OF CREDIT IS TRANSFERABLE BY THE ADVISING BANK ONLY…。

2) 不可转让信用证 (Nontransferable Credit)：按《UCP600》的规定，凡是未注明可转让字样的信用证，都是不可转让信用证。

除了上述分类外，信用证还有很多种类，如循环信用证（又可分为自动循环信用证、半自动循环信用证、非自动循环信用证）；背对背信用证（以中间商作为开证申请人，以国外开证行开来的以其为受益人的信用证为支持或抵押，要求原通知行或指定银行向第二受益人开立、条款受约于原信用证条款的信用证）；对开信用证（双方进行易货或补偿贸易时，双方通过各自的银行向对方互开信用证，第一张信用证的申请人和受益人分别是第二张信用证的受益人和申请人）；预支信用证等。

7. 跟单信用证统一惯例

《跟单信用证统一惯例》是全世界公认的非政府商业机构制定的最为成功的国际惯例，目前世界上100多个国家和地区近万家银行在信用证上声明适用该惯例。该惯例的实施使得国际上对跟单信用证有关当事人的权利、责任、信用证所用条款和术语的定义有了统一的解释和公认的准则，减少了各当事人由于解释或操作不同而引起的争端。

《跟单信用证统一惯例（2007年修订本）》（UCP600）于2007年7月1日正式实施。**UCP600取消了可撤销信用证，所有的信用证都是不可撤销信用证。**

8.4 知识拓展

1. 支付方式的综合使用

国际贸易中，交易双方有时采用综合支付方式（即将各种支付方式结合在一起），主要有以下几种。

第一，汇付与托收相结合。以电汇方式支付订金，以付款交单的方式支付剩余货款。

例如，Shipment to be made subject to an advanced payment amounting USD10000.00 to be remitted in favor of sellers by telegraphic transfer with indication of S/C No.12345 and the remaining part on collection bases, documents will be released against payment at sight.

第二，汇付与信用证相结合。以信用证支付大部分货款，货到目的地经检验计算出确切的货款总额后，以汇付方式支付货款余额。这种方式常见于粮食、矿砂等散装货物的交易。又如，预付订金用汇付支付，其余货款用信用证支付。

例如，30% of the total contract value as advance payment shall be remitted by the buyer to the seller through telegraphic transfer within one month after signing this contract, while the remaining 70% of the invoice value against the draft on L/C basis.

第三，托收与信用证相结合。部分货款以信用证方式收取，部分货款通过托收收取。应注意的是，**出口方的全套货运单据随附在托收项下的汇票下，而信用证部分则往往凭出口方开出的光票付款。**

例如，Payment by Irrevocable Letter of Credit to reach the sellers 45 days before the month of shipment stipulating that 50% of the invoice value available against clean draft, while the remaining 50% against the draft at sight on collection basis. The full sets of shipping documents shall accompany the collection draft and shall only be released after full payment of the invoice value. If the buyers fail to pay the full invoice value, the shipping documents shall be held by the issuing bank at the seller's disposal.

第四，汇付与银行保函或备用信用证相结合。常见于大型机械、成套设备的交易。进口方以汇付方式支付订金及每期货款与利息，同时以银行保函或备用信用证对出口方的收款提供保证。

例如，30% of the total contract value as advance payment shall be remitted by the buyer to the seller through telegraphic transfer within one month after signing this contract, while the remaining 70% of the contract available by D/P at sight with a standby L/C in favor of the seller for the amount of USD1000000 as undertaking. The standby L/C should bear the clause: In case the drawee of the documentary collection under S/C No. 123 fails to honor the payment upon due date, the beneficiary has the right to draw under this standby L/C by their draft with a statement stating the payment on S/C No. 123 dishonored.

第五，托收与银行保函或备用信用证结合。货款以托收方式收取，同时进口方要开出银行保函或备用信用证，为出口方的收款提供保证。

2. 实用英语

Acceptance Credit　承兑信用证
Applicant; Accountee; Opener　开证申请人
At…Days after Sight　见票后若干天付款
Bill of Exchange; Draft　汇票
Blank Endorsement　空白背书
Clean Collection　光票托收
Clean Credit　光票信用证
Confirmed Credit　保兑信用证
Confirming Bank　保兑行
D/P after Sight　远期付款交单
D/P at Sight　即期付款交单
D/P T/R　付款交单凭信托收据借单
Deferred Payment Credit　延期付款信用证
Documentary Bill　跟单汇票
Documentary Collection　跟单托收
Documentary Credit　跟单信用证
Documents against Acceptance (D/A)　承兑交单
Drawee; Payer　付款人
Endorsee　被背书人
Endorser　背书人
Irrevocable L/C　不可撤销信用证
Negotiation Credit　议付信用证
Payee/Beneficiary　收款人/受益人
Paying Bank; Drawee Bank　付款行
Presentation for Acceptance　提示承兑
Presentation for Payment　提示付款
Reimbursing Bank　偿付行
Trust Receipt (T/R)　信托收据
UCP600　跟单信用证统一惯例（2007 年修订本）
Unconfirmed Credit　不保兑信用证
Usance L/C; Time L/C　远期信用证

8.5 业务技能训练

8.5.1 自测习题

1. 翻译

1) Drawee ____________________ 2) T/T ____________________

3) Bill of Exchange ______________ 4) At Sight ________________

5）Amount in words ______________ 6）UCP600 ________________

7）Applicant ____________________ 8）D/A ______________________

9）Beneficiary __________________ 10）Letter of Credit ___________

2. 单选题

1）票据是国际通行的结算信贷工具，其中使用最多的是（　　）。

A. 支票　　B. 本票　　C. 汇票　　D. 发票

2）某公司签发一张汇票，上面注明“At 90 days after sight”，这是一张（　　）。

A. 即期汇票　　B. 远期汇票　　C. 光票　　D. 跟单汇票

3）在 L/C，D/P 和 D/A 三种支付方式下，就卖方风险而言，（　　）。

A. L/C<D/A<D/P　　B. L/C<D/P<D/A

C . D/A<D/P<L/C　　D. D/P<D/A<L/C

4）汇票按照有无附属单据，可以分为（　　）。

A. 银行汇票和商业汇票　　B. 即期汇票和远期汇票

C. 光票汇票和跟单汇票　　D. 商业汇票和跟单汇票

5）我们所说的托收业务属于商业信用是因为（　　）。

A. 没有银行参与　　B. 出票人开立的汇票是银行汇票

C. 银行不承担保证付款的义务　　D. 以上都对

6）使用托收方式时，托收行和代收行在收回货款方面（　　）。

A. 没有责任　　B. 承担部分责任　　C. 有责任　　D. 视合约而定

7）在信用证付款方式下，银行付款的原则是出口商提交的单据（　　）。

A. 与买卖合同的规定相符

B. 与信用证的规定相符

C. 与信用证规定和买卖合同的规定同时相符

D. 与合同规定或信用证的规定相符

8）信用证的第一付款人是（　　）。

A. 进口人　　B. 开证行　　C. 议付行　　D. 通知行

9）因下列情况开证行有权拒付票款的是（　　）。

A. 单据内容与信用证条款不符　　B. 实际货物未装运

C. 单据与货物有出入　　D. 单据与合同内容不符

3. 判断题

1）商业汇票的出票人和付款人是商人，银行汇票的出票人和付款人是银行。（　　）

2）托收方式下，银行只是作为受托人替出口人收款，如果出口人出具伪造单据，造成进口人损失，银行则不承担责任。（　　）

3）在票汇情况下，买方购买银行汇票径寄卖方，因采用的是银行汇票，故这种付款方式属于银行信用。（　　）

4）汇付是付款人主动通过银行或其他途径将款项交收款人的一种支付方式，所以属于商业信用，而托收通常称为银行托收，因而它属于银行信用。（　　）

5）信用证是依据贸易合同开立的，受贸易合同的约束。（　　）

6）票汇业务和托收业务都是商业信用，使用的都是商业汇票。（　　）

8.5.2 课堂训练

1. 简述信用证与买卖合同的关系。

2. 采用托收时应注意哪些问题?

3. 汇票的一般使用程序如何?汇票的三个主要当事人是谁?

4. 进出口合同中的支付方式有哪些?这几种方式中,哪个对出口商最有利?哪个最不利?

5. 请讨论如果双方信用都很高的情况下,采用何种付款方式好?如果对信用没有把握,又该如何?

6. 案例分析。

(1) 我国某出口商向日本一进口商发盘,其中付款条件为:D/P at sight,对方答复可接受,但付款条件要改为:D/P at 90 days after sight,按一般情况,货物从我国运至日本时间很短。请分析日商为何提出此项条件?

(2) 我国某外贸公司与某国 A 商达成一项出口合同,付款条件为 D/P 45 天付款。当汇票及所附单据通过托收行寄抵进口地代收行后,A 商及时在汇票上履行了承兑手续。货抵目的港时,由于用货心切,A 商出具信托收据向代收行借得单据,先行提货转售。汇票到期时,A 商因经营不善,失去偿付能力。代收行以汇票付款人拒付为由通知托收行,并建议由我外贸公司直接向 A 商索取货款。对此,应如何处理?

8.5.3 实训操作

1. 因常州天信外贸有限公司与加拿大客户 JAMES BROWN&SONS 已有多次合作关系,经过简单磋商,双方确定采用发运前 10 天电汇付 50%预付款,50%装运后 30 天电汇付款的支付方式,请拟订具体的支付条款。

2. 江苏天地木业有限公司通过与现代公司磋商,双方确定采用 50%即期付款交单,50%即期信用证,请拟订具体的支付条款。

任务9　签订出口贸易合同

知识要点

国际贸易合同的形式和内容

任务9　签订出口贸易合同

技能要点

- 能够签订出口贸易书面合同

导学

合同是贸易磋商的成果，也是业务履行的依据。通过本任务的学习，要把前面所学的所有单个条款落实在一个合同文本中。

注意合同文本的格式和规范，以及所有条款之间的逻辑关系。可以预习任务19中的不可抗力、仲裁等条款。

9.1　任务描述与分析

1. 任务描述

常信公司一般都是采用本公司的出口合同范本，与买方磋商达成一致后，由双方签字盖章后生效。

2020年7月20日，经过艰苦的谈判，孙潇与Lisa终于就合同的各项条款达成了一致。现在他准备起草一份合同，请老总签字后，传真给对方，让Lisa会签后回传。

2. 任务分析

经过磋商，买卖双方就货物买卖合同的各项条款达成一致，合同就成立了。然而根据我国贸易实践的习惯，买卖双方通过口头或往来函电磋商达成协议后，还必须签订国际贸易书面合同，将双方的权利、义务明文规定下来，以便执行。

国际贸易合同是整个国际贸易关系中最为重要的具有法律约束力的文件，是各种进出口业务得以执行的基础和依据。因此要把合同条款订得严密，不要模糊，以防止履行合同时出现纠纷。

9.2　任务实施与心得

任务实施

双方签订销售合同如下。

售货合同

SALES CONTRACT

买方：　　　　　　　　　　　　　　合同编号：

The Buyers：RAFFLES TRADING CO. LTD.，　　Contract NO.：CZCX2011180

69 INTERNATIONAL TRADE PLAZA, 签订地点：

ORCHARD ROAD, SINGAPORE Signed at: CHANGZHOU, CHINA

TEL.:(0065) 61112588 签订日期：

FAX:(0065) 61112688 Date: JULY 20, 2020

卖方：

The Sellers: CHANGZHOU CHANGXIN IMPORT & EXPORT CORP.

NO. 25 MINGXIN RD, CHANGZHOU JIANGSU, CHINA

TEL.: 0519-86338171

双方同意按下列条款由卖方售出下列商品：

The Buyers agree to buy and the Sellers agree to sell the following goods on terms and conditions as set forth below:

(1) 商品名称、规格及包装 Name of Commodity, Specifications and Packing	(2) 数量 Quantity	(3) 单价 Unit Price	(4) 总值 Total Value
Men's cotton shirt, like original sample NO. MP766 sent on July, 15, 2020.	2744PCS	USD9.13/PC	CIFC3% SINGAPORE USD25052.72
Total Amount: Say U.S. Dollars Twenty Five Thousand and Fifty Two and Cents Seventy-two Only.			

M, 686PCS, L, 686 PCS, XL, 686 PCS, XXL, 686PCS (Shipment Quantity 5% more or less allowed)

Packing: 8PCS, per carton, assorted colors and size

W×H×L: 50×40×80

SHIPPING MARK: RTC
CZCX2011180
SINGAPORE
NO. 1-343

(5) 装运期限：

Time of Shipment: In September, 2020

(6) 装运口岸：

Port of Loading: SHANGHAI, CHINA

(7) 目的口岸：

Port of Destination: SINGAPORE

(8) 分批与转运

Partial Shipments: Not Allowed Transshipment: Allowed

(9) 保险：由 卖 方负责，按本合同总值110%投保一切险、战争险和罢工险。

Insurance: To be covered by the seller for 110% of the invoice value against All Risks, War Risks and Strike Risks as per and subject to the relevant Ocean Marine Cargo Clause of the People's Insurance Company of China, dated January 1st, 1981.

(10) 付款：

Terms of Payment: The Buyer shall open through United Overseas Bank an Irrevocable sight Letter of Credit to reach the Seller 45 days before the month of shipment, valid for negotiation in

China until the 10th day after the month of shipment, but within the validity of the L/C.

（11）商品检验：买卖双方同意以装运港中国海关签发的质量检验证书作为信用证项下议付所需单据之一，买方有权对货物的质量进行复验，复验费由买方承担。如发现质量与合同规定不符，买方有权向卖方索赔，并提交经卖方同意的公证机构出具的检验报告。

索赔期限为货到目的港（地）180天内。如果货物已经过加工，买方即丧失索赔的权利。

It is mutually agreed that the certificate of quality issued by the China Customs at the port/place of shipment shall be part of the documents to be presented for negotiation under the relevant L/C. The buyers shall have the right to reinspect the quality of the cargo. The reinspection fee shall be borne by the buyers. Should the quality be found not in conformity with that of the contract, the buyers are entitled to lodge with the sellers a claim which should be supported by survey reports issued by a recognized surveyor approved by the sellers.

The claim, if any, shall be lodged within 180 days after arrival of the goods at the port of destination. If the goods have already been processed, the buyers shall thereupon lose the right to claim.

其他条款：

OTHER TERMS：

信用证内容须严格符合本售货合约的规定，否则修改信用证的费用由买方负担，卖方并不负担因修改信用证而延误装运的责任，并保留因此而发生的一切损失的索赔权。

The contents of the covering Letter of Credit shall be in strict conformity with the stipulations of the Sales Contract. In case of any variation there of necessitating amendment of the L/C, the buyers shall bear the expenses for effecting the amendment. The sellers shall not be held responsible for possible delay of shipment resulting from awaiting the amendment of the L/C and reserve the right to claim from the buyers for the losses resulting therefrom.

卖方(Sellers)：　　　　　　　　　　　　买方（Buyers)：

陈哲　　　　　　　　　　　　　　　　　LISA

任务实施心得

在签订出口贸易合同时不仅要熟悉我国的法律，而且要了解对方当事人国家或地区的有关法律以及有关国际惯例等。

我们应重视合同文本的起草，尽量争取己方起草合同文本，如果做不到这一点，也要与对方共同起草合同文本，然后让对方会签。如果是买方提供的采购合同，我们在签订时必须仔细审核，避免对方加进一些对我不利的条款或遗漏一些对方必须承担义务的条款，以免给以后履行合同带来不必要的麻烦，乃至造成一定的经济损失。

比较重要的谈判，在双方达成协议后，举行的合同缔约或签字仪式，要尽量争取在我方举行。因为根据国际法的一般原则，如果合同中对出现纠纷采用哪国法律未做具体规定，一旦发生争执，法院或仲裁庭就可以根据合同缔结地国家的法律来做出判决或仲裁。

9.3 相关知识

9.3.1 进出口合同的形式与作用

在国际贸易实践中，主要有书面合同和口头合同，还有一种是以行为表示的合同。在我国的国际贸易业务中，都需要签订书面合同。

书面合同多以合同、确认书、协议书和订单等形式出现。其中，销售合同（Sales Contract）、购货合同（Purchase Contract）和销售确认书（Sales Confirmation）、购货确认书（Purchase Confirmation）和订单（Order）、委托订单（Indent）最常用。

书面合同的作用一般可归纳为以下三个方面。

1）作为合同成立的证据。在我国现行法律体系中，对口头合同的规定较为模糊，实践过程中，一般都会在口头谈判达成协议后签订书面合同，以避免口说无凭。

2）作为履行合同的依据。双方磋商达成一致意见，签订书面合同后，双方就依照合同享有权利，履行各自的义务。

3）作为合同生效的条件。如果交易双方在发盘或接受时，声明以订立书面合同为准，则只有签订正式的书面合同时，合同才能成立。

9.3.2 进出口合同的内容

进出口的书面合同主要内容一般可分为约首、本文和约尾三部分。

约首，即合同的首部。一般包括合同名称、编号、签订日期、地点和签约双方的名称、地址等。有的合同还用序言形式说明定约意图并放在约首。

本文，即合同的主体部分。一般以条款的形式具体列明交易的各项条件，规定双方当事人的权利和义务。通常有商品的品名、品质、数量、包装、价格、支付、运输、保险及争议处理等条款。

约尾，即合同的尾部。一般包括合同的份数、附件及其效力、使用的文字、合同生效的时间、地点及双方当事人（法人代表或其授权人）的签字等。

小技巧：格式条款的处理

一般情况下，售货确认书下部或背后有已经印就的格式条款。如果磋商的结果和印就的条款不符，当事人可以更改。如果印就的条款与磋商结果相去甚远，可以干脆将印就的条款划去，并在货名栏内下部空白处加上标题重新缮打。比如，售货确认书文本中将信用证支付方式做成格式条款，但双方磋商的结果决定不用信用证方式而用即期付款交单的托收方式，缮制售货确认书时可以划去印就的信用证条款，并在货名栏下部空白处打上“Payment by D/P at sight”。如有必要，注明 D/P 的确实含义。

9.3.3 进出口合同的修改与协议终止

合同在签订之后可以进行修改和终止，但是合同的变更和终止有着明确的法律规定，要按照一定的程序进行处理。

《联合国国际货物销售合同公约》第 29 条第 1 款对合同的修改与协议终止的规则做了一般性的规定：只需双方当事人协议，即可更改或终止合同。

第 2 款又对书面合同的修改与协议终止的规则作了特殊规定：任何更改或根据协议终止必须以书面做出的书面合同，不得以任何其他方式更改或协议终止。但是，一方当事人的行为如被另一方当事人寄以信赖，就不得坚持此项规定。

9.4 知识拓展

1. 电子合同的广泛运用

近年迅速发展的电子合同，具有与纸质合同相同的法律效力，是纸质合同的替代者。电子合同具有纸质合同无法匹敌的优势，能够在计算机中原样归档、检索，提供有用的数据，方便企业查找信息。电子合同还可以导入企业的 ERP 系统，企业在对账、结算、资金控制等方面可以获得极大的便利。2015 年我国《中华人民共和国电子签名法》的修订，规定电子签名具有与手写签字或者盖章同等的法律效力，同时承认电子文件与书面文书具有同等效力，从而使现行的民商事法律同样适用于电子文件。电子合同的应用将越来越广泛。

2. 实用英语

Assortment List　花色搭配单

At Seller's Option　由卖方决定

Cable Confirmation　电报证实书

Document Number（DOC#）　文件号码

Enclosure　附件

Except as Otherwise Noted（E. A. O. N）　除非另有记载

General Terms and Conditions　一般交易条件

Lowest Price Limit　最低售价

Measurement Cargo　轻货

Memorandum　备忘录

At Buyer's Option　由买方决定

Proforma Invoice　形式发票

Percent（PCT）　百分比

Price Adjustment Clause　价格修正条款

Purchase Confirmation　购货确认书

Purchase Order　订购单

Sales Confirmation（S/C）　销售确认书

Sales Contract（S/C）　售货合同

Special Order　特别订单

Written Statement　书面声明

9.5 业务技能训练

9.5.1 自测习题

1. 翻译

1）Purchase Contract ____________________

2）Sales Confirmation ____________________

3）General Terms and Conditions ____________

4）Indent ____________________

2. 单选题

1）按《联合国国际货物销售合同公约》的规定，接受于（　　）生效。

A. 合理时间　　B. 向发盘人发出时

C. 送达发盘人时　　D. 发盘人收到后以电报确认时

2）在交易磋商中，有条件的接受是（　　）。

A. 还盘的一种形式　　B. 接受的一种形式

C. 发盘的一种形式　　D. 发盘的邀请

9.5.2 课堂训练

1. 简述书面合同的作用。

2. 在订立国际贸易书面合同时应注意哪些问题?

3. 案例分析。

我国某公司与外商洽商进口某商品一批，经往来电传洽谈，已谈妥合同的主要交易条件，但我方在传真中表明交易于签订确认书时生效。事后对方将草拟的合同条款交我方确认，但因有关条款的措辞尚需研究，故我方未及时给对方答复。不久该商品的市场价格下跌，对方电催我方开立信用证，而我方以合同未成立为由拒绝开证。问：我方的做法是否有理？为什么?

9.5.3 实训操作

1. 常州天信外贸有限公司拟就了一份合同，并传真给 J. B. S 公司要求其会签。请你完成具体合同的拟订工作。合同签订时间为 2020 年 2 月 28 日。

2. 江苏天地木业有限公司与美国现代公司已经就地板交易的各项内容达成一致。请你拟订一份书面合同。

3. 请把下面的中文合同翻译为英文。

合同号码：CX110　　　　签订合同的日期：2019 年 11 月 11 日
卖方资料：常州常信进出口贸易公司
　　　　鸣新中路 22 号，武进区，常州，江苏
　　　　电话：0519-81766627
买方资料：金山贸易公司
　　　　皇后大道 119 号，马赛，法国
　　　　电话：342-11231
1. 商品：男式衬衫，面料：全棉
　品质：交货品质应与 2019 年 9 月 5 号寄来的样品类似
2. 数量：款式号 MS691　　1200 件
　　　　　　　MS862　　1200 件
3. 价格：14.50 美元/件 CIF MARSEILIES
4. 金额：34800.00 美元
　数量和金额都允许有 5%以内的增减。
5. 包装：12 件装 1 个出口标准纸箱，同箱衣服齐色齐码。
　唛头：收货人名称缩写/销售合同号/款式号/目的港名称/箱号
6. 运输：收到信用证后 1 个月内装运；从中国上海运至法国马赛；允许转运和不分批装运。
7. 付款：即期信用证，要求信用证在 2019 年 11 月 20 日之前开到卖方。
8. 保险：由卖方按发票金额的 110%投保中国人民保险公司（PICC）海洋货物运输的水渍险和战争险。
9. 检验：出口国检验，进口国复验。
常州常信进出口贸易公司法人：李琳　　　　金山贸易公司 CEO：John Smith

SALES CONFIRMATION

CONTRACT NO. ____________________ DATE: ____________________

THE SELLER: ____

____

THE BUYER: ____

____

This Contract is made by and between the Buyer and Seller, whereby the Buyer agrees to buy and the Seller agrees to sell the under-mentioned commodity according to the terms and conditions stipulated below:

Commodity & Specification	Quantity	Unit price	Amount
Total			
TOTAL CONTRACT VALUE:			

PACKING:

SHIPPING MARKS:

TERM OF SHIPMENT :

INSURANCE:

TERMS OF PAYMENT:

INSPECTION:

This contract is made in two original copies and becomes valid after signature, one copy to be held by each party.

THE SELLER: THE BUYER:

综合训练二

1. 业务背景

接综合训练一，美国TAC公司在接到南京纽维纺织服装有限公司去函以及寄送的样品后，确认了样品，于4月10日来函，要求南京纽维纺织服装有限公司报价。经谈判，与新客户达成该笔女式夹克衫的买卖交易。

2. 训练任务

（1）接到客户4月10日E-mail。

SAMPLES CONFIRMED. PLEASE OFFER FIRM STYLE NO. TN35 and TN36

根据以下公司报价要求，4月12日向客户发盘（报价）

款式号TN35：2000件；款式号TN36：2000件

价格：15美元/件 CIF New York

装运期：2020年6月

支付方式：不可撤销即期信用证

保险：一切险加战争险、罢工险

（2）4月14日客户回复。

YOURS 12TH TN35 & TN36 EACH 2000PCS SHIPMENT JUNE US DOLLARS 14.5 CIF D/P SIGHT PLEASE REPLY SIXTEENTH

请对此进行回复。日期——4月16日

（3）客户4月17日再次还盘。

YOURS 16TH QUOTATION BEST US DOLLARS 14.5 TN35 & TN36 EACH 2000PCS CREDIT 60 DAYS SIGHT

考虑到目前市场竞争特别激烈，又是初次交易，南京公司同意将每件价格降低到14.50美元、即期付款信用证，限22日前复。请回复客户。

（4）客户4月20日同意南京纽维纺织服装有限公司的条件，请根据双方往来函电缮制出口销售合同。

（5）寄送合同，要求客户会签和准时开证。

情境3

出口合同的履行

任务 10　信用证条款的审核和修改

知识要点

1. 信用证的主要内容
2. 信用证审核的注意事项
3. 信用证的修改程序
4. UCP600 的相关内容

技能要点

- 能读懂信用证，正确分析信用证条款
- 能根据 UCP600 和合同审核信用证
- 撰写要求进口商修改信用证的函电

导学

信用证是国际贸易实务教学的重点和难点，是各类考试和考证中的必考知识点，也是实际业务操作中的难点。

银行保证付款的前提是单证一致、单单一致，通过本任务的学习，要掌握审核信用证条款的内容，是否需要修改。

受益人收到信用证后，应按照国际惯例和合同，审核信用证的各项条款，查看信用证的当事人、金额、汇票期限和受票人、有效期和地点、交单期、运输条款及单据条款等，是否符合要求，以便合同能顺利履行，并最终提交符合信用证要求的单据。

受益人审核信用证后，如信用证有错，或者尽管信用证正确但是在履行合同时难以做到，不能满足信用证中的条款，应一次性地向开证申请人提出所有修改要求。收到原开证行开出信用证修改书后，受益人须再次审核修改书并决定是否接受还是需要再次修改。只有完全接受修改书中的条款，信用证修改才能得以生效。

10.1　任务描述与分析

1. 任务描述

直到 8 月 10 日常信公司还未收到新加坡客户开来的信用证，孙潇就发 E-mail，请 Lisa 早日去银行申请开证。8 月 15 日中国银行常州分行通知常信公司收到信用证。现业务员孙潇和万友一起进行审核，以确认信用证各条款是否正确，履行合同时有无问题。

2. 任务分析

信用证是银行做出的有条件的付款承诺，遵循“严格相符原则”，所有单据在表面上必须做到与信用证条款的规定一致，同时各种单据之间也要一致。做到严格相符的前提是信用证本身正确无误，并且出口方能够满足信用证各项规定要求。

因此，信用证的受益人必须对信用证的各项条款进行认真审核，如果信用证与合同或交易要求不符，或者尽管信用证正确，但出口商履行合同时存在困难，无法满足信用证的要求，都应及时提出，让开证人去开证行申请修改信用证。

10.2 任务实施与心得

任务实施

子任务 1 催促对方开立信用证

为保证出口合同能顺利履行，孙潇于 8 月 10 日发 E-mail 给 Lisa，请她早日去银行申请开证。

催证函电一般包括以下内容：陈述合同规定的开证时间；备货与装运所需时间以及目前的进度；陈述责任，如对方不开证，将视为违约。

Dear Lisa,

We haven't got any information about the L/C by now. According to our contract, you should issue the L/C not later than 5th, AUG, please push this as soon as possible, otherwise the shipment time may be postponed accordingly.

Looking forward your earliest reply!

Regards

David

子任务 2 审核信用证

新加坡客户按合同要求，由 United Overseas Bank（新加坡大华银行）在 2020 年 8 月 12 日开出了信用证。8 月 15 日中国银行常州分行通知常信公司收到信用证。

MT S700 ISSUE OF A DOCUMENTARY CREDIT

SEQUENCE OF TOTAL *27: 1/1

DOC. CREDIT NUMBER *20: LCH073/03

DATE OF ISSUE 31C: 200812

EXPIRY *31D: DATE 201010 PLACE CHINA

APPLICANT BANK 51A: UNITED OVERSEAS BANK
28B BOAT QUAY SINGAPORE 049818

APPLICANT *50: RAFFLES TRADING CO. LTD.
69 INTERNATIONAL TRADE PLAZA,
ORCHARD ROAD, SINGAPORE
TEL.:(0065) 61112588

BENEFICIARY *59: CHANGZHOU CHANGXIN IMPORT & EXPORT CORP.
NO. 25 MINGXIN RD, CHANGZHOU JIANGSU, CHINA
TEL: 0519—86338171

AMOUNT *32B: CURRENCY USD AMOUNT USD25052.72

AVAILABLE WITH/BY *41D: ANY BANK BY NEGOTIATION

DRAFTS AT 42C: SIGHT
FOR 100PCT INVOICE VALUE

DRAWEE 42A: UNITED OVERSEAS BANK, SINGAPORE

PARTIAL SHIPMENTS 43P: NOT ALLOWED

TRANSSHIPMENT 43T: ALLOWED

Port of Loading/Airport of Departure 44E: SHANGHAI CHINA

Port of Discharge/Airport of Destination 44F: SINGAPORE

LATEST DATE OF SHIPMENT 44C: In September, 2020.

DESCRIPTION OF GOODS 45A:

TERMS OF DELIVERY CIFC3% SINGAPORE

Men's cotton shirt @ USD9.13PER PIECE

TOTAL QUANTITY: 2744PCS

TOTAL AMOUNT: USD25052.72

DOCUMENTS REQUIRED 46A:

+SIGNED ORIGINAL COMMERCIAL INVOICE IN 6 COPIES INDICATING L/C NO. AND CONTRACT NO. CZCX2011180.

+3/3 SET OF ORIGINAL CLEAN ON BOARD OCEAN BILLS OF LADING MADE OUT TO ORDER WITH 4 NON—NEGOTIABLE COPIES AND BLANK ENDORSED MARKED FREIGHT PREPAID NOTIFYING APPLICANT.

+SIGNED ORIGINAL PACKING LIST/WEIGHT MEMO IN 5 COPIES ISSUED BY BENEFICIARY SHOWING QUANTITY/GROSS AND NET WEIGHT.

+SIGNED ORIGINAL CERTIFICATE OF QUALITY IN 5 COPIES ISSUED BY MANUFACTURER.

+2/2 SET OF ORIGINAL INSURANCE POLICY OR CERTIFICATE, ENDORSED IN BLANK WITH 2 COPIES COVERING OCEAN MARINE TRANSPORTATION ALL RISKS AND WAR RISKS AND STRIKE RISKS FOR 110 PCT INVOICE VALUE SHOWING CLAIMS PAYABLE AT DESTINATION IN CURRENCY OF THE DRAFT.

+SIGNED ORIGINAL CERTIFICATE OF ORIGIN IN 5 COPIES.

+SIGNED ORIGINAL CERTIFICATE OF QUANTITY/WEIGHT IN 5 COPIES ISSUED BY MANUFACTURER INDICATING THE ACTUAL SURVEYED QUANTITY/WEIGHT OF SHIPPED GOODS AS WELL AS THE PACKING CONDITION.

+SIGNED ORIGINAL QUARANTINE CERTIFICATE FOR WOODEN CASE ISSUED BY AUTHORISED GOVERNMENTAL ORGANIZATION OR DECLARATION OF NO-WOOD PACKAGE STATEMENT ISSUED BY MANUFACTURER.

+ONE SET OF EXTRA PHOTOCOPY OF ORIGINAL B/L AND ORIGINAL INVOICE.

ADDITIONAL COND. 47 A:

+FOR EACH DOCUMENTARY DISCREPANCY UNDER THIS CREDIT, A FEE OF USD60.00 WILL BE DEDUCTED FROM THE WHOLE PROCEEDS.

DETAILS OF CHARGES 71B: ALL BANKING CHARGES OUTSIDE THE ISSUING BANK INCLUDING THOSE OF REIMBURSEMENT BANK ARE FOR ACCOUNT OF BENEFICIARY.

PRESENTATION PERIOD 48: DOCUMENTS TO BE PRESENTED WITHIN 10 DAYS AFTER THE ISSUANCE OF THE SHIPPING DOCUMENTS BUT

WITHIN THE VALIDITY OF THE CREDIT.

CONFIRMATION *49: WITHOUT

INSTRUCTIONS 78:

+ALL DOCUMENTS TO BE FORWARDED TO UNITED OVERSEAS BANK, SINGAPORE IN ONE COVER BY COURIER SERVICE UNLESS OTHERWISE STATED ABOVE.

+ WE HEREBY UNDERTAKE THAT UPON RECEIPT OF THE ORIGINAL DOCUMENTS IN COMPLIANCE WITH THE TERMS OF THIS CREDIT. THE DRAFTS DRAWN UNDER WILL BE DULY HONORED.

+THIS CREDIT IS SUBJECT TO U. C. P. FOR DOCUMENTARY CREDIT, 2007 REVISION ICC NO. 600.

孙潇根据合同仔细审核信用证，填写信用证分析单，确认不需要修改信用证。

信用证分析单

证号	LCH073/03	合约号	CZCX2011180	受益人	CHANGZHOU CHANGXIN IMPORT & EXPORT CORP.
开证银行	UNITED OVERSEAS BANK	进口商	RAFFLES TRADING CO. LTD.	L/C 性质	IRREVOCABLE

开证日期	AUG. 12，2020	索汇方式		起运口岸	SHANGHAI，CHINA	目的地	SINGAPORE

金额	USD25052. 72	可否转运	ALLOWED	可否分批	NOT ALLOWED
汇票付款人	UNITED OVERSEAS BANK SINGAPORE	汇票期限	见票 **** 天期	装运期限	In Sept，2020.
提单日后 10 天议付		信用证有效期	OCT. 10，2020	唛头：	
		到期地点	CHINA		

单证名称	提单	副本提单	商业发票	形式发票	海关发票	装箱单	重量单	尺码单	保险单	产地证	数量/质量证书	贸促会证	木箱检疫证书/非木质包装声明	装船通知	投保通知	正本提单和发票复印件	寄样证明	
银行	3	4	6			5	5		2	5	5		√			1		
客户																		

提单	抬头	TO ORDER	保险	险别：ALL RISKS AND WAR RISKS，STRIKE RISKS	
	通知	APPLICANT			
运费：FREIGHT PREPAID			保额另加 10%	赔款地点	SINGAPORE
背书：BLANK ENDORSED					

任务实施心得

催证、审证、改证是信用证操作中的重要环节，需要注意以下事项。

1）事先应在合同中规定来证时间，合同订立后要注意催证。如果不收到信用证就订货，万一对方不开信用证，就会造成库存积压。信用证到晚了给装运带来麻烦，甚至会来不及出运，超过信用证的装运期。

2）信用证审核是信用证操作中的关键环节，包括信用证本身的审核和专项审核。

信用证本身的审核：信用证的种类是否与合同规定一致；信用证是否申明所适用的国际惯例规则；信用证的有效性；信用证当事人和开证行的资信；信用证到期日和到期地点是否合理。

专项审核：信用证金额、币种、付款期限规定是否与合同一致；商品品名、货号、规格、数量规定是否与合同一致；信用证中的装运条款包括装运期限、装运港、卸货港、分批转运之规定是否与合同一致；信用证项下要求受益人提交议付的单据的规定是否与合同条款一致，前后是否有矛盾，对单据是否有特殊的要求等。

3）改证要注意一定是致函开证申请人，然后由开证申请人请求开证行修改信用证，出口人审核信用证修改书正确无误后，才能办理装运。

10.3 相关知识

10.3.1 SWIFT 信用证

SWIFT 是环球银行金融电讯协会（Society for Worldwide Interbank Financial Telecommunication）的简称。该组织是一个国际银行同业间非营利性的国际合作组织。

凡依据国际商会所制定的电讯信用证格式设计，通过 SWIFT 开立或通知的信用证称为 SWIFT 信用证。

采用 SWIFT 信用证，必须遵守 SWIFT 使用手册的规定，使用 SWIFT 手册规定的代号，而且信用证必须遵守国际商会制定的《跟单信用证统一惯例》的规定。

SWIFT 信用证具有标准化、固定格式的特性，且传递速度快、成本低，因此银行多在开立信用证时采用。

SWIFT 信用证内容见表 10-1。

表 10-1 SWIFT-MT700 格式跟单信用证

M/O[①]	Tag	Field Name	项目名称
M	27	Sequence of Total	报文页次
M	40A	Form of Documentary Credit	跟单信用证格式
M	20	Documentary Credit Number	信用证号码
O	23	Reference to Pre-advice	预先通知编号
O	31C	Date of Issue	开证日期
M	31D	Date and Place of Expiry	到期日及到期地点
O	51a	Applicant Bank	开证申请人的银行
M	50	Applicant	开证申请人

（续）

M/O①	Tag	Field Name	项 目 名 称
M	59	Beneficiary	受益人
M	32B	Currency Code, Amount	信用证的货币及金额
O	39A	Percentage Credit Amount Tolerance	信用证金额浮动允许范围
O	39B	Maximum Credit Amount	信用证金额的最高限额
O	39C	Additional Amounts Covered	附加金额
M	41a	Available with…by…	指定的有关银行及信用证的兑付方式
O	42C	Drafts at…	汇票付款期限
O	42a	Drawee	汇票的付款人
O	42M	Mixed Payment Details	混合付款条款
O	42P	Deferred Payment Details	迟期付款条款
O	43P	Partial Shipments	分批装运条款
O	43T	Transshipment	转运条款
O	44A	Loading on Board/Dispatch/Taking in Charge at/from	装船，发运和接受监管的地点
O	44B	For Transportation to …	货物发送的最终目的地
O	44C	Latest Date of Shipment	最迟装运日期
O	44D	Shipment Period	装运期
O	45A	Description of Goods and /or Services	货物/劳务描述
O	46A	Documents Required	单据要求
O	47A	Additional Conditions	附加条款
O	71B	Charges	费用负担
O	48	Period for Presentation	交单期限
M	49	Confirmation Instructions	保兑指示

① M/O 为 Mandatory 与 Optional 的缩写，前者是指必要项目，后者为非必要项目。

10.3.2 信用证的审核

信用证是独立于买卖合同之外的一个新契约。认真细致地对信用证进行审核是安全及时收取货款的关键，需要确保信用证的要求与合同一致。

1. 信用证审核的依据

出口商审核信用证的主要依据是国内的有关政策和规定、交易双方签订的合同、国际商会的《跟单信用证统一惯例》（UCP600）以及实际业务操作中出现的情况。审核信用证通常遵循的原则是：信用证条款规定比合同条款严格时，应当作为信用证中存在的问题提出修改（当然，在实际业务中主要以是否影响出口商安全收汇和顺利履行合同义务为前提）；而当信用证的规定比合同条款宽松时，往往可不要求修改。

2. 信用证审核中常见的问题

（1）信用证的性质

常见的问题有：信用证未生效或有限制性生效的条款；信用证为可撤销的；新开信用证中没有保证付款的责任文句；信用证内漏列适用国际商会 UCP 规则条款；信用证未按合同要求加保兑；信用证密押不符。

按贸易惯例，信用证在送达受益人时即生效，但是有些信用证中有不合理的限制性或保留条款，如“This credit is operative only after the buyer obtains the import license（买方获得进口许可证后信用证生效）”，这些需要在审证时注意。

（2）信用证中的三个期限

信用证常见的问题有：没有到期日（有效期）；到期地点在国外；信用证的到期日和装运期有矛盾；装运期、到期日或交单期规定与合同不符；装运期或有效期的规定与交单期矛盾；交单期过短。

信用证中的“三期”为信用证的有效期、货物的装运期、信用证的交单期。信用证规定的有效期和到期地点是信用证审核中的重点。信用证中必须有到期日，没有规定到期日的信用证为无效信用证。信用证的到期地点一般应在出口人所在地。

一般情况下信用证的交单期为装运单据签发后10到15天，以便在装运货物后有足够的时间办理制单结汇，具体见信用证的规定（PRESENTATION PERIOD 48）。

UCP600第14条第3款规定：**正本运输单据必须由受益人或其代表按照相关条款在不迟于装运日后的21个公历日内提交，**但无论如何不得迟于信用证的到期日。

一封完美的信用证，其有效期一般应该在最后装运期时间往后推一个交单期的时间。

课堂思考

国外开来的信用证规定最迟装运期为2019年12月31日，议付有效期为2020年1月15日。我方按证中规定的装运期完成交货，提单日为2019年12月10日，并备齐议付单据于2020年1月4日向银行议付交单时，银行拒付有理由吗？ 为什么？

（3）信用证当事人

开证申请人公司名称或地址与合同不符；受益人公司名称或地址与合同不符。

（4）金额货币

信用证金额应与合同金额一致，如合同订有溢短装条款，信用证金额也应包括溢装部分的金额；信用证金额中单价与总值要填写正确；来证所采用的货币应与合同规定一致。

在审核金额时要注意不同价格条件下所产生的费用如运费、保险费由谁负担以及相应的单据是否合理。如采用的是FOB价格条件，要求运费预付等都是不合理的。

课堂思考

2019年10月15日由英国一家银行开给国内ABC公司L/C。L/C有关数量条款规定如下：总金额约USD10000，数量20公吨，圆粒白大米，每公吨USD500，CIF利物浦。ABC公司接到L/C后即备货，于10月25日全部货物装运完毕，持整套单据向银行交单议付。议付行经审单后不同意议付，其理由为议付金额USD10500，超出L/C规定的USD10000。请分析银行这样处理合适吗？ 为什么？

（5）汇票

审核汇票条款时要特别注意汇票的付款人应该是开证行或其指定的付款行，付款人不能是进口商，付款期限应与合同规定或实际业务要求相符。

（6）运输

审核信用证中规定的装运港与目的港、装运期、分批装运和转运等是否与合同相符，如果信用证与合同不符时，要确定能否在信用证规定的装运期内备妥货物并按期出运；如国外来证晚，无法按期装运，应及时电请国外买方延展装运期限；如信用证规定了分批装运的时间和数量，应注意能否办到；如果信用证对船龄、船籍、船公司或港口等有限制条款，则要考虑能否办到。

UCP600 第三条规定，“on or about××”表示在所述日期前后各五天内发生，起讫日均包括在内；“to/until/till/from/between ××”用于确定装运期限时，包括所述日期；“before/after ××”不包括所述日期；“from/after ××”用于确定到期日时不包括所述日期。

（7）货物

常见错误有货物品名规格不符；货物数量不符；货物包装有误；贸易术语错误；使用术语与条款有矛盾；货物单价数量与总金额不吻合；证中援引的合同号码与日期错误；漏列溢短装规定。

（8）单据条款

这是出口审证的重点与难点之一，对于来证中要求提供的单据种类、份数、填制方法和签发人等，要进行仔细审核，如发现有不正常规定，特别是软条款，应慎重对待。

1）要注意单据的种类是否与交易条件相符，如空运方式下要求提供海运提单、FOB 价格条件下要求提供保险单等都属于错误的。

2）审核单据填制或交付中对受益人较为困难的方面。如果信用证要求提供一些需要特别机构认证的单据或是由一些机构或部门出具的有关文件，如许可证、运费收据、检验证明等，要考虑能否提供或能否按时提供。

（9）对其他条款的审核

如对费用条款的审核、索偿途径的审核等，这些条款均应是合理方便的。

10.3.3 信用证的修改

1. 受益人通知开证申请人修改信用证

改证函电是受益人致信给开证申请人要求其通过开证银行对信用证进行修改的信函，主要表述三个方面的内容：首先是感谢对方及时开来了信用证；其次是逐项列明信用证中的不符点，并告知对方如何修改；最后是希望能早日收到信用证修改书，以便能按时发货。

【例 10-1】改证函。

We are pleased to have received your L/C No. ×× against S/C No. ×× for tablecloths.

However, we find that the L/C stipulates for the invoice to be certified by your consul, which is unacceptable to us as there is no consul of your country here.

It is our usual practice to have our invoice certified by the China Council for the Promotion of International Trade and this has universally been accepted by our clients abroad. We hope you will agree to it as well.

You are, therefore, requested to contact your bank to delete this clause immediately upon receipt of this letter, or you may replace it by inserting the clause to read “Invoice in triplicate to be certified by the China Council for the Promotion of International Trade”.

If your amendment could reach us by the end of this month, we would effect shipment in the first half of next month.

We thank you in advance for your co-operation.

2. 开证申请人向开证银行提出修改申请

从要求修改者的角度划分，信用证修改通常在以下几种情况下发生。

（1）出口方（受益人）要求修改信用证

由于信用证内容与合同不符，或信用证中某些条款受益人无法办到。例如，来证规定货物不允许转运，但实际并无直航船只抵达目的地，也可能是货源或船期等出现问题，要求展期。

（2）进口方（开证申请人）要求修改信用证

一种情况是由于市场或销售情况发生变化。例如，需要提前或推后发货，增加或减少货物的是数量或品种，改变信用证单价、金额等。

另一种情况是进口国某些情况发生变化或国际政治、经济形势变化，使信用证必须修改，才能进口有关货物。如：进口国政策改变，规定进口某些货物必须具备某特定单据等；当战争爆发时，进口商要求增保战争险或改变航运路线等。

（3）开证行工作疏漏

开证行在打字或传递上造成的错误使信用证必须修改。

小技巧

在提出修改申请时应做到：凡是需要修改的内容，应做到一次性提出，避免多次修改信用证。这样不仅增加双方的费用，而且延误装运期。

3. 原开证行发出信用证修改书并经原通知行传递给受益人

受益人收到信用证修改书后，应注意以下几点。

1）对信用证修改内容的接受或拒绝有两种表示形式：受益人做出接受或拒绝该信用证修改的通知；受益人以行动按照信用证的内容办事。

2）收到信用证修改后，应及时检查修改内容是否符合要求，并分情况表示接受或重新提出修改。

3）**对于修改内容要么全部接受，要么全部拒绝。部分接受修改中的内容是无效的。**

4）有关信用证修改必须通过原信用证通知行才真实、有效，通过客人直接寄送的修改申请书或修改书复印件无效。

5）明确修改费用由谁承担。一般按照责任归属来确定修改费用由谁承担。

课堂思考

我国某公司与非洲A商成交出口货物一批，规定9月份装运。客户按期开来信用证，但计价货币与合同规定不符，加上我方货未备妥，直到11月对方来电催装时，才向对方提出按合同货币改证并要求延展装运期与有效期。次日A商复电：证已改妥。我方据此发运货物，但信用证修改书始终未到。单据到开证行时被以“证已过期”为由拒付。我方为收回货款，避免在目的港的仓储费用支出，接受了进口人提出的D/P·T/R提货的要求。终因进口人未能如约付款而使我方遭受重大损失。请分析此案中我方有何失误？

10.4 知识拓展

1. 信用证审核中的软条款

信用证操作中，有些条款表面看起来正常，实则暗藏“杀”机，需要格外警惕。这就是所谓的软条款。**软条款是外贸行业的俗称，是指在不可撤销信用证中出现的某些可能令受益人在无过错情况下蒙受损失的条款。**软条款本身并不违背 UCP600 原则，其风险是潜在的，表现形式也多种多样。

软条款的共同特点就是让信用证在不同程度丧失执行的独立性和不可撤销性。有了软条款的信用证，客户可以通过各种手段，使其在实际执行过程中单方面废止信用证。因此，外贸业务员应该练就火眼金睛，学会识别软条款。诀窍就是牢记两个原则：不能让客户有可能在付款赎单前自行提货；开证以后，所有单证出口商可以单方收集办理，不要依赖客户。

当然，信用证条款是否是软条款还要视客户的意图。如一份正本单证径寄开证申请人条款，常见于日韩及东南亚地区的客户交易。因为这些地区离中国很近，几日内船只可抵目的港。如果通过银行议付操作正常途径，单证到达客户手中时，货物已经堆放在目的港码头多日，将造成高额费用。

小技巧：软条款的处理

在提高警惕慎重处理的前提下，对有的软条款可酌情考虑接受，或附加其他条款来加以制约，争取既满足客户的需要，又最大限度降低风险。

比如，进口方是信誉良好的老牌商号，开证行也知名可靠，可以考虑接受“正本提单径交开证人”的条款，在接受的同时，限定提单的收货人为“凭开证行指示”。这样即使客户得到正本提单，也需由银行背书（在提单背面签字盖章，表明执此提单者已经获得银行许可），避免了客户绕开银行私自提货的风险；或修改为“副本提单径交开证申请人”，这样客户可以在提供担保的情况下凭副本提单提货，而所提供的担保也同时保障了受益人的权益。

2. 实用英语

Banking Charge　银行费用
Credit Validity　信用证有效期
H. O.（Head Office）　总行
Hong Kong & Shanghai Banking Corporation（HSBC）　汇丰银行
Maturity Date 信用证到期日
Non-Transferable L/C　不可转让信用证
Open Negotiation Credit　公开议付信用证
Reciprocal Credit　对开信用证
Test Key　密押
Usance Letter of Credit　远期信用证

10.5 业务技能训练

10.5.1 自测习题

1. 翻译

1）Documentary Credit________　2）Place of Expiry________

3）Date of Issue ____________　　4）Period for Presentation ____________

5）Banking Charge ____________　　6）Credit Validity ____________

7）Currency ____________　　8）Description of Goods ____________

2. 单选题

1）信用证和货物合同的关系是（　　）。

A. 信用证是货物合同的一部分　　B. 货物合同是信用证的一部分

C. 信用证从属于货物合同　　D. 信用证独立于货物合同

2）不属于信用证结算方式涉及的主要当事人有（　　）。

A. 委托人　　B. 通知行　　C. 受益人　　D. 议付行

3）在下列信用证当事人中，（　　）是汇票的出票人。

A. 开证申请人　　B. 受益人　　C. 议付行　　D. 付款行

4）信用证的基础是国际货物买卖合同，而且又是开证行对出口人的有条件的付款承诺。所以，当信用证条款与销售合同规定不一致时，受益人可以要求（　　）。

A. 开证行修改　　B. 开证人通过开证行修改

C. 通知行修改　　D. 议付行修改

5）信用证修改通知书有多项内容时（　　）。

A. 不允许做任何修改　　B. 如果接受，必须是全部接受

C. 不可全部拒绝　　D. 可以接受一部分，拒绝另一部分

6）A 银行开出的信用证，经 B 银行保兑，在付款责任上，（　　）承担第一性的付款责任。

A. A 银行　　B. B 银行

C. A 银行和 B 银行　　D. 由卖方决定

7）信用证规定装运期限为 3 月份，有效期为 4 月 14 日，没有规定交单期。出口公司装船后，提单签发日为 3 月 8 日，出口人应于（　　）前（包括当日）去交单。

A. 3 月 28 日　　B. 3 月 29 日

C. 4 月 14 日　　D. 3 月 23 日

8）出口公司收到银行转来的信用证后，侧重审核（　　）。

A. 信用证内容与合同是否一致　　B. 信用证的真实性

C. 开证行的政治背景　　D. 开证行的资信能力

3. 判断题

1）根据 UCP600 规定，所有信用证都应规定一个到期日及一个付款交单地点。（　　）

2）根据 UCP600，信用证项下单据应在信用证有效期和交单期内向银行提交。如果信用证对交单期未作规定，则交单期不得迟于运输单据日期后的 15 天，并且不得迟于信用证的有效期。（　　）

3）对信用证条款的修改，只要进口商与出口商双方同意即可，无须通知开证行。

（　　）

4）出口公司在收到对方开出的信用证后，应严格按照信用证的有关条款进行发货、装运、制单结汇。不管有什么情况，都无权要求开证行修改信用证。（　　）

5）在信用证支付条件下，究竟提供何种结汇单据，包括单据的份数和制作要求，都必须严格地遵守合同的规定。（　　）

6）受益人只有收到开证行通过通知行转递的修改通知，并完全接受后，对信用证的修

改才有效。 (　　)

10.5.2 课堂训练

1. 信用证专项审核的内容有哪些？
2. 对于信用证中出现的与合同不一致的内容，如果规定比合同的宽松，我们应该如何处理？
3. 根据所给出的信用证内容填写下列信用证分析单，并回答问题。

MT 700		ISSUE OF A DOCUMENTARY CREDIT
SENDER		INDUSTRIAL BANK OF JAPAN, TOKYO
RECEIVER		BANK OF CHINA, SHANGHAI
SEQUENCE OF TOTAL	27	1/1
FORM OF DOC. CREDIT	40A	IRREVOCABLE
DOC. CREDIT NUMBER	20	ILC136107800
DATE OF ISSUE	31C	191015
DATE AND PLACE OF EXPIRY	31D	191210, CHINA
APPLICANT	50	ABC COMPANY, 1-3 MACHI KU STREET, OSAKA, JAPAN
BENEFICIARY	59	SHANGHAI DA SHENG CO., LTD. UNIT C 2/F JINGMAO TOWER, SHANGHAI, CHINA
AMOUNT	32B	USD21240.00
AVAILABLE WITH/BY	41D	ANY BANK BY NEGOTIATION
DRAFTS AT ...	42C	SIGHT FOR 100PCT INVOICE VALUE
DRAWEE	42A	THE INDUSTRIAL BANK OF JAPAN, HEAD OFFICE
PARTIAL SHIPMENT	43P	ALLOWED
TRANSSHIPMENT	43T	NOT ALLOWED
LOAD/DISPATCH/FROM	44A	CHINESE PORTS
TRANSPORTATION TO:	44B	OSAKA/TOKYO
LATEST DATE OF SHIPMET:	44C	191130
DESCRIPTION OF GOODS AND/OR SERVICES.	45A	4000PCS "DIAMOND" BRAND CLOCK ART NO. 791 AT USD5.31 PER PIECE CIF OSAKA/TOKYO PACKED IN NEW CARTONS
DOCUMENTS REQUIRED	46A	IN 3 FOLD UNLESS OTHERWISE STIPULATED:
		SIGNED COMMERCIAL INVOICE
		SIGNED PACKING LIST
		CERTIFICATE OF CHINESE ORIGIN
		BENEFICIARY'S CERTIFICATE STATING THAT ONE SET OF ORIGINAL SHIPPING DOCUMENTS INCLUDING ORIGINAL C/O HAS BEEN SENT DIRECTLY TO THE APPLICANT
		COPY OF TELEX FROM APPLICANT TO SUPPLIERS APPROVING THE SHIPPING SAMPLE
		INSURANCE POLICY OR CERTIFICATE ENDORSED IN BLANK FOR 110 PCT OF CIF VALUE, COVERING W. P. A AND WAR RISK
		2/3 ORIGINAL PLUS ONE COPY OF CLEAN ON BOARD OCEAN BILLS OF LADING MADE OUT TO ORDER AND BLANK ENDORSED MARKED FREIGHT PREPAID AND NOTIFY APPLICANT

（续）

ADDITIONAL CONDITION	47A	ALL DRAFTS DRAWN HEREUNDER MUST BE MARKED "DRAWN UNDER INDUSTRIAL BANK OF JAPAN, LTD., HEAD OFFICE, CREDIT NO. ILC136107800 DATED OCT. 15, 2019" AND THE AMOUNT OF SUCH DRAFTS MUST BE ENDORSED ON THE REVERSE OF THIS CREDIT
CHARGES	71B	ALL BANKING CHARGES OUTSIDE JANPAN ARE FOR BENEFICIARY'S ACCOUNT
PERIOD FOR PRESENTATION	48	DOCUMENTS MUST BE PRESENTED WITHIN 10 DAYS AFTER THE DATE OF ISSUANCE OF THE SHIPPING DOCUMENTS BUT WITHIN THE VALIDITY OF THE CREDIT
CONFIRMATION	49	WITHOUT
INSTRUCTION	78	SPECIAL INSTRUCTION TO THE ADVISING BANK: ALL DOCUMENTS INCLUDING BENEFICIARY'S DRAFTS MUST BE SENT BY COURIER SERVICE DIRECTLY TO OUR HEAD OFFICE. MARUNOUCHI, CHIYODA-U, TOKYO, JAPAN 100, ATTN. INTERNATIOANL BUSINESS DEPT. IMPORT SECTION, IN ONE LOT. UPON OUR RECEIPT OF THE DRAFTS AND DOCUMENTS, WE SHALL MAKE PAYMENT AS INSTRUCTED BY YOU

信用证分析单

证号		合约号		受益人			
开证银行		进口商		L/C 性质			
开证日期		索汇方式		起运口岸		目的地	
金额		可否转运		可否分批			
汇票付款人		汇票期限	见票______天期	装运期限			
提单日后______天议付		信用证有效期		唛头：			
		到期地点					

单证名称	提单	副本提单	商业发票	形式发票	海关发票	装箱单	重量单	尺码单	保险单	产地证	GSP证	贸促会证	许可证	装船通知	投保通知	寄单证明	寄样证明		
银行																			
客户																			

提单	抬头		保险	险别：		
	通知					
运费：				保额另加　　%	赔款地点	
背书：						

问题：如果已装船提单的签发日为 11 月 15 日，则受益人最迟应在几月几日向银行交单？

4. 请讨论如何应对信用证中的正本提单寄交开证申请人的问题。

10.5.3 实训操作

1. 常州天信外贸有限公司收到加拿大客户 JAMES BROWN&SONS 开来的 L/C，请你根据有关条件审核信用证并改证。

有关合同重要条款

合同号：010CT9944

卖方：常州天信外贸有限公司

买方：JAMES BROWN&SONS

商品（每件）	规格	数量（件）	CFR 纽约
男式衬衫	MS691	2000PCS	USD24.00/PC
	MS862	1500PCS	USD28.00/PC

总额：90000.00 美元

装运：2020 年 3 月上旬由中国港口运往美国纽约，允许分批

支付方式：不可撤销即期信用证

GREAT EASER BANK, NY 11355 USA

IRREVOCABLE DOCUMENTARY CREDIT

DATE AND PLACE OF EXPIRY：Mar. 25, 2020 AT OUR COUNTER

APPLICANT：JAMES BROWN&SONS.

#304-310 JaJa Street, Toronto, Canada

BENEFICIARY：CHANGZHOU TIANXIN IMPORT & EXPORT CORP.

Room 2601, Changzhou International Trade Center

801 Yan Ling Road (w), Changzhou, Jiangsu 213001

CURRENCY CODE, AMOUNT：USD89000.00 (SAY US DOLLAR EIGHTY-NINE THOUSAND ONLY)

DRAFTS：AT 30DAYS'SIGHT

DRAWEE：JAMES BROWN&SONS

FOR TRANSPORTATION：TO NEW YORK, USA FROM CHINA PORT

LATEST DATE OF SHIPMENT：March 10,2020

GOODS：GARMENTS

MS691	2000	USD24.00
MS692	1500	USD26.00

CFR NEW YORK

DOCUMENTS REQUIRED：

——SIGNED COMMERCIAL INVOICE IN TRIPLICATE INDICATING CONTRACT NO. 01 OCT 4499

——FULL SET OF CLEAN SHIPPED ON BOARD OCEAN BILL OF LADING MADE OUT TO ORDER AND BLANK ENDORSED. MARKED FREIGHT PREPAID

——FULL SET OF INSURANCE POLICY/CERTIFICATE

ADDITIONAL CONDITIONS：

——THE TOTAL AMOUNT OF THE INVOICE MUST BE MENTIONED ON THE CERTIFICATE OF ORIGIN

——PARTIAL SHIPMENTS PERMITTED BUT TO BE EFFECTED NOT BEFORE March 10, 2020

2. 江苏天地木业公司久久没有收到对方开来的信用证，请你写一封催证的函电，请对方尽快开立信用证，否则会影响到合同的履行。

任务 11　出口货物的准备

知识要点

1. 国内购销合同的条款
2. 出口货物准备的各项要求

技能要点

- 能够和供应商谈判并签订购销合同
- 能够进行出口货物的生产跟单管理

导学

卖方履行合同的第一要务是交付货物和单据。本任务主要是保证出口货物的齐备。

对卖方来说，出口货物有两大来源：一类是自己生产；另一类是采购。本任务以采购出口货物为例，学习两个典型子任务。

一是签订购销合同。业务员要与供应商进行采购谈判，依据外销合同与供应商签订购销合同。

二是进行跟单管理。跟单员要抓住两个关键词——“质量（QUALITY）”和“交货期（DELIVERY）”，与供应商通力合作，完成货物生产任务。此项子任务若展开，则是外贸跟单实务课程相关内容，可以查找相关书籍进行学习。

11.1　任务描述与分析

1. 任务描述

常信公司与莱佛士公司的出口合同签订后，孙潇和王明一起就该批男士棉制衬衫与两家供应商进行磋商，准备选择一家下单生产该批出口服装。

2020 年 8 月 15 日，孙潇对莱佛士公司的信用证审核完毕，没有发现信用证有差错。孙潇和王明立即与常州兴隆服装有限公司签订购货合同，落实货源，准备出口货物。

2. 任务分析

对于卖方来说，履行合同的主要义务是交付与合同规定相符的货物和相关的单据，按照外销合同的要求交货是第一义务。

除了生产企业自营出口的货物以外，外贸公司出口的货物大多需要在国内采购。常州常信外贸有限公司作为一家外贸公司，需要找合适的服装厂生产服装出口。孙潇和王明已经做了许多前期工作，在国内寻找生产厂家，进行询价比较，贸易洽谈，签订采购合同。

11.2 任务实施与心得

子任务 1　寻找供应商，签订购销合同

常州是中国纺织服装名城之一，有众多的服装厂。它们生产的服装出口欧美、日本等许多国家。此次孙潇选择了合作良好、价格优惠的常州兴隆服装有限公司作为供应商。

常州常信外贸有限公司与常州兴隆服装有限公司签订了购销合同如下，要求常州兴隆服装有限公司按时高质量完成男式棉质衬衫的生产。

购销合同书

甲方（需方）：常州常信外贸有限公司　　合同编号：CZCX207015

乙方（供方）：常州兴隆服装有限公司　　签订地点：常州

签订时间：2020 年 08 月 18 日

经供、需双方平等协商，达成产品买卖合同如下，以兹共同遵守。

第一条　产品名称、规格、数量、单价、总价、生产时间和货款。

<table>
<tr><th>产品名称</th><th>规格型号</th><th colspan="2">数量/件</th><th>单价/元</th><th>总金额/元</th></tr>
<tr><td rowspan="5">男式棉质衬衫</td><td rowspan="5">白色</td><td>M</td><td>343</td><td rowspan="5">56.5 元/件</td><td rowspan="5">￥77518.00</td></tr>
<tr><td>L</td><td>343</td></tr>
<tr><td>XL</td><td>343</td></tr>
<tr><td>XXL</td><td>343</td></tr>
<tr><td>合计</td><td>1372 件</td></tr>
<tr><td rowspan="5">男式棉质衬衫</td><td rowspan="5">灰色</td><td>M</td><td>343</td><td rowspan="5">56.5 元/件</td><td rowspan="5">￥77518.00</td></tr>
<tr><td>L</td><td>343</td></tr>
<tr><td>XL</td><td>343</td></tr>
<tr><td>XXL</td><td>343</td></tr>
<tr><td>合计</td><td>1372 件</td></tr>
<tr><td colspan="2">合计</td><td colspan="2">2744 件</td><td colspan="2">￥155036.00 元</td></tr>
</table>

总金额：人民币计壹拾伍万伍仟零叁拾陆元整。

第二条　付款方式：合同签订后甲方支付乙方伍万元作定金，余款在交货后 30 天内付清。

乙方同时提供税率为 13%的增值税发票和工厂检验合格单。

第三条　交货期限及地点：乙方在 2020 年 9 月 20 日前，把货物直接送到上海甲方指定的仓库。

第四条　验收方法、标准和期限：甲方在收到货物后即对货物进行检验，若货物质量、重量与合同约定不符的，应在收到货物后七日内以书面形式告知乙方，在约定期限内没有提出质量、重量异议的，视为质量、重量符合要求。

第五条　包装标准、包装物：八件装一个纸箱，纸箱大小为 50 cm×40 cm×80 cm。

第六条　合同的执行：甲、乙双方不得随时变更或解除合同。任何一方解除合同导致对方损失，应向未违反合同的另一方支付合同总价款 20%的违约金。

第七条　本合同在履行过程中发生的争议，由双方当事人协商解决；也可由当地工商行政管理部门调解；协商或调解不成的，提交常州仲裁委员会。

第八条　本合同一式二份，双方各执一份。本合同自双方签字盖章之日起生效。此合同涂改无效，传真件有效。

<table>
<tr><td>需　方
甲方（章）：常州常信外贸有限公司
住址：江苏省常州市鸣新路 25 号
法定代表人：陈哲
委托代理人：孙潇
电话：0519-86338171
传真：0519-86338176
开户银行：中行常州分行
账号：</td><td>供　方
乙方（章）：常州兴隆服装有限公司
住址：武进区西湖路 217 号
法定代表人：张三
委托代理人：郑书鸣
电话：0519-83017519
传真：0519-83017518
开户银行：中行武进支行
账号：</td></tr>
</table>

子任务 2　跟单管理

根据合同的交货时间，孙潇和王明几乎每天都与常州兴隆服装有限公司保持着联系，跟进生产进度。

他们同时对产品的质量加以控制，确保产品质量和寄送的样品质量一致，检查产品包装的唛头是否正确。

任务实施心得

1）签订购销合同。购销合同条款要与外销合同条款吻合，注意在合同的数量、交货时间等方面适当留有一些余地。注意要求供应商提供增值税发票，否则不能够得到出口退税。

2）跟单管理。购销合同签订后的工作中心是与供应商的及时沟通，进行跟单管理，尤其是对质量和生产进度的跟踪尤为重要。

在出口合同的履行过程中，经常会遇到生产厂家不能够按时交货的问题。一旦发现工厂生产进度落后，应该及时与工厂分析原因，采取切实可行的措施，以保证按时完成出口货物的生产。

如果采用了一切方法，还不能够按时完成对外出货，应该由业务员及时与外商协调，明确告知生产进度延误，协商适当延展交货期。

11.3　相关知识

11.3.1　选择供应商的途径

最好选择已有良好合作关系的供应商。如果没有合适的供应商，则应从下面几个渠道开发供应商。

（1）展会

参加展会的成本较高，要参加一些专业性强、实力雄厚和服务瓶颈小的展会，可以带回来很多有用的资料，并找到合适的供应商。

（2）网络

常用的专业网站可参考 2.3.2 节。此外，在一些行业网站里，比如中国纺织网、中国铝业网等，也有大量的供应商资源；在很多开发区管委会的网页里也有很多供应商信息。网络供应商的资信情况良莠不齐，需要投入大量的人力、物力和时间来甄别信息的真伪。因此，要加强风险意识，尽量进行实地考察后再最终选定供应商。

案例

> 2020 年年初，某外贸公司需要出口微型轴承 200 套。当时供应商的确不好找，采购工程师就在网络上搜索到了一家供应商，从网络的图片上来看应该是该公司需要的那种轴承。于是该公司采购工程师就按照网络上的电话打过去询问，但由于口音问题，交流并不顺畅。采购工程师实地找到了该公司，但到了那里让他大跌眼镜。公司就是一个小的手工作坊，生产条件很差，质量很难保障。但工程师还是买了几个样品回去，结果在产品质量试验进行到三分之一的时候，样品轴承就被整个机器的冲击力打成粉碎，差点酿成安全事故。

（3）专业中介公司

可以把产品一次性地发包给专业中介公司（即采购外包商）去采购，虽然其收费比自己主导采购要高一点，但这样可提高效率。

此外，还可以查黄页、请客户推荐和从供应商那里收集信息等。但无论如何，都要到供应商处进行实地考察。

11.3.2 供应商选择与综合评估

业务员或跟单员在选择供应商的时候，要重视“Q. C. D. S”原则，即Quality（质量）、Cost（成本）、Delivery（交付）与Service（服务）并重的原则。

1）质量：质量因素是最重要的，首先要确认供应商是否建立有一套稳定有效的质量保证体系。

2）成本与价格：要对所涉及的产品进行成本分析，并通过双赢的价格谈判实现成本节约。过低的价格只能得到低劣的产品。

3）交付：确认供应商是否具有生产所需特定产品的设备和工艺能力，人力资源是否充足，有没有扩大产能的潜力。

4）服务：供应商的售前、售后服务的记录也非常重要。

供应商综合评估的指标体系是企业对供应商进行综合评价的依据和标准，涉及供应商的业绩、设备管理、人力资源开发、质量控制、成本控制、技术开发、用户满意度、交货协议等可能影响供应链合作关系的方面。

评估的对象主要有两类：一类是现有供应商；一类是新的潜在供应商。

对于现有合格供应商，定期着重就价格、交货期、进货合格率、质量事故等进行正常评估。1~2年做一次现场评估。

接纳新的供应商，其评估过程要复杂一些。通常是产品设计提出了对新材料的需求，然后要求潜在的目标供应商提供基本情况，内容包括：公司概况、生产规模、生产能力、给哪些企业供货、ISO9000认证、安全认证、相关记录、样品分析、报价。

随后按ISO9000的要求进行现场考察。在供应商资格认定之后，再通过公司品质部、部品部、采购部等各相关部门的正式考察，就可以小批量供货了。供货期考察一般进行3个月，若没有问题，再增加数量。

11.3.3 签订采购合同

采购合同的各项条款应能够保证出口合同顺利履行。此外，在签订采购合同时，应注意保护外商信息和价格等商业机密。

（1）品名、品质条款

这是采购合同最重要的条款，必须与出口合同的品名、品质条款一致。品名一定要写全，不能仅写简称；品质条款中最好有明确质量要求及详细的验收标准。

（2）数量条款

数量可比出口合同的数量略多一些，一般加3%~5%以备调换之用，确保出口合同的数量不少。如约定可以溢短装数量时，则应考虑满足溢装部分的需要。

（3）价格条款

一般应该充分考虑各种因素，确保出口合同履行后的利润。

(4) 包装条款

与出口合同一致，注意包装应适应长途运输和保护商品的要求。运输标志（唛头）应按出口合同约定的内容刷制。

(5) 交货时间

应比出口合同的装运时间早一些，以安排装运。

(6) 交货地点

交货地点、时间要写清，运费承担要注明。一般地，如果安排集装箱在工厂进行装柜，内陆运费就由外贸公司承担；交货地点如果在装运港的仓库，外贸公司就不承担从工厂到装运港的运费。

(7) 支付条款

结合出口合同的支付条款、外贸公司的资金状况、工厂的价格优惠程度等情况，确定支付条款。一般先付一定比例的定金，余款在到货验收合格后一段时间内付清。

(8) 违约责任条款

没有违约责任的合同不是真正的合同，没有震慑性的违约责任条款不是真正的违约责任条款。好的违约责任条款，违约成本一定要高于履行成本，但又不过分高于履行成本。

(9) 争议解决条款

建议先选择友好协商的方式，协商不成再仲裁解决争议。

11.4 知识拓展

1. 生产进度跟单

生产进度跟单的基本要求是使生产企业能按订单及时交货。及时交货就必须使生产进度与订单交货期吻合，即使做不到提前交货，也不延迟交货。生产进度跟单的流程是：下达生产通知单，制订生产计划及跟踪生产进度。

(1) 生产企业不能及时交货的主要原因

企业内部管理不当，如紧急订单，生产安排仓促，导致料件供应混乱，延误生产交货；计划安排不合理或漏排；产品设计与工艺变化过多；产品质量控制不好，不合格产品增多，成品合格率下降，影响成品交货数量；生产设备跟不上，产能不足。

(2) 按时交货跟单要点

1) 加强与生产管理人员的联系，明确生产、交货的权责。

2) 减少或消除临时、随意的变更，规范设计、技术变更要求。

3) 掌握生产进度，督促生产企业按进度生产。

4) 加强产品质量、外协产品的管理。

5) 妥善处理生产异常事务等。

(3) 控制企业生产进度计划的措施

1) 加班。安排工人加班加点生产，这种方式只能应对临时交货不足的情况。

2) 委外管理。委托企业以外的加工单位来帮助企业生产加工。

(4) 生产异常的处理

在生产过程中及时发现异常情况，及时进行跟踪处理。通常的生产异常处理方法见表 11-1。

表 11-1 生产异常处理

生产内容	异常现象	应对措施
应排产，未排产	影响生产及交货	通知相关部门尽快列入排产计划 告知交货期管理约定
应生产，未生产	影响生产进度及交货	通知相关部门尽快列入车间日生产计划 向相关部门发出异常通知 应至少于生产前 3 天催查落实情况
进程延迟	影响交货进度	通知相关部门加紧生产 查清进程延迟原因，采取对应措施 进程延迟较严重，发出异常通知，要求给予高度重视 应至少于每天催查生产落实情况
应入库，未入库 应完成，未完成	影响整体交货	查清未入库原因，采取对应措施 相关部门加班生产 发出异常通知，要求采取措施尽快完成
次品，不合格 产品增多	影响整体交货	通知相关部门检查设备性能是否符合要求 检查模具、工艺是否符合要求 检查装配流程是否正确 增补生产备料及增补生产指令
补生产	影响整体交货	进行成品质量抽查或检查 发出新的补生产指令

2. 实用英语

article number（Art. No.） 货号

cardboard box 纸盒箱

factory evaluation 验厂报告

hand tag 吊牌

inferior quality 次质量、次等

op./operation 工序

poor quality 质量较差

production cycle 生产周期

production sample/shipping sample 大货样/船样

QC（quality controller） 跟单员

right side/R. S. 正面

size assortment 尺码分配

size label 码数商标，尺码唛

size specification/size spec. 尺码表

size/colour set sample 齐色齐码样

short delivery 交货短缺

work-in-process/WIP 半成品

11.5 业务技能训练

11.5.1 自测习题

1. 翻译

1）Factory Evaluation ______________ 2）QC（quality controller） ______________

3）Raw Material ______________ 4）Short Delivery ______________

2. 单选题

1）下列选项中，常见于媒体广告中的最接近我国外贸跟单员概念的英文缩写是（　　）。

A. DJ　　B. QC　　C. AQL　　D. P/O

2）国外老客户要求寄送一批丝绸面料样品，量不大但要求快递。寄送样品和处理样品

寄送费用的方式是（　　）。

A. 邮政的航空大包，寄费到付　　　B. 邮政的航空大包，寄费预付

C. 航空快递，寄费预付　　　D. 航空快递，寄费到付

3）在原材料采购过程中，采购方可以通过（　　）的方式获得适当的交货价格。

A. 获取多渠道的价格　　　B. 获取多渠道的信息

C. 获取多渠道的人员　　　D. 获取多渠道的地方

4）一些国际采购商在我国采购商品前，要对生产厂商进行验厂，以下理解不正确的是（　　）。

A. 验厂标准由第三方机构确定

B. 验厂标准主要有国际标准和自行设定两种

C. 验厂时，对于不予配合的生产厂商予以“一票”否决

D. 一般而言，由国际采购商选定验厂人员或委托第三方人员进行验厂

3. 判断题

1）对于跟单员来说，寄出的样品越多，接单的可能性也越大，因此应尽可能满足客户的寄样要求。（　　）

2）“运费到付”形式通常用于邮寄费用低、客户信誉好或老客户、成交希望大的样品。（　　）

3）所采购原材料的交货时间宜早不宜迟，因此交货时间越早越好。（　　）

4）及时交货就必须使生产进度与订单交货期吻合，尽量做到不提前交货也不延迟交货。（　　）

11.5.2 课堂训练

1. 购销合同和外销合同的关系是什么？订立购销合同应注意什么问题？

2. 寻找供应商的途径有哪些？如何处理好和供应商的关系？

11.5.3 实训操作

1. 常州天信外贸有限公司在签订完合同后，由出口部业务员与工厂进行联系，并于当日传真购货合同到生产工厂——常州天信服装有限公司。请你拟订具体的购货合同。

2. 距供应商最后交货日期20天时，外贸业务员发现江苏天地木业有限公司的地板生产进度严重滞后，他应采取哪些方法来避免出口延期？

任务12 出口货物的报关

知识要点

1. 出口税费的计算
2. 出口货物报关单的内容

技能要点

- 办理一般贸易出口货物报关手续
- 正确录入出口货物报关单
- 审核检验检疫证书的内容

导学

报关是国际贸易中一个主要环节，国际贸易专业一般单独开设报关这门专业课程。因此本任务主要学习一般贸易货物出口报关单的填写以及出口关税的计算。对于不开设报关课程的其他专业的学生，还需要进行更深入的报关知识和技能的学习训练。

报关员在规定时间填制报关单，办理申报手续，配合查验，支付相关税费。重点学会以下三个技能：录入报关单，对申报内容的真实性、准确性、完整性、规范性承担相应的法律责任；依据贸易对象国（地区）或买方要求实施检验检疫的，能审核检验检疫证书、原产地证书的内容等。

12.1 任务描述与分析

1. 任务描述

孙潇录入报关单和其他单据，向海关办理相应的出口报关手续。

常信公司出口货物已办理了出口托运，开船日期为2020年9月25日，截止报关时间为2020年9月24日上午10点。

因为该批衬衫监管条件是“A”、检验检疫类别是“M”，因此无须办理出境商检手续。但因为信用证中需要常信公司提供质量检验证书和产地证，所以孙潇要在报关的同时办理该手续。

2. 任务分析

《中华人民共和国海关法》（以下简称《海关法》）规定：“进出境运输工具、货物、物品，必须通过设立海关的地点进境或者出境。”

在实际业务中，卖方应向买方提供所需要的检验检疫证书和（或）产地证。商品检验检疫证书和产地证可以由海关、生产厂商、第三方检验机构出具。出口公司应该按照合同、信用证中的具体要求来办理商品的检验和产地证明，获得相应的检验检疫证书和（或）产地证。

2018年8月，随着国家质量监督检验检疫总局的出入境检验检疫管理职责和队伍划入海关总署，全面实施关检融合，采取企业资质一次申请、同时备案、一次录入的方式，基本实现了口岸执法一个主体、职能管理一体统筹、报关报检一份单证、现场处置一次实施、执法作业一套系统的业务改革目标。原报关报检录入内容被新报关单替代，纸质报关单全部采用普通打印方式，取消套打，不再印制空白格式报关单和报检单。

12.2 任务实施与心得

任务实施

（1）出口申报

出口货物的申报期限为货物运抵海关监管区后、装货的 24 小时以前。

孙潇登录“中国国际贸易单一窗口”（https://www.singlewindow.cn）或“互联网+海关”一体化网上办事平台（http://online.customs.gov.cn），在线进行“货物申报—出口整合申报—出口报关单整合申报”，录入出口货物的报关数据，于 2020 年 9 月 24 日向上海浦东海关进行申报。

中华人民共和国海关出口货物报关单

预录入编号： 海关编号： 页码/页数：1/1

境内发货人（3204915070） 常州常信外贸有限公司	出境关别（2210） 浦东海关	出口日期 20200925	申报日期 20200924	备案号
境外收货人 RAFFLES TRADING CO. LTD.	运输方式（2） 水路运输	运输工具名称及航次号 TRIUMPH/991A	提运单号 COS3426	
生产销售单位（3204915070） 常州常信外贸有限公司	监管方式（0110） 一般贸易	征免性质（101） 一般征税	许可证号	
合同协议号 CZCX2011180	贸易国（地区）（SGP） 新加坡	运抵国（地区）（SGP） 新加坡	指运港（SGP000） 新加坡	离境口岸（311001） 浦东临港产业作业区

包装种类（22） 纸箱	件数 343	毛重（千克） 10290	净重（千克） 8575	成交方式（1） CIF	运费 USD/1200/3	保费 USD/291.52/3	杂费

随附单证及编号

标记唛码及备注
RTC 集装箱标箱数及号码:1;XXXXXXXXXXX（详见集装箱附加页）
CZCX2011180
SINGAPORE
NO.1-343

项号	商品编号	商品名称及规格型号	数量及单位	单价/总价/币制	原产国（地区）	最终目的国（地区）	境内货源地	征免
1	6205200099	男式棉质衬衫 Men's cotton shirt	2744 件	9.1300 25052.72 美元	中国 （CHN）	新加坡 （SGP）	（32049）常州其他	照章征税（1）

特殊关系确认:否 价格影响确认:否 支付特许权使用费确认:否 自报自缴:是

报关人员 孙潇 报关人员证号 XXXXXXXX 电话 兹申明对以上内容承担如实申报、依法纳税之法律责任 申报单位 （3204915070）常州常信外贸有限公司 申报单位（签章）	海关批注及签章

涉及商品检验检疫的出境货物，报关人员可登录“中国国际贸易单一窗口”或“互联网+海关”一体化网上办事平台，向海关业务主管部门进行出境检验检疫数据申请。因此，孙潇在报关单录入页面，填写基本信息后，填写涉检基本信息，向海关申请办理品质检验证书、一般原产地证，并认真审核是否符合信用证的要求。

中华人民共和国出入境检验检疫

ENTRY-EXIT INSPECTION AND QUARANTINE
OF THE PEOPLE'S REPUBLIC OF CHINA

编号 No. 77996

品质检验证书

QUALITY CERTIFICATE

发货人：
Consignor 常州常信外贸有限公司 CHANGZHOU CHANGXIN IMPORT & EXPORT CORP.

收货人：
Consignee RAFFLES TRADING CO. LTD.,

品名：
Description of Goods 男式棉质衬衫 Men's Cotton Shirt

报验数量/重量：
Quantity/Weight Declared 2744 件（PC）

标记及号码
Mark & No. RTC
CZCX2011180
SINGAPORE
NO. 1-343

包装种类及数量：
Number and Type of Packages 343 个纸箱（CARTONS）

运输工具：
Means of Conveyance TRIUMPH V991A

检验结果：
Results of Inspection 经检验，上述货物符合 CZCX2011180 号合同之规定

印章
Official stamp

签证地点
place of issue 江苏 JIANGSU

签证时间
date of issue SEPT. 21, 2020

授权签字人
authorized officer

签名
signature 王伟

我们已尽所知和最大能力实施上述检验，不能因我们签发本证书而免除卖方或其他方面根据合同和法律所承担的产品质量责任和其他责任。All inspections are carried out conscientiously to the best of our knowledge and ability. This certificate does not in any respect absolve the seller and other related parties from his contractual and legal obligations especially when product quality is concerned.

一般原产地证

<table>
<tr><td colspan="2">1. Exporter (full name and address)
CHANGZHOU CHANGXIN IMPORT & EXPORT CORP.
NO. 25 MINGXIN RD, CHANGZHOU JIANGSU, CHINA</td><td colspan="3" rowspan="2">Certificate No. 08212
CERTIFICATE OF ORIGION
OF
THE PEOPLE'S REPUBLIC OF
CHINA</td></tr>
<tr><td colspan="2">2. Consignee (full name, address, country)
RAFFLES TRADING CO. LTD.,
69 INTERNATIONAL TRADE PLAZA,
ORCHARD ROAD, SINGAPORE</td></tr>
<tr><td colspan="2">3. Means of transport and route
FROM SHANGHAI TO SINGAPORE PORT BY SEA</td><td colspan="3" rowspan="2">5. For certifying authority use only</td></tr>
<tr><td colspan="2">4. Country/region of destination
SINGAPORE</td></tr>
<tr><td>6. Marks and numbers of packages
RTC
CZCX2011180
SINGAPORE
NO. 1-343</td><td>7. description of goods. Number and kind of packages
Men's cotton shirt, like original sample NO. MP766 sent on July. 15, 2020.
THREE HUNDRED AND FORTY-THREE (343) CARTONS ONLY
******************************</td><td>8. H. S. Code
6205. 2000</td><td>9. Quantity
2744PCS</td><td>10. Number and date of invoice.
CLK008
SEPT. 15, 2020</td></tr>
<tr><td colspan="2">11. Declaration by the exporter
The undersigned hereby declares that the above details and statements are correct that all the goods were produced in China and that they comply with the Rules of Origin of the people's Republic of China.

CHANGZHOU SEPT. 20, 2020 孙潇
Place and date. Signature and stamp of authorized signatory</td><td colspan="3">12. Certification
It is here by certified that the declaration by the exporter is correct.

CHANGZHOU SEPT. 21, 2020 王伟
Place and date. Signature and stamp of Certifying authority.</td></tr>
</table>

（2）配合查验

海关查验是指海关根据海关法确定进出境货物的性质、价格、数量、原产地和货物状况等是否与报关单上申报的内容相符，对货物进行实际检验的行政执法行为。

上海浦东海关查验货物时，常信公司有关人员应当到场，配合海关查验，做好以下工作：负责按照海关要求搬移货物，开拆包装，以及重新封装货物；预先了解和熟悉所申报货物的情况，如实回答查验人员的询问以及提供必要的资料；协助海关提取需要做进一步检验、化验或鉴定的货样，收取海关出具的取样清单；查验结束后，认真阅读查验人员填写的“海关进出境货物查验记录单”，主要记录是否符合实际。

（3）缴纳税费

上海浦东海关核对计算机计算的税费，确认该批货物不涉及缴纳出口关税。

（4）海关放行，装运货物

在常信公司办完向海关申报、接受查验等手续以后，上海浦东海关在装货单上签印放行。常信公司凭此向船公司（或货代公司）要求配载、装船起运出境。

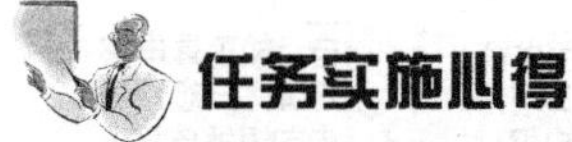

报关员对申报内容的真实性、准确性、完整性、规范性承担相应的法律责任。因此，填写出口货物报关单时，要注意以下几点。

1）报关人员必须按照《中华人民共和国海关法》和《中华人民共和国海关进出口货物报关单填制规范》（自 2019 年 2 月 1 日起执行）的有关规定，向海关如实申报。报关单中填报的内容要准确、齐全、完整、清楚，报关单各栏目内容要逐项详细准确填报（打印）。

2）报关单必须真实，做到两个相符：一是单证相符，即报关单与合同、发票、装箱单、提单、批文等相符；二是单货相符，即报关单中所列各项内容与实际出口货物情况相符，不允许有伪报、瞒报或虚报等情况存在。

3）不同批文或合同的货物、同一批货物中不同监管方式的货物、不同备案号的货物、不同提运单的货物、不同征免性质的货物、不同运输方式或相同运输方式不同航次的货物，均应分别填写报关单。一份原产地证书只能对应一份报关单。同一份报关单上的商品不能同时享受协定税率和减免税。在一批货物中，对于实行原产地证书联网管理的，也应分单填报。

4）在反映进出口商品情况的项目中，需分项填报的主要有以下几种情况：商品编号不同的；商品名称不同的；原产国（地区）/最终目的国（地区）不同的。

5）已向海关申报的出口货物报关单，如原填报内容与实际进出口货物不一致而又有正当理由的，申报人应向海关提交《进出口货物报关单修改/撤销申请表》和证明材料，经海关核准后，对原填报内容进行修改或撤销。

6）关检融合后，进出口收发货人的出境检验检疫申请，经海关审核通过之后即生成电子底账，可以在出口报关单申报时调用。收发货人可对出境检验检疫申请数据进行录入、暂存、删除、打印、申报等操作。进出口收发货人需在报关前确认进出口货物的检验检疫（商品）名称或类型。

12.3 相关知识

12.3.1 出口报关

1. 出口报关的流程

报关（Declare）是指进出口货物收发货人、进出境运输工具负责人、进出境物品的所有人或者他们的代理人向海关办理货物、物品或运输工具进出境手续及相关海关事务的过程。货物、物品、运输工具等在进出境时由所有人或代理人向海关申报，校验规定的单据、证件，请求海关办理进出口的有关手续。

在我国，货物的出口报关应当经过申报、查验、征税和放行四个作业环节。与之相适应，出口货物发货人或其代理人应当按程序办理相对应的出口申报、配合查验、缴纳税费、装运货物等手续，货物才能出境。

进出口申报管理流程如图 12-1 所示。

2. 出口关税

出口关税是指海关以出境货物和物品为课税对象所征收的关税。征收出口关税的主要目的是限制、调控某些商品的过度、无序出口，特别是防止本国一些重要自然资源和原材料的

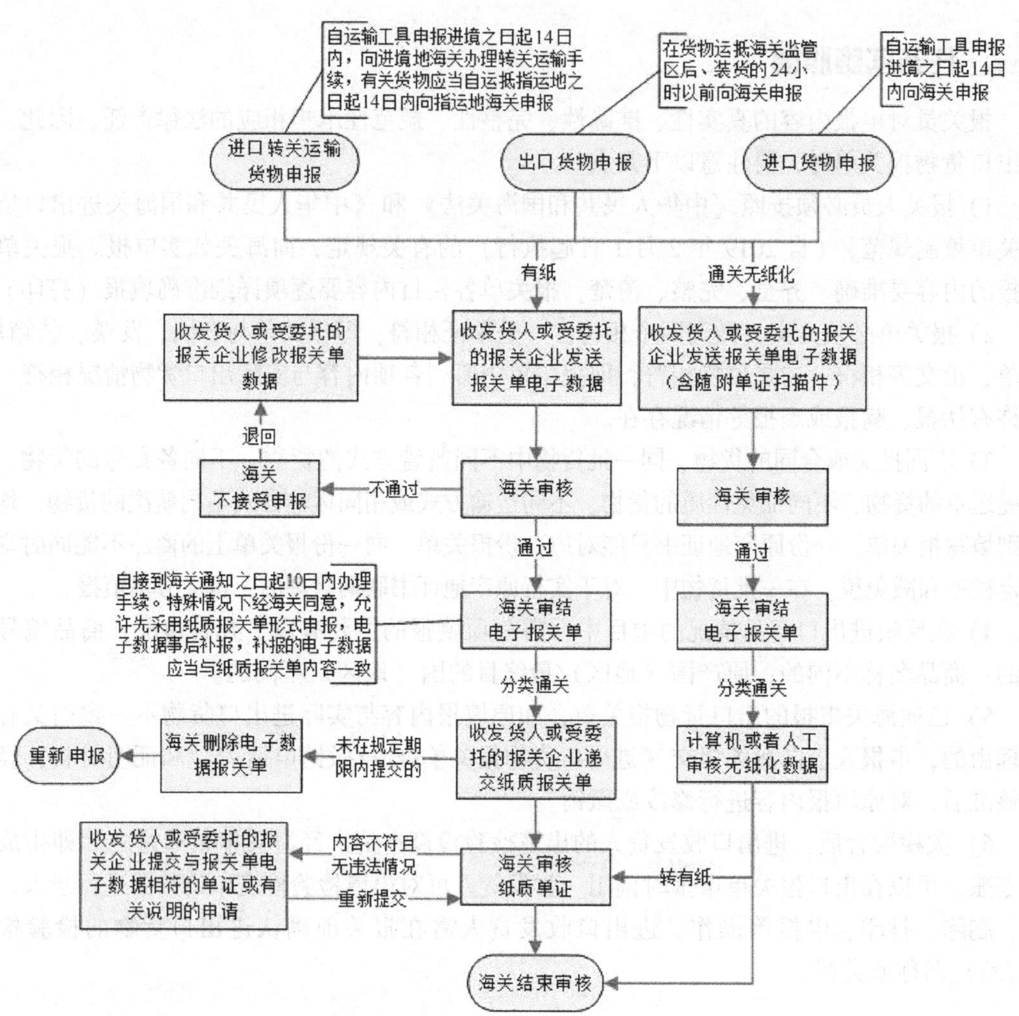

图 12-1　进出口申报管理流程图

无序出口。为鼓励出口，世界各国一般不征收出口税或仅对少数商品征收出口税。

应征出口关税的计算公式为：

出口关税应征税额=出口货物完税价格×出口关税税率

出口货物完税价格=FOB 价格÷(1+出口关税税率)

（注：出口货物完税价格是 FOB 价格扣除出口关税）

“根据《中华人民共和国进出口关税条例》，纳税义务人应当自海关填发税款缴款书之日起 15 日内向指定银行缴纳税款。纳税义务人未按期缴纳税款的，从滞纳税款之日起，按日加收滞纳税款万分之五的滞纳金。”

【例 12-1】 国内某企业从广州出口到新加坡一批合金生铁，申报出口量 86 t，每吨价格为 FOB 广州 98 美元。已知外汇折算率 1 美元等于人民币 6.4684 元，要求计算出口关税。

解： A）通过海关总署商品信息查询网站查得合金生铁现行出口关税率为 25%。

B）审定离岸价格为 86 t×98 美元/t=8428 美元；折算成人民币为（8428×6.4684）元=54515.6752 元（人民币）。

C）出口关税税额=FOB价格÷(1+出口关税税率)×出口关税税率

=54515.6752元÷(1+25%)×25%=10903.14元（人民币）

知识链接：关税的征收方法

（一）从量税

从量税是以商品的重量、数量、容量、长度和面积等计量单位为标准计征的关税。从量税额的计算公式为：

从量税额=商品数量×单位从量税率表

（二）从价税

从价税是以进口商品的价格为标准计征的关税。从价税的税率表现为货物价格的百分比。从价税的计算公式为：

从价税额=进口货物的完税价格×从价税率

征收从价税的关键问题是确定进口商品的完税价格。各国规定的海关估价确定完税价格的方法大体有三种：以装运港船上交货价格（FOB）为征税价格标准；成本、保险费加运费价格（CIF）为征税价格标准；进口国法定价格为征税价格标准。由于各国海关估价规定内容不一，不少国家故意抬高进口商品完税价格，提高进口关税，把它变成一种限制进口的非关税壁垒措施。

（三）混合税

混合税又称复合税，是对某种进口商品同时征收从量税和从价税的一种关税。混合税分为两种情况：一种是以从量税为主加征从价税；另一种是以从价税为主加征从量税。

（四）选择税

选择税是对某种进口商品同时规定从量税和从价税，征收时由海关选择其中一种征税，作为该商品的应征关税额。一般是选择税额较高的一种征收，有的国家为了鼓励某种商品的进口，或给某个国家以优惠待遇，也会选择税额较低的一种征收关税。

3. 出口报关单的填制

完整、准确、有效地填制出口货物报关单直接关系到报关效率、企业的经济利益、海关征税、减免税及查验、放行等工作。出口货物报关单具体填制规范见表12-1。

表12-1　出口货物报关单的填制规范

栏　目	填制规范
1. 预录入编号	预录入编号指预录入报关单的编号，一份报关单对应一个预录入编号，由系统自动生成
2. 海关编号	海关编号指海关接受申报时给予报关单的编号，一份报关单对应一个海关编号，由系统自动生成
3. 境内发货人	填报在海关备案的对外签订并执行进出口贸易合同的中国境内法人、其他组织名称及编码。编码填报18位法人和其他组织统一社会信用代码，没有统一社会信用代码的，填报其在海关的备案编码
4. 出境关别	根据货物实际进出境的口岸海关，填报海关规定的《关区代码表》中相应口岸海关的名称及代码
5. 出口日期	出口日期指运载出口货物的运输工具办结出境手续的日期，在申报时免予填报。无实际进出境的货物，填报海关接受申报的日期 进出口日期为8位数字，顺序为年（4位）、月（2位）、日（2位）
6. 申报日期	申报日期指海关接受进出口货物收发货人、受委托的报关企业申报数据的日期。 申报日期为8位数字，顺序为年（4位）、月（2位）、日（2位）

（续）

栏　　目	填 制 规 范
7. 备案号	填报进出口货物收发货人、消费使用单位、生产销售单位在海关办理加工贸易合同备案或征、减、免税审核确认等手续时，海关核发的《加工贸易手册》、海关特殊监管区域和保税监管场所保税账册、《征免税证明》或其他备案审批文件的编号 一份报关单只允许填报一个备案号
8. 境外收货人	境外收货人通常指签订并执行出口贸易合同中的买方或合同指定的收货人，境外发货人通常指签订并执行进口贸易合同中的卖方 填报境外收发货人的名称及编码
9. 运输方式	运输方式包括实际运输方式和海关规定的特殊运输方式，前者指货物实际进出境的运输方式，按进出境所使用的运输工具分类；后者指货物无实际进出境的运输方式，按货物在境内的流向分类 根据货物实际进出境的运输方式或货物在境内流向的类别，按照海关规定的《运输方式代码表》选择填报相应的运输方式
10. 运输工具名称及航次号	填报载运货物进出境的运输工具名称或编号及航次号。填报内容应与运输部门向海关申报的舱单（载货清单）所列相应内容一致
11. 提运单号	填报进出口货物提单或运单的编号。一份报关单只允许填报一个提单或运单号，一票货物对应多个提单或运单时，应分单填报
12. 生产销售单位	（一）生产销售单位填报出口货物在境内的生产或销售单位的名称，包括： 1）自行出口货物的单位。 2）委托进出口企业出口货物的单位。 3）免税品经营单位经营出口退税国产商品的，填报该免税品经营单位统一管理的免税店。 （二）编码填报要求： 1）填报 18 位法人和其他组织统一社会信用代码。 2）无 18 位统一社会信用代码的，填报“NO”
13. 监管方式	监管方式是以国际贸易中进出口货物的交易方式为基础，结合海关对进出口货物的征税、统计及监管条件综合设定的海关对进出口货物的管理方式 根据实际对外贸易情况按海关规定的《监管方式代码表》选择填报相应的监管方式简称及代码。一份报关单只允许填报一种监管方式
14. 征免性质	根据实际情况按海关规定的《征免性质代码表》选择填报相应的征免性质简称及代码，持有海关核发的《征免税证明》的，按照《征免税证明》中批注的征免性质填报。一份报关单只允许填报一种征免性质
15. 许可证号	填报进（出）口许可证、两用物项和技术进（出）口许可证、两用物项和技术出口许可证（定向）、纺织品临时出口许可证、出口许可证（加工贸易）、出口许可证（边境小额贸易）的编号 免税品经营单位经营出口退税国产商品的，免予填报 一份报关单只允许填报一个许可证号
16. 合同协议号	填报进出口货物合同（包括协议或订单）编号。未发生商业性交易的免予填报 免税品经营单位经营出口退税国产商品的，免予填报
17. 贸易国（地区）	发生商业性交易的进口填报购自国（地区），出口填报售予国（地区）。未发生商业性交易的填报货物所有权拥有者所属的国家（地区） 按海关规定的《国别（地区）代码表》选择填报相应的贸易国（地区）中文名称及代码
18. 运抵国（地区）	运抵国（地区）填报出口货物离开我国关境直接运抵或者在运输中转国（地区）未发生任何商业性交易的情况下最后运抵的国家（地区） 按海关规定的《国别（地区）代码表》选择填报相应的运抵国（地区）中文名称及代码 无实际进出境的货物，填报“中国”及代码
19. 指运港	指运港填报出口货物运往境外的最终目的港；最终目的港不可预知的，按尽可能预知的目的港填报 无实际进出境的货物，填报“中国境内”及代码

（续）

栏　　目	填制规范
20. 离境口岸	离境口岸填报装运出境货物的跨境运输工具离境的第一个境内口岸的中文名称及代码；采取多式联运跨境运输的，填报多式联运货物最初离境的境内口岸中文名称及代码；过境货物填报货物离境的第一个境内口岸的中文名称及代码；从海关特殊监管区域或保税监管场所离境的，填报海关特殊监管区域或保税监管场所的中文名称及代码。其他无实际出境的货物，填报货物所在地的城市名称及代码
21. 包装种类	填报进出口货物的所有包装材料，包括运输包装和其他包装，按海关规定的《包装种类代码表》选择填报相应的包装种类名称及代码。运输包装指提运单所列货物件数单位对应的包装，其他包装包括货物的各类包装，以及植物性铺垫材料等
22. 件数	填报进出口货物运输包装的件数（按运输包装计）。特殊情况填报要求如下： （一）舱单件数为集装箱的，填报集装箱个数。 （二）舱单件数为托盘的，填报托盘数。 不得填报为零，裸装货物填报为“1”。
23. 毛重（千克）	填报进出口货物及其包装材料的重量之和，计量单位为千克，不足一千克的填报为“1”
24. 净重（千克）	填报进出口货物的毛重减去外包装材料后的重量，即货物本身的实际重量，计量单位为千克，不足一千克的填报为“1”
25. 成交方式	根据进出口货物实际成交价格条款，按海关规定的《成交方式代码表》选择填报相应的成交方式代码 无实际进出境的货物，进口填报 CIF，出口填报 FOB
26. 运费	填报出口货物运至我国境内输出地点装载后的运输费用 运费可按运费单价、总价或运费率三种方式之一填报，并按海关规定的《货币代码表》选择填报相应的币种代码 免税品经营单位经营出口退税国产商品的，免予填报
27. 保费	填报出口货物运至我国境内输出地点装载后的保险费用 保费可按保险费总价或保险费率两种方式之一填报，并按海关规定的《货币代码表》选择填报相应的币种代码 免税品经营单位经营出口退税国产商品的，免予填报
28. 杂费	填报成交价格以外的、按照《中华人民共和国进出口关税条例》相关规定应计入完税价格或应从完税价格中扣除的费用。可按杂费总价或杂费率两种方式之一填报，并按海关规定的《货币代码表》选择填报相应的币种代码 应计入完税价格的杂费填报为正值或正率，应从完税价格中扣除的杂费填报为负值或负率 免税品经营单位经营出口退税国产商品的，免予填报
29. 随附单证及编号	根据海关规定的《监管证件代码表》和《随附单据代码表》选择填报除本规范第十六条规定的许可证件以外的其他进出口许可证件或监管证件、随附单据代码及编号 本栏目分为随附单证代码和随附单证编号两栏，其中代码栏按海关规定的《监管证件代码表》和《随附单据代码表》选择填报相应证件代码；随附单证编号栏填报证件编号
30. 标记唛码及备注	填报要求如下： （一）标记唛码中除图形以外的文字、数字，无标记唛码的填报 N/M （二）受外商投资企业委托代理其进口投资设备、物品的进出口企业名称 （三）与本报关单有关联关系的，同时在业务管理规范方面又要求填报的备案号，填报在电子数据报关单中“关联备案”栏 （四）跨境电子商务进出口货物，填报“跨境电子商务” （五）集装箱体信息填报集装箱号（在集装箱箱体上标示的全球唯一编号）、集装箱规格、集装箱商品项号关系（单个集装箱对应的商品项号，半角逗号分隔）、集装箱货重（集装箱箱体自重+装载货物重量，千克） （六）进出口列入目录的进出口商品及法律、行政法规规定须经出入境检验检疫机构检验的其他进出口商品实施检验的，填报“应检商品”字样 （七）申报时其他必须说明的事项

(续)

栏　　目	填制规范
31. 项号	分两行填报。第一行填报报关单中的商品顺序编号；第二行填报备案序号，专用于加工贸易及保税、减免税等已备案、审批的货物，填报该项货物在《加工贸易手册》或《征免税证明》等备案、审批单证中的顺序编号。有关优惠贸易协定项下报关单填制要求按照海关总署相关规定执行
32. 商品编号	填报由10位数字组成的商品编号。前8位为《中华人民共和国进出口税则》和《中华人民共和国海关统计商品目录》确定的编码；9、10位为监管附加编号
33. 商品名称及规格型号	分两行填报。第一行填报进出口货物规范的中文商品名称，第二行填报规格型号
34. 数量及单位	分三行填报。 （一）第一行按进出口货物的法定第一计量单位填报数量及单位，法定计量单位以《中华人民共和国海关统计商品目录》中的计量单位为准。 （二）凡列明有法定第二计量单位的，在第二行按照法定第二计量单位填报数量及单位。无法定第二计量单位的，第二行为空。 （三）成交计量单位及数量填报在第三行
35. 单价	填报同一项号下进出口货物实际成交的商品单位价格。无实际成交价格的，填报单位货值
36. 总价	填报同一项号下进出口货物实际成交的商品总价格。无实际成交价格的，填报货值
37. 币制	按海关规定的《货币代码表》选择相应的货币名称及代码填报，如《货币代码表》中无实际成交币种，需将实际成交货币按申报日外汇折算率折算成《货币代码表》列明的货币填报
38. 原产国（地区）	原产国（地区）依据规定的原产地确定标准填报。同一批进出口货物的原产地不同的，分别填报原产国（地区）。进出口货物原产国（地区）无法确定的，填报“国别不详” 按海关规定的《国别（地区）代码表》选择填报相应的国家（地区）名称及代码
39. 最终目的国（地区）	最终目的国（地区）填报已知的进出口货物的最终实际消费、使用或进一步加工制造国家（地区）。同一批进出口货物的最终目的国（地区）不同的，分别填报最终目的国（地区）。进出口货物不能确定最终目的国（地区）时，以尽可能预知的最后运往国（地区）为最终目的国（地区） 按海关规定的《国别（地区）代码表》选择填报相应的国家（地区）名称及代码
40. 境内货源地	境内货源地填报出口货物在国内的产地或原始发货地。出口货物产地难以确定的，填报最早发运该出口货物的单位所在地
41. 征免	按照海关核发的《征免税证明》或有关政策规定，对报关单所列每项商品选择海关规定的《征减免税方式代码表》中相应的征减免税方式填报。加工贸易货物报关单根据《加工贸易手册》中备案的征免规定填报；《加工贸易手册》中备案的征免规定为“保金”或“保函”的，填报“全免”
42. 特殊关系确认	填报确认进出口行为中买卖双方是否存在特殊关系，在本栏目应填报“是”或“否”
43. 价格影响确认	填报确认纳税义务人是否可以证明特殊关系未对进口货物的成交价格产生影响，填报“否”或“是”
44. 支付特许权使用费确认	填报确认买方是否存在向卖方或者有关方直接或者间接支付与进口货物有关的特许权使用费，且未包括在进口货物的实付、应付价格中，填报“是”或“否”
45. 自报自缴	进出口企业、单位采用“自主申报、自行缴税”（自报自缴）模式向海关申报时，填报“是”；反之则填报“否”
46. 申报单位	自理报关的，填报进出口企业的名称及编码；委托代理报关的，填报报关企业名称及编码。编码填报18位法人和其他组织统一社会信用代码 报关人员填报在海关备案的姓名、编码、电话，并加盖申报单位印章
47. 海关批注及签章	供海关作业时签注

资料来源：《中华人民共和国海关进出口货物报关单填制规范》（2019年2月1日起执行）

12.3.2 出境报检

关检融合后，海关对报关单申报项目和检验检疫原报检单申报项目进行梳理，按照“依法依规、去繁就简”的原则，进行优化整合。出境货物检验检疫在“国际贸易单一窗口”网站进行报关单录入时，同时录入涉检基本信息（包括检验检疫受理机关、领证机关、口岸检验检疫机关、目的地检验检疫机关、企业资质、关联号码及理由、特殊业务标识、所需单证、检验检疫签证申报要素、商品英文名称等）和涉检商品信息（包括检验检疫货物规格、产品资质、货物属性、用途、危险商品信息等），即可办理出境检验检疫申请。

1. 检验检疫证单的作用

检验检疫证单的法律效用主要体现在以下几个方面。

（1）它是货物交接、结算、议付货款及进口国准入的有效证件

凡对外贸易合同、协议中规定以检验检疫证书为结算货款依据的，证书所列的货物品质、规格、成分、公量等检验检疫结果，是交易双方计算货款的依据，有关证书是双方结算货款的凭证。

（2）它是出入境货物通关的重要凭证

凡列入《检验检疫法检目录》的进出口货物，国家法律、法规规定须实施检验检疫的，海关审批后验放。

（3）它是海关征收、退补或减免关税的有效凭证

产地证书是进口国海关征收或减免关税的有效凭证。

（4）它是对外贸易关系人明确责任的有效证件

承运人或者其他关系人，申请商检机构证明出入境货物的积载情况、验舱、舱口检视；证明液体商品的温度和密度、签封样品；对冷藏舱检温、冷冻货物检温等，都是一种明确责任范围的证明。

（5）它是办理索赔、仲裁及诉讼的有效证件

对入境货物，经检验检疫机构检验检疫发现残损、与合同不符的，凭检验检疫机构签发的检验证书向有关责任方索赔或换货、退货，向有关方面提起仲裁或诉讼。

2. 常见证单的种类

1）品质检验证书（Inspection Certificate of Quality）是商品的品质、规格的证明文件，是交接、结算、索赔理赔、验放的有效凭证。

2）重量/数量证书（Inspection Certificate of Weight/Quantity）是商品重量或数量的证明文件。它是交接、结算、索赔理赔的有效凭证，也是国外报关征税和计算运费、装卸费的计算凭证。

3）兽医（卫生）证书（Veterinary（Health）Certificate）是出口的动物产品或食品的检疫证明文件。它是交接、通关验放的有效凭证。

4）植物检疫证书（Phytosanitary Certificate）是证明植物及植物产品上没有疾病或害虫，并符合进口国现行的植物检疫规定的证明文件。

5）熏蒸/消毒证书（Fumigation/Disinefection Certificate）是证明木质包装、动物产品、食品经过熏蒸或消毒处理的文件。

6）卫生、健康检验证书（Sanitary Certificate、Health Certificate）是出口供食用的动物产品，食品的卫生检疫证明文件，也是交接、通关验放的有效凭证。

3. 出境货物包装报检

我国对出口商品的包装检验，分为出境普通货物运输包装容器的检验、出境货物木质包装的检验和出境危险货物运输包装容器的检验。同样登录“中国国际贸易单一窗口”或“互联网+海关”一体化网上办事平台，在“其他报检——出境包装报检”栏目申报。出口

货物发货人应按照《包装种类代码表》，填报运输包装对应的两位包装种类代码，例如：使用再生木托作为运输包装的，填报中文“再生木托”或代码“92”。

出境普通货物运输包装容器的报检范围是列入《出入境检验检疫机构实施检验检疫的进出境商品目录》及其他法律、法规规定须经检验检疫，且检验检疫类别为“N”或“S”的出口货物的运输包装容器。

根据《中华人民共和国进出境动植物检疫法》及《中华人民共和国进出境动植物检疫法实施条例》，对出境植物、植物产品及其他检疫物的装载容器、包装物及铺垫材料依照规定实施检疫。自1998年起，输往美国、加拿大、巴西、欧盟、澳大利亚等国家或地区带木质包装的货物，需进行检疫处理。2005年9月1日起，按照国家质检总局2005年11号公告的规定执行，出境木质包装必须具有IPPC标识（国际植物保护公约标识：International Plant Protection Convention，见图12-2）才能放行。木质包装是指用于承载、包装、铺垫、支撑、加固货物的木质材料，如木板箱、木条箱、木托盘、衬木等。

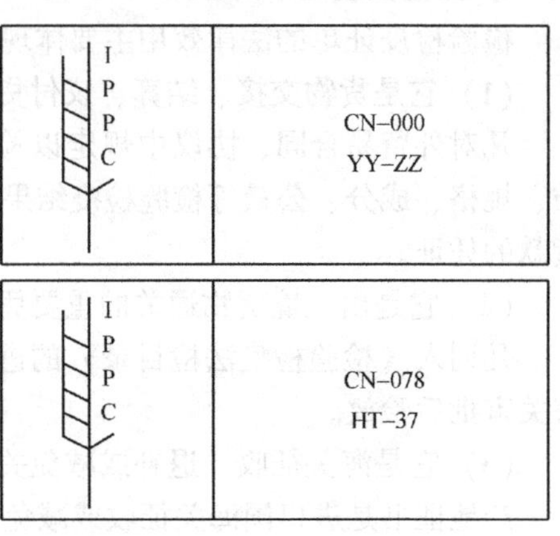

图 12-2 IPPC 图样

IPPC标识至少包括4个方面的信息：左侧的图形是《国际植物保护公约》（IPPC）注册的用于按规定实施除害处理合格的木质包装上的符号；右侧的是国际标准化组织的两字母国家编号（如中国为CN），3位数字代表国家植保机构给予木质包装生产企业的独特登记号，YY代表除害处理方法，如MB表示溴甲烷熏蒸处理，HT表示热处理。

木制包装应填报明确，并提供木制包装依据（IPPC）；有木制包装但没有IPPC标识（未经ISPM15熏蒸处理），申报时应注明。

出境危险货物包装容器检验则包括出口危险货物包装容器性能检验和出口危险货物包装容器使用鉴定。危险品包装申报时，在危包类别列表中选择一类、二类、三类；根据《危险货物包装规格代码表》选择危包规格。

知识链接：无木质包装声明

出境货物非木质包装报检时应提供无木质包装声明，以下是某公司出口的无木质包装声明参考格式。

Declaration of no-wood packing material

To the Service of ________ Customs:

It is declared that this shipment ____________ (commodity) ____________ (quantity/weight) does not contain wood packing materials.

Name of Export Company: (Stamp or Signature of Director)

Date:

12.3.3 原产地证

1. 原产地证的概念

原产地证（Certificate of Origin）是证明商品的生产地或制造地的一种证明文件，是商品进入国际贸易领域的“经济国籍”，是进口国对货物确定税率待遇，进行贸易统计，实行数量限制（如配额、许可证等）和控制从特定国家进口（如反倾销税、反补贴税）的主要依据之一。

2. 原产地证的分类

按照原产地证的作用一般可以分为三大类：第一类是一般原产地证明书；第二类是普惠制原产地证明书；第三类是某些专业性原产地证明书，如限制禁运产地证、野生动物制品产地证、地名货产地证等。前两类原产地证见表 12-2。

表 12-2 原产地证列表（部分）

原产地证名称	适用出口国家
C/O《一般原产地证》	全球
FORM A 《普惠制原产地证》	欧盟 27 个成员国（爱尔兰、爱沙尼亚、奥地利、保加利亚、比利时、波兰、丹麦、德国、法国、芬兰、荷兰、捷克、拉脱维亚、立陶宛、卢森堡、罗马尼亚、马耳他、葡萄牙、瑞典、塞浦路斯、斯洛伐克、斯洛文尼亚、西班牙、匈牙利、希腊、意大利、克罗地亚）、澳大利亚、白俄罗斯、俄罗斯、哈萨克斯坦、加拿大、挪威、日本、瑞士（包括列支敦士登）、土耳其、乌克兰、新西兰
FORM B 《亚太贸易协定原产地证书》	韩国、孟加拉国、斯里兰卡、印度
FORM E 《中国-东盟自由贸易区优惠关税原产地证书》	菲律宾、柬埔寨、老挝、马来西亚、缅甸、泰国、文莱、新加坡、印度尼西亚、越南
FORM F 《中国-智利自由贸易区原产地证书》	智利
FORM N 《中国-新西兰自由贸易区原产地证书》	新西兰
FORM P 《中国-巴基斯坦自由贸易区原产地证书》	巴基斯坦

根据签发者不同，原产地证书一般也可分为以下三类。

1）海关出具的原产地证书。例如，海关出具的一般原产地证书（CERTIFICATE OF ORIGIN）、普惠制产地证格式 A（GSP FORM A）。

2）商会出具的产地证书。例如，中国国际贸易促进委员会（CCPIT）出具的一般原产地证书，简称贸促会产地证书（CCPIT CERTIFICATE OF ORIGIN）。

3）制造商或出口商出具的产地证书。

在国际贸易实务中，主要依据合同或信用证的要求来确定提供哪种原产地证书。一般对于实行普惠制国家出口货物，都要求出具普惠制原产地证书。如果信用证并未明确规定原产地证书的出具者，那么银行可以接受任何一种原产地证书。

3. 一般原产地证书的填制

一般原产地证书是出口商应进口商要求而提供的、由公证机构或政府或出口商出具的证明货物原产地的一种证明文件。原产地证书的填制规范见表 12-3。在我国，凡符合《中华人民共和国进出口货物原产地条例》规定的出口产品均可申请办理一般原产地证书。

表 12-3　原产地证书的填制规范

栏　目	填 制 规 范
1. 编号	应在证书右上角填上证书编号。此栏不得留空，否则此证书无效
2. 出口方	填出口方名称、详细地址及国家（地区）
3. 最终收货方的名称、详址及国家、地区	通常是合同的买方或信用证规定的提单通知人。如果来证要求所有单证收货人留空，此栏应加注“To Whom It May Concern”或“To order”，但不得留空
4. 运输方式及路线	海运、陆运填写装货港（地）、到货港（地）及运输路线，如经转运，还应注明转运地
5. 目的地国家（地区）	国家名或单独关税地区名
6. 签证机构专用栏	此栏为签证机构在签发后发证书、补发证书或加注其他声明时使用。一般情况下，此栏为空白
7. 运输标志	按发票填制
8. 商品名称、包装数量及种类	包装数量要有大小写，本栏的末行要打上表示结束的符号，如“-----”或“***********”
9. 商品编码	此栏要求填写 H. S 编码
10. 数量/重量	填写出口货物的量值并与商品计量单位联用
11. 发票号码及日期	其中月份用英文表达，例如：OCT. 10，2020
12. 出口声明	该栏由申领单位已在签证机构注册的人员签字并加盖有中英文的印章，并填写申领地点和日期。此日期不得早于发票日期
13. 签证机构证明	由签证机构签字（手签）、盖章。注意签字、盖章不得重合，并填写签订日期、地点。此日期不得早于发票日期和申请日期（一般与发票日期相同）

12.4 知识拓展

1. 中国国际贸易“单一窗口”

中国国际贸易“单一窗口”建设进一步优化口岸营商环境，提升我国跨境贸易便利化水平。通过“单一窗口”提高国际贸易供应链各参与方系统间的交互操作性，优化通关业务流程，提高申报效率，缩短通关时间，降低企业成本，促进贸易便利化。

到 2020 年底前，实现“单一窗口”功能由口岸通关执法环节向前置和后续环节拓展，进一步覆盖国际贸易链条各主要环节，实现与“一带一路”沿线主要国家“单一窗口”互联互通，使“单一窗口”成为中国全面参与塑造国际经济治理新格局的重要贸易基础设施。

中国电子口岸数据中心各地分中心接受企业的入网申请，为企业申领电子口岸用户法人卡及操作员卡提供“一站式”服务。审批完成后就可以领取到 IC 卡、手机盾等软硬件设备，使用这些设备接入互联网后，登录“中国国际贸易单一窗口”（见图 12-3）或“互联网+海关”一体化网上办事平台即可开始办理各项业务。网站上有专门的“窗口导航”和“用户手册”，有非常详细的介绍。

2. 实用英语

Chargeable Weight　计费重量

Customs House Broker（CHB）　报关行

CustomsDeclarance　报关

Customs Declaration for Export　出口货物报关单

Customs Declaration for Import　进口货物报关单

Customs Value　海关估价

Declarant　报关人

Duty Paid Value　完税价格

Export License　出口许可证

Port Customs　口岸海关

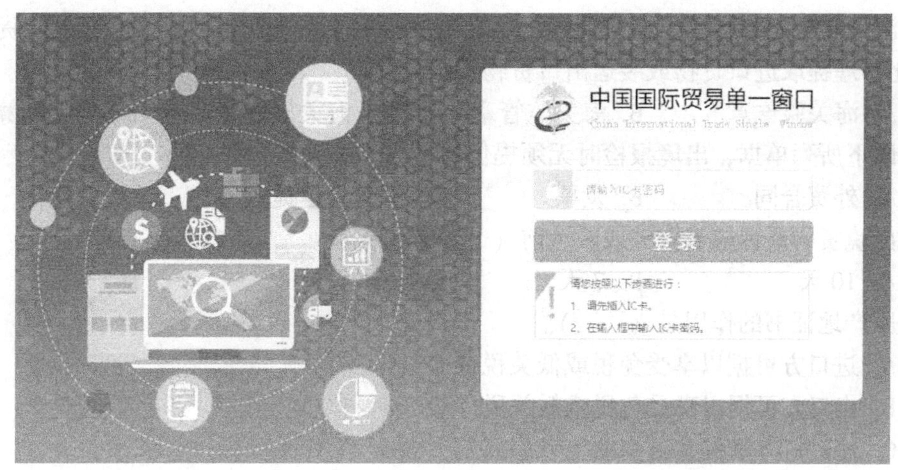

图 12-3 “中国国际贸易单一窗口”登录界面

Analysis Certificate 分析（化验）证书

Certificate of Origin 原产地证书

Fumigation/Disinfection Certificate 熏蒸/消毒证书

Generalized System of Preference Certificate of Origin Form A 普惠制格式 A 产地证明书

Inspection Certificate of Quality 品质检验证书

Inspection Certificate of Weight/Quantity 重量/数量证书

No-Wood Declaration 无木质声明

Place of Origin 原产地

12.5 业务技能训练

12.5.1 自测习题

1. 翻译

1）Export License__________ 2）Customs Declarance__________

3）Bill of Entry__________ 4）Customs Declaration for Export __________

5）Chargeable Weight__________ 6）No-Wood Declaration__________

7）Inspection Cetificate of Quality__________ 8）Place of Origin__________

2. 单选题

1）出口报关的时间应该是（　　）。

A. 备货前　　B. 装船前　　C. 装船后　　D. 货物到目的港后

2）出口货物的发货人或其代理人除海关特准的外，根据规定应当在（　　）向海关申报。

A. 装货前 24 小时

B. 装货 24 小时后

C. 货物运抵口岸 24 小时内

D. 承载的运输工具起运（或起航）的 24 小时前

3）申报日期是指（　　）。

A. 向海关提交电子数据报关单的日期　　B. 向海关提交纸质报关单的日期

C. 申报数据被海关接受的日期　　D. 海关放行日期

4）海关在决定放行进出口货物后，需在有关报关单上加盖（　　），进出口货物收发货人凭此办理提取进口货物或装运出口货物手续。

A. 海关验讫章　　B. 海关监管章　　C. 海关放行章　　D. 海关结算章

5）以下所列单据，出境报检时无须提供的是（　　）。

A. 外贸合同　　B. 发票　　C. 海运提单　　D. 装箱单

6）出境货物最迟应于报关或装运前（　　）天报检。

A. 10 天　　B. 7 天　　C. 5 天　　D. 3 天

7）原产地证书的作用是（　　）。

A. 进口方可据以享受免税或低关税待遇

B. 出口方可据以享受免税或低关税待遇

C. 使进口方掌握其真实的生产厂家

D. 可使给予我国普惠制待遇的国家的进口方据以享受进口免税或低进口关税的待遇

3. 判断题

1）报关程序是指进出口货物的收发货人、运输负责人、物品的所有人或其专业代理人按照海关的规定，办理货物、物品、运输工具进出境及相关海关事务的手续及步骤。（　　）

2）所有的货物进出口都要经过前期的申报备案阶段。（　　）

3）对于一般进出口货物，海关进出境现场放行即等于结关。（　　）

4）一般进出口货物就是一般贸易货物。（　　）

5）凡是出口商品，必须通过商检机构检验合格才能出口。（　　）

6）任何商品的商检证书，必须由海关出具，才能作为议付的凭证之一。（　　）

7）买方对货物的检验权是强制性的，是接收货物的前提条件。（　　）

12.5.2　课堂训练

1. 简述出口商品报关的流程。

2. 出口商品报关时需要提供哪些单据？

3. 某出口货物成交价格为 FOB 上海 10000.00 美元，另外从上海至出口目的国韩国的运费为总价 500.00 美元，从上海至韩国的保险费率为 3‰。假定其适用的基准汇率为 1 美元=7.10 元人民币，出口关税税率为 10%。计算出口关税税额。

4. 商品检验检疫证书有哪些作用？试举例说明。

5. 请上网搜索我国产地证证书种类有哪些？由什么机构签发？了解中韩、中澳自由贸易协定生效后，我国对这两个国家出口商品的产地证要求。

12.5.3　实训操作

1. 常州天信外贸有限公司的男式衬衫计划于 3 月 5 日装船。请你填制“出口货物报关单”。

2. 根据江苏天地木业有限公司与现代公司签订的地板出口合同及相关资料，填写“出口货物报关单”，办理出口报关手续。

3. 请上网搜索进料加工商品出口报关需要提供什么材料？

任务 13　出口货物的运输

知识要点

1. 海运提单的种类和内容
2. 海运单、空运单和陆运单的性质

技能要点

- 办理出口货物的运输操作
- 正确填制托运单和海运提单

导学

不同的贸易术语下，办理托运手续和支付运费的对象不一样。本任务主要学习 CIF 术语下出口货物海运流程及提单相关内容。

填写托运订舱单是托运手续的第一步，其依据是合同和信用证，托运单的正确与否直接影响提单的正确性，影响到结汇的安全。

海运提单作为物权凭证、货物收据、运输合同证明，是最重要的单据，也是银行结汇的单据，务必正确。提单的分类和内容是本任务的学习重点，应学会提单的填制与审核。

13.1　任务描述与分析

1. 任务描述

> 当货物生产快完成时，孙潇决定采用集装箱班轮运输，正着手安排货物的运输。
>
> 孙潇首先计算出待运货物的毛重和体积，向货代公司办理海运托运手续，且注明集装箱装货地点，并将支付海运费，认真审核确保“提单”正确无误，以符合信用证规定。

2. 任务分析

出口货物运输是出口业务的重要环节之一。由谁负责办理运输手续并支付运费，由买卖双方所采用的贸易术语而定。**在 CIF 贸易术语下，出口方负责安排运输工具并支付运费。**

卖方收到信用证后，必须审核证中有关的装运条款，如装运期、交单期、装运港、目的港，是否允许转运或分批装运，以及是否指定船公司、船名、船籍与船级等。对这些条款与规定，应确定是否合理、能否办到，否则要考虑拒绝接受并提出修改要求。

货物运输需要托运人和承运人很好地衔接。托运人需要填制托运联单（包括托运单、装货单、收货单等）后，向承运人的代理人办理货物托运手续。代理人接受承运后，将承运的船名填入托运联单内，留存托运单，其他联退还托运人。托运人凭单到海关办理报关手续；海关同意放行则在装货单上盖放行章，托运人凭单向港口仓库发货或直接装船；然后将装货单、收货单送交理货公司，船舶抵港后，凭单理货装船，货物装上船后，大副留存装货单，签署收货单；理货公司将收货单退还托运人，托运人凭收货单向代理人换取海运提单。

海运提单是交接货物、处理索赔与理赔、结算货款的重要单据。它的正确与否，直接影

响到货款的安全性。

13.2 任务实施与心得

任务实施

（1）填写出口货物明细单

实际业务操作中，一般在托运前填写出运货物的明细表。也有一些公司常用出口货物明细表代替订舱委托书。孙潇首先填写了如下出口货物明细表。

出口货物明细表

开证银行	UNITED OVERSEAS BANK, SINGAPORE	银行编号		标记唛头	
		外运编号		RTC CZCX2011180 SINGAPORE NO. 1-343	
经营单位（装船人）	CHANGZHOU CHANGXIN IMPORT & EXPORT CORP.	合同号	CZCX2011180		
		许可证号			
		运输方式	By sea		
收货人	RAFFLES TRADING CO., LTD.	出口口岸	SHANGHAI		
		目的港	SINGAPORE		
		信用证号	LCH073/03		
提单或承运人收据：抬头人	TO ORDER	金额	USD25052.72		
		开证日期	AUG. 12, 2020		
提单或承运人收据：通知人	APPLICANT	收到日期			
		贸易性质	一般贸易	贸易国别	新加坡
		可否转运	YES	可否分批	NO
提单或承运人收据：运费	FREIGHT PREPAID	装运期限	In Sept., 2020	有效期限	2020.10.10

货名规格及货号	件数	包装样式	重量		价格（成交条件）CIFC3%	
			毛重	净重	单价	总价
Men's cotton shirt	343	CTNS	30/10290	25/8575	USD9.13	USD25052.72

本公司注意事项		总体积		54.88CBM
		保险单	险别	ALL RISKS, WAR RISKS AND STRIKE RISKS
			保额	+10%
			赔款地点	新加坡
外运外轮注意事项		船名		
		海关编号		
		放行日期		
		制单员		孙潇

（2）填写出口托运单并订舱

孙潇在备好出口货物、信用证齐备后根据贸易合同和信用证的有关条款，在9月15日填制出口托运单，随附商业发票、装箱单等单据（具体制作见任务15），向船公司（或其代理人）订舱，订一个40英尺的集装箱，DOOR TO DOOR。

托运单的内容主要包括托运人、起运港、目的港、货名、标记及号码、件数等。各栏内容以及填制和提单相似。

出口货物托运单

公司编号： 日期： SEPT. 15，2020

<table>
<tr><td rowspan="4">1）托运人
CHANGZHOU CHANGXIN IMPORT & EXPORT CORP.
NO. 25 MINGXIN RD，CHANGZHOU JIANGSU，CHINA
TEL：0519—86338171</td><td colspan="2">4）信用证号码 LCH073/03</td></tr>
<tr><td colspan="2">5）开证银行</td></tr>
<tr><td>6）合同号码 CZCX2011180</td><td>7）成交金额 USD25052. 72</td></tr>
<tr><td>8）装运口岸
SHANGHAI，CHINA</td><td>9）目的港
SINGAPORE</td></tr>
<tr><td>2）收货人
TO ORDER</td><td>10）可否转船
ALLOWED</td><td>11）可否分批装运
NOT ALLOWED</td></tr>
<tr><td rowspan="6">3）通知人
RAFFLES TRADING CO.，LTD.，
69 INTERNATIONAL TRADE PLAZA，
ORCHARD ROAD，SINGAPORE
TEL.：（0065）61112588
FAX：（0065）61112688
Lisaqi1972@ hotmail. com</td><td>12）信用证效期
OCT. 10，2020</td><td>13）装船期限
LATEST SEP. 30，2020</td></tr>
<tr><td>14）运费
USD1200. 00</td><td>15）成交条件
CIF SINGAPORE</td></tr>
<tr><td>16）公司联系人
孙潇</td><td>17）电话/传真
0519-86338171/86338176</td></tr>
<tr><td>18）公司开户行</td><td>19）银行账号</td></tr>
<tr><td colspan="2">20）特别要求</td></tr>
<tr><td colspan="2"></td></tr>
<tr><td colspan="3">21）标记唛码 22）货号规格 23）包装件数 24）毛重 25）净重 26）数量 27）单价 28）总价</td></tr>
<tr><td colspan="3">RTC
CZCX2011180
SINGAPORE Men's cotton shirt
NO. 1-343 343CTNS @30KGS @25KGS 2744PCS USD9. 13 USD25052. 72</td></tr>
<tr><td colspan="3">29）总件数 30）总毛重 31）总净重 32）总尺码 33）总金额
343CTNS 10290KGS 8575KGS 54. 88M³ USD25052. 72</td></tr>
</table>

（3）报关、装货上船

船公司根据具体情况，接受常信公司的订舱，同时把配舱回单、装货单（Shipping Order，S/O）等与托运人有关的单据退还给孙潇，并告知承运的船名和航次为TRIUMPH V991A，开船日期为9月25日，截止上船时间为9月24日17点，截止报关时间为9月24日上午10点。

孙潇随即和工厂联系，安排工厂于23日自行装箱并加海关封志后按时运到港口码头。孙潇根据配舱回单提供的船名、航次等信息填制报关单，并随同发票及其他报关单据一起于24日上午向浦东海关顺利完成报关手续（见任务12）后，货物装上了船。

（4）向客户发出装运通知

按照国际惯例，孙潇于9月24日向新加坡RAFFLES TRADING CO.，LTD. 发出“装船通知”（Shipping Advice），以便买方办理进口报关手续，准备付款提货。

SHIPPING ADVICE

Messrs：RAFFLES TRADING CO.，LTD.

Dear Sirs：

Re：Invoice No. CLK008 L/C No. LCH073/03

We hereby inform you that the goods under the above mentioned credit have been shipped. The details of the shipment are as follows：

Commodity：Men's Cotton Shirt

Quantity：2744 PIECES Amount：USD25052.72

Bill of Lading No.：B/L NO. COS3426 Ocean Vessel：TRIUMPH V991A

Port of Loading：SHANGHAI，CHINA Port of Destination：SINGAPORE

Date of Shipment：SEPT. 25，2020

We hereby certify that the above content is true and correct.

Company name： CHANGZHOU CHANGXIN IMPORT & EXPORT CORP.

Address： NO. 25 MINGXIN RD，CHANGZHOU JIANGSU，CHINA

Signature： ×××

（5）支付运费，审核船公司的提单

货物离港后，常信公司向船公司支付了海运费1200美元和内陆运费2100元人民币。船公司把海运提单传真给孙潇，让孙潇认真审核，如果有差错，及时提出，以便船公司更正。

下面是孙潇审核无误的提单。

海运提单 BILL OF LADING

<table>
<tr><td colspan="2">1）Shipper
CHANGZHOU CHANGXIN IMPORT & EXPORT CORP.
NO. 25 MINGXIN RD，CHANGZHOU JIANGSU，CHINA
TEL：0519—86338171</td><td rowspan="6">B/L NO. COS3426

COSCO
中国远洋运输（集团）总公司
CHINA OCEAN SHIPPING（GROUP）CO.
ORIGINAL
Combined Transport BILL OF LADING</td></tr>
<tr><td colspan="2">2）Consignee
TO ORDER</td></tr>
<tr><td colspan="2">3）Notify Party
RAFFLES TRADING CO.，LTD.，
69 INTERNATIONAL TRADE PLAZA，
ORCHARD ROAD，SINGAPORE
TEL.：（0065）61112588
FAX：（0065）61112688
Lisaqi1972@hotmail.com</td></tr>
<tr><td>4）Pre-Carriage by</td><td>5）Place of Receipt</td></tr>
<tr><td>6）Ocean Vessel Voy. No.
TRIUMPH V991A</td><td>7）Port of Loading
SHANGHAI，CHINA</td></tr>
<tr><td>8）Port of Discharge
SINGAPORE</td><td>9）Place of Delivery</td></tr>
<tr><td colspan="3">10）Marks &. 11）NO. of Containers or Pkgs. Description of Goods 12）G. W.（kg）13）Meas.（M3）
Nos Container/ Seal No.</td></tr>
<tr><td colspan="3">RTC　　343CTNS OF MEN'S COTTON SHIRT　　10290KGS　　54.88M³
CZCX201180
SINGAPORE
NO. 1-343

FREIGHT PREPAID　FREIGHT CHARGES：USD1200.00</td></tr>
</table>

<table>
<tr><td colspan="6">14) Total Number of Containers
and/or Packages (in words) SAY THREE HUNDRED AND FORTY-THREE CARTONS ONLY</td></tr>
<tr><td>FREIGHT & CHARGES
USD1200. 00</td><td>REVENUE TONS</td><td>RATE</td><td>PER</td><td>PREPAID</td><td>COLLECT</td></tr>
<tr><td>PREPAID AT</td><td colspan="4">PAYABLE AT</td><td>16) PLACE AND DATE OF ISSUE
SHANGHAI, SEPT. 25, 2020</td></tr>
<tr><td>TOTAL PREPAID</td><td colspan="4">15) NUMBER OF ORIGINAL B (S) L
THREE</td><td>17) ×××</td></tr>
<tr><td colspan="5">LOADING ON BOARD THE VESSEL
DATE SEPT. 25, 2020 BY ×××</td><td></td></tr>
</table>

任务实施心得

（1）正确选择船公司及优质的货代

在航运市场上，不同的船公司或货代在不同的航线上有各自的优势。有优势的公司，不但船期会密一些，而且其运价最便宜。应根据自己公司的出口市场优化船公司，如把出口到美国的货物交给一家公司运输，把出口到欧洲的货物交给另一家公司运输。

尤其当发生意外变故，比如市场变动剧烈，质量可能发生争议，单据产生重大不符点，客户财务恶化等，预见到客户可能会不付款，或者发现客户以非常手段在没有付款的情况下拿到提单，在货代大力配合的情况下，即使客户手上有提单，也能够扣住货物，或至少暂时扣留，争取宝贵的时间与客户交涉，避免财货两空的重大损失。因为货代提单在目的港码头需要换单才能提货。

（2）正确填写和保存出口托运单

出口托运单是出口企业向船公司或船公司代理申请订舱的单据。托运单一经承运人确认，便作为承、托双方订舱的凭证。它虽然不是出口结汇的正式单据，但却是船公司或其代理日后制作提单的主要依据。托运单也是托运人与承运人之间发生纠纷、诉诸法律解决时的最重要的凭证之一。托运人应保存好托运单，直至货款收回、法定索赔期限结束。

（3）正确处理好提单的交寄

如果信用证中有如下语句出现："Beneficiary's certificate certifying that they have sent by speed post one of the three（1/3 original）B/L direct to the applicant immediately after shipment and accompanied by relative post receipt"，是要求卖方在货物装船后寄给开证申请人一份正本提单。这种做法于买方提货以及急需或易腐烂的商品贸易有利，但对卖方却有货物已交出却收不到货款的风险。因而，此时应慎重处理。

13.3 相关知识

13.3.1 出口货物海运流程

货证齐全时出口货物海运流程大致如下。

1. 托运订舱

出口公司编制出口托运单，向货运代理办理委托订舱手续。货运代理根据货主的具体要求按航线分类整理后，及时向船公司或其代理订舱。当船公司或其代理签出装货单或给出预配提单号后，意味着托运人与承运人之间的运输合同已经缔结，订舱工作即告完成。

2. 货物集港

当船舶到港装货计划确定后，按照港区进货通知并在规定的期限内，办理货物集运手续，将出口货物及时运至港区集中，等待装船。

3. 报关与保险

货物集中在港区后，将编制好的出口货物报关单连同装货单、发票、装箱单、外销合同等有关单证向海关申报出口，经查验合格放行后方可装船。同时卖方办理出口货物运输保险的投保手续。

4. 装船

装船前，理货员代表船方，整理经海关放行货物的装货单与收货单后，按照积载图与舱单，分批接货装船。装船过程中，托运人的货代应在现场监装，掌握装船进度并处理临时发生的问题。装货完毕，理货组长要与船方大副共同签署收货单，交与托运人。理货员如发现某批有缺陷或包装不良，即在收货单上批注，并由大副签署，以确定船货双方的责任。作为托运人，应尽量取得清洁提单。

5. 发出装船通知，取得提单

装船完毕，托运人向收货人发出装船通知后，凭收货单向船公司或其代理换取已装船提单。

13.3.2 海运提单

提单的概念和作用

1. 提单概述

海运提单（Marine/Ocean Bill of Lading，B/L）是在海上运输方式下，由承运人或其代理人签发的，确认货物已经收妥或装船，并且承诺将其运到指定地点交与提单持有人的一种具有法律效力的证明文件。其作用表现在以下几个方面。

（1）物权凭证

提单是一种货物所有权的凭证（A document of title to the goods）。在目的港，提单的合法持有人凭提单要求承运人交货，而承运人也有义务向提单的持有人交付提单项下的货物。

载货船舶到达目的港之前，提单可以通过背书转让给第三者，此时，货物的所有权也随之转移给了第三者，第三者可凭提单向承运人提货；提单的持有者还可以凭提单向银行办理抵押贷款或押汇。即使货物在运输过程中遭受损坏或灭失，也因货物的风险已随提单的转移而由卖方转移给买方，只能由买方向承运人提出赔偿要求。

（2）货物收据

提单是承运人签发给托运人的货物收据（A receipt for the goods）。提单一经签出，表明货物已经装上船或已由承运人接管待装船。作为货物收据，提单不仅证明收到货物的种类、数量、标志、外表状况，而且还证明收到货物的时间，即货物装船的时间。货物装船表示卖方完成交货义务，装船时间也就意味着卖方的交货时间。而按时交货是履行合同的必要条件。

（3）运输合同证明

提单背面条款规定了承运人与托运人之间的权利、义务，而且提单也是法律承认的处理有关货物运输的依据。

承运人签发提单时要做到准确无误，托运人进行提单确认和收到正本提单时都要认真核对。提单的更正要尽可能在载货船舶开航之前进行，以减少因此而产生的费用。开船后要求改单的，有的栏目，可直接修改并加盖更正章；有的栏目如品名、收货人、目的港等，须经过船公司批准后才可以重新签单，由此产生的责任及费用由要求更改方承担。一般货到目的港后，提单不能再更改。

2. 提单分类

根据不同的标准可对提单进行不同的分类，大致如图 13-1 所示。

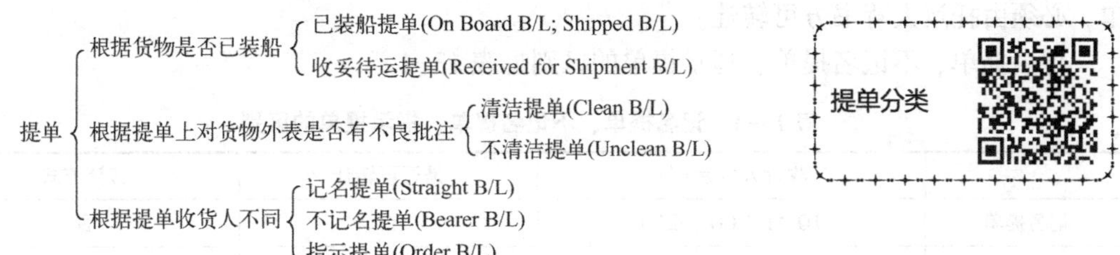

图 13-1　提单的分类

（1）清洁提单与不清洁提单

清洁运输单据指未载有明确宣称货物或包装有缺陷的条款或批注的运输单据。不清洁提单指承运人对货物的表面状况等另加不良批注的提单。例如，“一箱破损”（One Package in Damaged Condition）、“三件玷污”（Three Packages Stained）等。

UCP600 第 27 条规定：银行只接受清洁运输单据。带有不良批注的不清洁提单，银行将不予接受。为了安全收汇，在货物装船时，如发现问题，应及时采取措施进行修复或更换，力求取得清洁提单。清洁已装船提单是提单转让的先决条件。

课堂思考

某进口公司以 CFR 价格，即期信用证付款方式成交某商品 1500 袋，提货时，发现短量 103 袋，持清洁提单向船公司索赔时，船公司出示出口人出具的“赔偿保证书”（Letter of Indemnity,L/I）（通称保函），拒不承担赔偿责任，进口商当即致电卖方索赔，恰遇卖方公司破产倒闭。船公司有责任吗？进口商该如何处理？

（2）记名提单、不记名提单与指示提单

1）记名提单是托运人在收货人一栏内指定具体收货人名称的提单。记名提单的收货人已经确定，只能由该特定的收货人提货，托运人不能通过背书的方式将记名提单转让给第三者，因此只在某些特定的情况下使用。如来证要求“Full set of B/L consigned to ABC. Co.”，提单收货人栏应填“ABC. Co.”。

2）不记名提单是指在提单的收货人一栏内只写明“货交提单持有人”（To Bearer），而不填写具体收货人的名称。承运人把货交给提单的持有人。不记名提单不需要背书即可转让，只要把提单交给受让人即可。因此，这种提单对买卖双方均有较大的风险，在国际贸易中，使用很少。

3）指示提单是指在提单的收货人一栏内填写“凭指示”（To Order）或“凭×××指示”（To Order of ×××）的提单。表示承运人凭指示交货，这种提单可以通过指示人的背书进行转让。指示提单又分为记名指示和不记名指示两种。

记名指示：是指定提单的指示人，通常在收货人一栏填“To Order of ×××”。常见的有以下几种形式：①凭托运人指示（To order of shipper）；②凭开证行指示（To order of ××× Bank 或 To ××× Bank's order）；③凭开证申请人指示（To order of ABC. Co.）（开证申请人为 ABC. Co.）。以上三种情况，提单转让时分别由托运人、开证行、开证申请人背书（即由背书人在单据背面签字、盖章）。

不记名指示：在收货人栏内填写“To Order”即可，又称为空白抬头。不记名指示提单，必须由托运人背书方可转让。

记名提单、不记名提单、指示提单的区别见表 13-1。

表 13-1　记名提单、不记名提单、指示提单的区别

<table>
<tr><th></th><th>收货人（示例）</th><th>是否可转让</th><th colspan="2">转让方式</th></tr>
<tr><td>记名提单</td><td>TO ABC CO., LTD</td><td>否</td><td colspan="2">否</td></tr>
<tr><td>不记名提单</td><td>TO BEARER</td><td>是</td><td colspan="2">任意转让，无需背书</td></tr>
<tr><td rowspan="3">指示提单</td><td>TO ORDER/TO ORDER OF SHIPPER</td><td rowspan="3">是</td><td rowspan="3">背书转让</td><td>托运人背书</td></tr>
<tr><td>TO ORDER OF ×××</td><td>×××背书</td></tr>
<tr><td>TO ××× OR ORDER</td><td>×××背书</td></tr>
</table>

（3）集装箱提单

集装箱提单是指以集装箱装运货物所签发的提单。它有两种形式：一种是普通的海运提单上加注“用集装箱装运”字样。另一种是使用多式联运提单，再增加集装箱号码和“封号”。

（4）提单的其他分类

提单还可以根据其他标准进行不同的分类，见表 13-2。

表 13-2　提单的其他分类

划分标准	提单分类	提单英文名
提货依据	正本提单	Original B/L
	副本提单	Copy B/L
提单签发人	船公司提单	Carrier's Bill of Lading
	船公司代理提单	Agent's Bill of Lading
	无船承运人提单	NVOCC Bill of Lading
提单签发/提交时间	顺签提单	Postdated Bill of Lading
	预借提单	Advanced Bill of Lading
	倒签提单	Anti-dated Bill of Lading
	过期提单	Stale Bill of Lading
背面运输条款	全式提单	Long Form B/L
	简式提单	Short Form B/L
运输方式	直达提单	Direct B/L
	转船提单	Transshipment B/L
	联运提单	Through B/L

注：使用预借提单和倒签提单属于违法的欺骗行为，要负法律责任。

3. 提单的内容

海运提单的关系人大致有四种：承运人、托运人、收货人、被通知人。承运人和托运人是基本当事人。承运人也称为船方，托运人也称为货方。

（1）提单正面的内容

一般而言，海运提单的正面通常包括的内容有：托运人、收货人、被通知人、收货地点或装货港、目的港或卸货港、船名航次、唛头及件号、货物名称、毛重和体积、运费预付或到付等。表 13-3 以中国远洋运输集团公司出具的海运提单为例，对海运提单加以说明。

表 13-3　海运提单的正面内容

项　　目	内　　容	要点提示
1. 提单的号码 B/L No.		无号码的提单无效
2. 托运人 Shipper/Consignor	即发货人的全称和地址	信用证方式下的受益人，托收方式下的卖方
3. 收货人 Consignee	即提单的抬头	按 L/C 的规定填写 托收方式下填写"to order"或"to order of shipper"
4. 被通知人 Notify Party，Addressed to	承运人在货物到港后通知的对象，一般填写进口商或其代理人的全称和详细地址	如信用证未规定，将 L/C 中的申请人名称、地址填入副本 B/L 中，正本先保持空白
5. 前程运输 Pre-Carriage by	第一程船的船名	如果货物不需转运，保持空白
6. 收货地点 Place of Receipt	收货的港口名称或地点	如果货物不需转运，保持空白
7. 船名、航次 Ocean Vessel Voy. No.	实际货运船名、航次	如货物需要转运，填写第二程船的船名
8. 装运港 Port of Loading	货物的实际装船的港口名称	如果货物需要转运，填写中转港口名称
9. 卸货港 Port of Discharge	一般是目的港	
10. 交货地点 Place of Delivery	最终目的地	如果货物目的地是卸货港，保持空白
11. 唛头集装箱号和封号 Marks & Nos. Container/ Seal No.		符合信用证或合同的规定，与发票等单据保持一致 若无，填"N/M"
12. 集装箱数或包装件数 No. of containers or packages		按实际包装具体情况填写，如塑料桶、铁桶、木箱、纸箱等，而不可仅笼统地填写为件（Packages）。若是散装货物，则填写"In Bulk"
13. 货物名称 Description of Goods	商品名称	商品名称按信用证要求填写，允许使用货物的统称
14. 毛重 Gross Weight	货物的毛重总数	毛重以千克表示 如果是裸装货，应该在净重前加注 N. W.
15. 尺码 Measurement	货物的体积总数	货物体积以立方米表示，小数点后保留三位
16. 合计 Total Number of Containers or Packages（In Words）	大写表示集装箱或其他形式最大外包装的件数	与前面小写一致
17. 运费支付情况 Freight & Charges	除非信用证另有规定，此栏一般不填运费的具体数额，只填写运费支付情况	具体有以下几种：在 CFR 或 CIF 价格条件下出口，填运费预付（Freight Prepaid 或 Freight Paid）；在 FOB 价格条件下出口，填运费到付（Freight Collect 或 Freight Payable at Destination）

（续）

项　目	内　容	要点提示
18. 运费支付地点 Freight Payable at		
19. 提单签发地点及日期 Place and Date of Issue	承运人实际装运货物的港口与时间	签发地点应为装运港 签发日期，一般为实际装运货物的时间或接受船方监管的时间，它不能晚于信用证规定的最迟装运期
20. 正本提单份数 No. of Original B/Ls	用英文大写数字表示，如：ONE，THREE	每份正本提单的效力相同，当其中一份提货后，其他各份均失效
21. 承运人签字 Signed for the Carrier	船长或承运人或其代理的签字盖章	凡承运人/船长的签署必须可识别其身份，如 COSCO 提单由 COSCO 自行签发时，在签署的印章上须表示其为 CARRIER。凡由承运人/船长的代理签署时，须有代理的具名，并须表明被代理人的名称和身份。例如 E 公司代理 COSCO 签发提单时，除 E 公司具名和签字的印章外，还得标明：AS AGENT FOR THE CARRIER—COSCO
22. 装船批注	装船批注、日期和签署	提单上预先印就，如果没有，则需要加注 如要求提供已装船提单，必须由船长签字并注明开船时间（Date：…）和“LADEN ON BOARD”字样

小技巧

特殊条款（Special Conditions）的处理

特殊条款很杂，应根据来证要求结合实际情况而制作。一般信用证多要求在此声明“运费预/到付”或加注信用证号码。例如：来证写明“FULL SET OF 3/3 CLEAN ON BOARD OCEAN BILLS OF LADING AND TWO NONNEGOTIABLE COPIES MADE OUT TO ORDER OF BANGKOK BANK PUBLIC COMPANY LIMITED, BANGKOK MARKED FREIGHT PREPAID（注明运费预付）AND NOTIFY APPLICANT AND INDICATING THIS L/C NUMBER（标明信用证号码）”，此时应按要求照办。通常这些号码打印在提单空白处。

（2）提单背面条款

各船公司签发的提单，其背面条款规定不一。关于提单背面条款的内容，主要有下列国际公约。

① 1924 年在布鲁塞尔签订的《统一提单的若干法律规定的国际公约》，简称《海牙规则》。

② 1968 年在布鲁塞尔签订的《修改统一提单的若干法律规定的国际公约议定书》，简称《维斯比规则》。

③ 1978 年在汉堡通过的《联合国海上货物运输公约》，简称《汉堡规则》。

④ 2008 年，联合国国际贸易法委员会颁布了《联合国全程或部分海上国际货物运输合同公约》，简称《鹿特丹规则》。

上述四个公约签署的时代背景不同，故其内容有别，加之参加公约的国家不一，因此各国船公司签发的提单背面的条款内容也就互有差异，但以《海牙规则》的内容为依据的居多。

13.3.3 其他运输单据

1. 海运单

海运单（Seaway Bill）又称为不可转让海运单（Non-negotiable Seaway Bill），是证明海上货物运输合同和承运人接收货物或者已将货物装船的不可转让的单证。海运单的正面内容与提单的基本一致，但是**印有“不可转让”的字样，这是海运单与海运提单的根本区别**。

近年来，欧洲、北美洲和某些远东、中东地区越来越多地使用不可转让海运单来代替传统的海运提单，主要是因为不可转让海运单既能使收货人及时提货，简化手续，减少费用，同时也解决了港口的拥挤问题。

小技巧：控制海运单≠控制货物

海运单的正面各项栏目与海运提单基本相同，但**海运单的收货人一栏，只能是确定的收货人，即记名收货人**，而不能做成可转让的凭指示（To order）或凭×××指示（To order of ×××）的形式。在货物到达目的地后，收货人不凭海运单提货，承运人凭收货人的提货通知或收货凭条交付货物，只要该凭条能证明其为海运单上指明的收货人即可。海运单与记名提单都不可转让，两者区别在于，前者在提货时无须出示，而后者则必须出示。

2. 铁路运单

铁路运单（Railway Bill）是铁路承运人收到货物后所签发的铁路运输单据。

国际铁路联运运单使用正副本方式。运单正本随同货物从始发站到终点站交给收货人，作为铁路向收货人交付货物的凭证。运单副本在发货站加盖承运期戳记，作为货物已被承运的证明，发货人凭之向银行要求结汇。**国际铁路运单不是物权凭证，不能转让**。

3. 航空运单

航空运单（Airway Bill）是承运人与托运人之间签订的运输契约，也是承运人或其代理人签发的货物收据。与海运提单性质不同，**航空运单不具有物权凭证的性质**。但它是核收运费的依据和海关查验放行的基本单据。

在航空运单的收货人栏内，必须详细填写收货人的全称和地址，而不能做成指示性抬头。货到目的地后，收货人不是凭航空运单提货而是凭航空公司发出的“到货通知单”提取货物。因此，**航空运单不能背书转让**。

航空运单根据签发人的不同可分为主运单（master air waybill）和分运单（house air waybill）。主运单由航空公司签发，分运单由航空货运代理公司签发。

4. 多式联运单据

多式联运单据（Multi-modal Transportation Documents）是指证明国际多式联运合同成立及证明多式联运经营人接管货物，并负责按照多式联运合同条款支付货物的单据。按照国际商会《联合运输单证统一规则》的规定，多式联运经营人负责货物的全程运输。多式联运经营人接管货物时，应签发一项多式联运单据。该单据应依发货人的选择，做成可转让单据或不可转让单据均可。

5. 邮政收据

邮政收据（Parcel Post Receipt）是邮政部门收到其负责邮递的信函、样品或包裹等邮件后向寄件人出示的注有寄发日期的货物收据，也是邮件发生灭失或损坏事故后寄件人或收件人向邮政部门索赔的凭证。但是邮政收据不代表货物所有权，既不能转让，也不能凭收据提货。

13.4 知识拓展

1. 电放提单

电放提单（Telex Release），即船方不凭正本提单而凭电子单据（包括提单的电传件、传真件、复印件和E-mail等）放货。一般情况下，发货人是通过银行或直接将提单寄给收货人，收货人拿到正本提单后方可提货（提单的物权凭证性）。但在近洋运输如从上海到日本或韩国时，船期很短，可能货已到港而提单未到，为了不影响收货，收货人会要求发货人办理电放手续，货物到港后收货人凭电放提单提货。

船公司常要求发货人交100~200元的电放费并出具保函（船公司或货代均有其固定的格式），保证电放造成的一切问题与其无关。

电放操作很简单，只要托运人填写电放申请传真给船公司即可，但是申请上明确写明了托运人必须放弃领取提单的权利，即使托运人已经领取提单，也必须把全套提单交回船公司之后再填写电放申请。由于电放后，发货人将不再掌握货权（提单是物权凭证），因此在办理之前，一定要确认发货人能够安全收款，否则极易造成钱货两空的问题。

下面是一无锡公司的电放保函式样：

电 放 保 函

我司出运一批货

提单号：LGTVS024268

船名航次：MAY FLOWER V.0810

品名为：FLEXIBLE PIPE，125 CARTONS

从：SHANGHAI

至：Durban South Africa

由要求，特出此保函，请贵司允许将提单电放，

由此产生的责任及费用由我司承担。

电放给CONSIGNEE：××××

无锡市××××××有限公司

2020年5月15日

2. 实用英语

Agent's Bill of Lading　船公司代理提单

Anti-Dated Bill of Lading　倒签提单

Bearer B/L　不记名提单

Cargo Receipt　承运货物收据

Carrier's Bill of Lading　船公司提单

China National Foreign Trade Transportation Corporation（SINOTRANS）　中国外贸运输公司

China Ocean Shipping Agency（COSA）　中国外轮代理公司

China Ocean Shipping Company（COSCO）　中国远洋运输公司

Consignor　托运人、发货人
Consignment　托运的货物
Expected Time of Commencement of Loading (E. T. C. L)　预计开始装货时间
Expected Time of Finishing Discharging (E. T. F. D)　预计卸完时间
Expected Time of Finishing Loading (E. T. F. L)　预计装完时间
Non-negotiable Seaway Bill　不可转让海运单
NVOCC Bill of Lading　无船承运人提单
Shipping Order (S/O)　装货单
Straight B/L　记名提单
Unclean B/L; Foul B/L　不清洁提单

13.5　业务技能训练

13.5.1　自测习题

1. 翻译

1) Order B/L________　　2) Shipping Advice________

3) Shipped B/L________　　4) Freight Prepaid________

5) Parcel Post Receipt________　　6) Freight Collect________

2. 单选题

1) 海洋运输一般分为班轮运输和（　　）。

A. 定期运输　　B. 专线运输　　C. 内河运输　　D. 租船运输

2) 对于小件急需品和贵重货物，较有利的运输方式是（　　）。

A. 海洋运输　　B. 邮包运输　　C. 航空运输　　D. 公路运输

3) 在国际贸易实践中，买方或银行或提单受让人乐于接受（　　）提单。

A. 已装船提单　　B. 收妥待运提单　　C. 过期提单　　D. 不清洁提单

4) 不清洁提单是指单据上附有声明货物及（或）包装有缺陷的附加条文或批注的提单。那么，注明（　　）的是不清洁提单。

A. 对货物质量或包装情况的客观描述，未表示有不满意的情况

B. 承运人对货物的内容、数量、质量、特性等不详

C. 承运人对包装或货物特性引起的损失概不负责

D. 外包装有油渍和水渍

5) 在进出口业务中，经过背书能够转让的单据是（　　）。

A. 铁路运单　　B. 海运提单　　C. 航空运单　　D. 邮包收据

6) 具有物权凭证作用的单据是（　　）。

A. 商业发票　　B. 提单

C. 航空运单　　D. 铁路运单　　E. 邮包收据

7) 海运提单和航空运单（　　）。

A. 均为物权凭证

B. 均为“可转让”的物权凭证

C. 前者作物权凭证，后者不可转让，不作物权凭证

D. 前者不作物权凭证，后者作物权凭证

3. 判断题

1) 航空运单和海运单都不是物权凭证，收货人都是凭到货通知提货。（　　）

2) 提单是承运人或其代理人签发的货物收据，具有物权凭证作用。（　　）

3）海运提单如有三份正本，则凭其中任何一份即可在卸货港向船公司或船代理提货。（ ）

4）记名提单和指示提单同样可以背书转让。（ ）

5）凭海运提单副本可以提货。（ ）

6）航空运单不是物权凭证，不能转让，但可以做成“指示抬头”。（ ）

7）空白抬头、空白背书的提单是指不记名提单不需要背书。（ ）

8）在 CIF 和 CFR 合同中要求运费预付提单。（ ）

13.5.2 课堂训练

1. 海运提单具有哪些性质和作用？
2. 记名提单、不记名提单、指示提单有何区别？
3. 货运单据中物权凭证与非物权凭证有何区别？哪些货运单据是物权凭证？
4. 讨论如何填写提单的收货人，如何进行背书，其依据是什么。

13.5.3 实训操作

1. 常州天信外贸有限公司出口给加拿大客户 JAMES BROWN&SONS 的衬衫，纸箱每个毛重 25KGS，净重 24KGS，2020 年 3 月 2 日向长荣公司托运。船名为 HAPPY V. 86，开船日期：2020 年 3 月 5 日；从张家港起运，目的地是加拿大的温哥华，B/L NO.：LMN 01996，请你缮制提单，并发出装运通知。

2. Full set clean shipped on board Bills of Lading marked Freight Prepaid made out to order of shipper and endorsed in blank, notifying Buyer.

Buyer：XYZ I/M CO. LONDON，U. K.

Trade terms：CIF LONDON

提单的抬头填写：________________________________

提单通知人：____________________________________

提单上运费显示：________________________________

提单背书方式：__________________________________

3. 常州天宁对外贸易有限公司有一批货物从上海运到美国的洛杉矶。请根据资料，缮制托运单和提单，并发出装运通知。

DOC. CREDIT NUMBER：20 CM20100943

EXPIRY：31D DATE 201015 PLACE CHINA

ISSUING BANK：51A CENTER BANK（FORMERLY CALIFORNIA CENTER BANK）

LOS ANGELES，CA

APPLICANT：50 SALTEX，INC.

1117 E. PICO BLVD. LOS ANGELES，CA 90021

BENEFICIARY：59 CHANGZHOU TIANNING FOREIGN TRADE CO.，LTD.
7TH FLOOR XINRUN BUILDING NO. 223 JUQIAN
STREET CHANGZHOU JIANGSU，P. R. OF CHINA

PARTIAL SHIPMENTS：43P ALLOWED

TRANSSHIPMENT：43T NOT ALLOWED

PORT OF LOADING：44E ANY CHINA PORT

PORT OF DISCHARGE：44F LOS ANGELES/ LONG BEACH PORT，CA U. S. A.

LATEST DATE OF SHIPMENT：44C 200930

DESCRIPTION OF GOODS：45A

98/2PCT COTTON/SPANDEX（WOVEN FABRIC），14 WAIL CORDUROY

IN PFD COLOR，WIDTH 58" SALVAGE TO SALVAGE，

SHRINKAGE LESS THAN 4PCT X 4PCT，TORQUE 2PCT

CONSTRUCTION 84X143-16X16+70D

PIECE LENGTH 35PCT-50PCT 80YDS，65PCT 80YDS AND OVER

FABRIC WEIGHT 9OZ/Y2

Q'TY（YDS）	U/PRICE	AMOUNT（USD）
30000	USD2. 15	64500. 00

+ CIF LOS ANGELES PORT，CA U. S. A.

DOCUMENTS REQUIRED：46A

…

FULL SET AND 3 NON-NEGOTIABLE COPIES OF CLEAN ON BORAD VESSEL MARINE/ OCEAN BILLS OF LADING MADE OUT TO THE ORDER OF CENTER BANK，2222 WEST OLYMPIC BLVD，LOS ANGELES，CA 90006，USA，MARKED 'FREIGHT PREPAID' AND NOTIFY ACOUNTEE.

其他信息：

唛　头	合同/号	208TN4281	发票号	208TN4287
PO： FABRIC DESCRIPTION： CONTENT： CONSTRUCTION： ROLL# SHADE# YARD： LOT# GW： NW： MADE IN CHINA	单价	USD2. 15/YD	数量	30000YDS/305ROLLS
	总金额	USD64500	总毛重	15149KGS
	总净重	14844 kg	总体积	40. 90/m^3
	目的港	洛杉矶	装运港	上海
	B/L NO.	COSU6019576990	船名航次	RIALTO BRIDGE 33E
	开航日期	SEP 29，2020	运费	USD2200
	联系人	×××	联系电话	0519-××××××××

任务 14 出口货物的运输保险

知识要点

出口货物运输保险单的种类和内容

技能要点

- 办理出口货物运输保险手续
- 正确填制投保单，审核保险单的内容

导学

本任务比较简单，与上一个任务类似，主要办理运输保险手续，掌握投保单据的填写和保险单据的审核等技能。

按照合同和信用证的要求填制投保单，掌握保险单的种类（保险单、保险凭证、预约保单），审核保险单的内容，确保符合结汇要求。

注意投保时间以及保险单的签发日期要求，保险单上的保险金额的取整规定。

14.1 任务描述与分析

1. 任务描述

常信公司的343箱男式棉衬衣已经在9月15日完成托运，并确定于9月24日装船，25日离开港口。20日孙潇去保险公司办理相应的出口货物运输保险手续。

2. 任务分析

CIF（CIP）术语下，出口人在货物出运前，向保险公司投保合同约定的货物运输保险。保险公司接受保险，在投保人支付保险费后，向出口人出具保险单。

现在孙潇需要按照出口合同填写投保单，向中国人民保险公司常州分公司投保并支付保险费，在收到保险公司的保险单后，需要认真审核保险单是否正确，确保保险单符合信用证的要求。保险单是出口人结汇的单据之一。

14.2 任务实施与心得

任务实施

（1）办理投保

9月20日孙潇根据买卖合同和信用证规定，在备妥货物并确定装运日期和运输工具后，填制投保单（Application for Insurance），向中国人民保险公司常州分公司投保。下面是孙潇填制的投保单。

中国人民保险公司常州分公司

The People's Insurance Company of China, Changzhou Branch

APPLICATION FORM FOR CARGO TRANSPORTATION INSURANCE

被保险人

INSURED：CHANGZHOU CHANGXIN IMPORT & EXPORT CORP.

发票号（INVOICE NO.） CLK008

合同号（CONTRACT NO.）CZCX2011180

信用证号（L/C NO.） LCH073/03

发票金额（INVOICE AMOUNT）　　　投保加成（PLUS） 10 %

兹有下列货物向 投保。(INSURANCE IS REQUIRED ON THE FOLLOWING COMMODITIES)

标　记 MARKS & NOS.	数量及包装 QUANTITY	保险货物项目 DESCRIPTION OF GOODS	保险金额 AMOUNT INSURED
RTC CZCX2011180 SINGAPORE NO. 1-343	343CTNS	MEN'S COTTON SHIRT	USD27558

起运日期　　　装载运输工具：

DATE OF COMMENCEMENT SEPT. 25，2020 PER CONVEYANCE： TRIUMPH V991A

自　经　至

FROM SHANGHAI VIA TO SINGAPORE

赔款偿付地点

CLAIM PAYABLE AT DESTINATION

投保险别：(PLEASE INDICATE THE CONDITIONS & /OR SPECIAL COVERAGES：)

COVERING All Risks, War Risks and Strike Risks as per and subject to the relevant ocean marine cargo clause of the People's Insurance Company of China, dated 1/1/1981.

请如实告知下列情况：(如"是"在[ ]中打"√"，"不是"打"×") IF ANY, PLEASE MARK "√" OR "×".

1. 货物种类：袋装[√]　散装[ ]　冷藏[ ]　液体[ ]　活动物[ ]　机器/汽车[ ]　危险品等级[ ]

GOODS：BAG/JUMBO　BULK　REEFER　LIQUID　LIVE ANIMAL　MACHINE/AUTO　DANGEROUS CLASS

2. 集装箱种类：普通[√]　开顶[ ]　框架[ ]　平板[ ]　冷藏[ ]

CONTAINER：ORDINARY　OPEN　FRAME　FLAT　REFRIGERATOR

3. 转运工具：海轮[√]　飞机[ ]　驳船[ ]　火车[ ]　汽车[ ]

BY TRANSIT：SHIP　PLANE　BARGE　TRAIN　TRUCK

4. 船舶资料：船籍[ ]　船龄[ ]

PARTICULAR OF SHIP：REGISTRY　AGE

备注：被保险人确认本保险合同条款和内容已经完全了解。

THE ASSURED CONFIRMS HEREWITH THE TERMS AND CONDITIONS OF THESE INSURANCE CONTRACT FULLY UNDERSTOOD

投保人（签名盖章）

APPLICANT'S SIGNATURE

孙潇

电话：(TEL) 0519-86338171

投保日期：DATE SEPT. 20，2020　　地址：(ADD)

(2) 交付保险费

常信公司向保险公司交付保险费303.14美元。计算如下，一切险的保险费率为1%，战争险的保险费率为0.1%。

保险费=保险金额×保险费率

=CIF 价×(1+投保加成率)×保险费率

=USD25052.72×(1+10%)×1.1%=USD303.14

(3) 领取和审核保险单据

保险公司收到保险费后，传真保险单给常信公司。孙潇仔细审核保险单的各项内容，对发现的错误或者与信用证不符的内容，及时要求保险公司更正，确保内容正确，以保持与信用证要求的一致。

下面是孙潇审核无误的保险单。

中国人民保险公司

The People's Insurance Company of China

总公司设于北京　　一九四九年创立

Head Office Beijing　　Established in 1949

保险单

INSURANCE POLICY

发票号（INVOICE NO.）CLK008　　保单号次 PICZ0893365

合同号（CONTRACT NO.）CZCX2011180　　POLICY NO.

信用证号（L/C NO.）LCH073/03

被保险人：

INSURED：　***CHANGZHOU CHANGXIN IMPORT & EXPORT CORP.***

中国人民保险公司（以下简称本公司）根据被保险人的要求，由被保险人向本公司缴付约定的保险费，按照本保险单承保险别和背面所载条款与下列特款承保下述货物运输保险，特立本保险单。

THIS POLICY OF INSURANCE WITNESSES THAT THE PEOPLE'S INSURANCE COMPANY OF CHINA (HEREINAFTER CALLED "THE COMPANY") AT THE REQUEST OF THE INSURED AND IN CONSIDERATION OF THE AGREED PREMIUM PAID TO THE COMPANY BY THE INSURED, UNDERTAKES TO INSURE THE UNDERMENTIONED GOODS IN TRANSPORTATION SUBJECT TO THE CONDITIONS OF THIS POLICY AS PER THE CLAUSES PRINTED OVERLEAF AND OTHER SPECIAL CLAUSES ATTACHED HEREON.

标　记 MARKS&NOS	包装及数量 QUANTITY	保险货物项目 DESCRIPTION OF GOODS	保险金额 AMOUNT INSURED
RTC CZCX2011180 SINGAPORE NO. 1-343	343CTNS	MEN'S COTTON SHIRT	USD27558

总保险金额

TOTAL　Say U.S. Dollars TwentySeven Thousand Five Hundred and Fifty Eight Only

AMOUNT INSURED：

保费：PREMIUM：AS ARRANGED　　起运日期 DATE OF COMMENCEMENT：SEPT. 25, 2020　　装载运输工具：PER CONVEYANCE：TRIUMPH V991A

自 FROM：SHANGHAI CHINA VIA　　经　　至 TO　SINGAPORE

承保险别：

CONDITIONS：All Risks, War Risks and Strike Risks as per and subject to the relevant ocean marine cargo clause of the People's Insurance Company of China, dated 1/1/1981.

所保货物，如发生保险单项下可能引起索赔的损失或损坏，应立即通知本公司下述代理人查勘。

如有索赔，应向本公司提交保单正本（本保险单共有2份正本）及有关文件。如一份正本已用于索赔，其余正本自动失效。

IN THE EVENT OF LOSS OR DAMAGE WHICH MAY RESULT IN A CLAIM UNDER THIS POLICY, IMMEDIATE NOTICE MUST BE GIVEN TO THE COMPANY'S AGENT AS MENTIONED HEREUNDER. CLAIMS, IF ANY, ONE OF THE ORIGINAL POLICY WHICH HAS BEEN ISSUED IN TOGETHER WITH THE RELEVANT DOCUMENTS SHALL BE SURRENDERED TO THE COMPANY. IF ONE OF THE ORIGINAL POLICY HAS BEEN ACCOMPLISHED, THE OTHERS TO BE VOID.

CHINA INSURANCE COMPANY, LIMITED SINGAPORE BRANCH
105 CECIL STREET #18-00 -00THE OCTAGON SINGAPORE 0106
TEL.: 2222366 (10 LINES) FAX: 2213011/2221033

中国人民保险公司 常州分公司
The People's Insurance Company of China
CHANGZHOU BRANCH

赔款偿付地点
CLAIM PAYABLE AT SINGAPORE IN USD

××××××
Authorized Signature

出单日期
ISSUING DATE SEPT. 24, 2020

任务实施心得

(1) 填制投保单的注意点

投保单是投保人要求投保的书面要约，是保险公司签发保险单的依据，也是进行核保及核定给付、赔付的重要原始资料。各保险公司的投保单，格式有所不同，但内容大体相同，一般均列有被保险人名称、货物名称、包装及数量、标志、保险金额、装运工具或船名、开航日期、航程（或路程）、投保险别、赔款地点等栏目。

1）投保单内容需据实填制。如果填制内容不实，或有隐瞒情况。法律规定该种情况下保险合同无效。

2）投保单内容应与出口合同或信用证规定相符。

3）对特殊要求的处理。在CIF条件下，买方可能临时要求提高保险金额、加保某种特殊附加险以及扩展保险责任等。卖方应认真研究，并与保险公司取得联系，然后决定是否接受这些特殊要求。

4）适用法律问题。按照惯例，我国外贸公司向中国人民保险公司投保，适用中国的有关法律。国外客商如要求按照伦敦协会有关条款投保，中国人民保险公司一般可以接受。

小技巧

我国外贸公司向中国人民保险公司投保出口货物运输险，为简化手续，双方事先协商同意，一般不填制投保单，而是采用有关装运出口单据副本代替，加注保险金额和投保险别，作为办理投保手续的代用投保单。

(2) 办理货物运输保险的要点

当采用FOB、CFR术语出口时，应该考虑货物从工厂到装运港装上船这阶段的风险，并采取相应的保险。

结汇时，保险单作为主要单据之一，需要注意以下事项。

1）保险单的出具时间不得晚于提单的时间，否则进口商或付款银行有权拒绝付款。

2）出口商办理保险，保险单交给银行前应该背书转让。

14.3 相关知识

1. 保险单的种类

保险单据是保险公司和投保人之间订立的保险合同，也是保险公司出具的承保证明，是被保险人凭此向保险公司索赔和保险公司进行理赔的依据。保险单据背面印有规定保险人与被保险人、受让人之间权利与义务关系的保险条款。常用保险单据有以下几种。

（1）保险单

保险单（Insurance Policy）又称为大保单，是一种正规的保险合同，除载明上述投保单上的各项内容外，还列有保险公司的责任范围以及保险公司与被保险人双方各自的权利、义务等方面的详细条款。

（2）保险凭证

保险凭证（Insurance Certificate）又称为小保单，是一种简化的保险合同，除其背面没有列入详细保险条款外，其余内容与保险单相同。**保险凭证具有与保险单同样的法律效力**。

（3）预约保单

为了简化投保手续，防止出现漏保或来不及办理投保等情况，我国进口货物一般采取预约保险的做法，订立预约保单。合同中规定承保货物的范围、险别、费率、责任、赔款处理等条款，**凡属合同约定的运输货物，在合同有效期内一经起运则自动承保**。

此外还有暂保单（Cover Note）和联合凭证（Combined Certificate）。暂保单是保险人在签发正式保险单或保险凭证前出具的对被保险人承诺保险责任的临时性保险凭证。联合凭证是将发票和保险单相结合的、比保险凭证更为简化的保险单据。保险公司在出口企业的发票上加注保险编号、承保的险别、保险金额，并加盖印戳，作为承保凭证，其他项目均以发票上列明的为准。

**知识链接**

UCP600 第 28 条 d 款规定：可以接受保险单代替预约保险下的保险声明书或证明书；第 28 条 c 款规定：暂保单将不被接受。

因此，预约保单和暂保单不能取代正式保单。

2. 保险单的填制

保险单据正面记载证明双方当事人建立保险关系的文字，具体内容见表 14-1。

表 14-1 保险单的正面内容

项　目	内　容	要点提示
1. 保单的号码 POLICY NO.		保险公司编制的保单号
2. 发票号码 INVOICE NO.		此处填写发票号码
3. 被保险人 INSURED	即投保人，或称为抬头	这一栏一般填写出口公司的名称。交单结汇时，卖方将保险单背书转让给买方 在 FOB 或 CFR 价格条件下，如国外买方委托卖方代办保险，被保险人栏可做成“×××（卖方）on behalf of（买方）”，并且由卖方背书
4. 标记 MARKS AND NOS.	唛头	填写具体的唛头，也可只填“AS PER INVOICE NO. ×××”。如无唛头，可填 N/M

（续）

项　　目	内　　容	要点提示
5. 包装及数量 QUANTITY	有包装的货物填写最大包装件数	煤炭、石油等散装货注明 IN BULK，再填写净重；有包装但以重量计价的，应将包装数量与计价重量注明
6. 保险货物项目 DESCRIPTION OF GOODS		参照发票、提单填写，也可用统称，但应该与提单、原产地证的填写一致
7. 保险金额 AMOUNT INSURED	小写金额	一般为发票总金额的 110%，小数点后尾数一律进为整数。例如 USD30006. 06，则填写 USD30007
8. 总保险金额 TOTAL AMOUNT INSURED	保险金额的大写形式	计价货币应该填全称，注意大、小写金额保持一致。例如，U. S. DOLLARS THIRTY THOUSAND AND SEVEN ONLY
9. 保费 PREMIUM 和费率 RATE	通常不注明具体数字，由保险公司印就“AS ARRANGED”	有时保费栏也可按信用证要求缮打“PAID”“PREPAID”，或具体金额数目
10. 装载工具 PER CONVEYANCE	与提单的运输工具一致。实际货运船名、航次	海运方式下填写船名、航次。例如，FENGNING V. 9406；如整个运输由两程运输完成时，应分别填写一程船名和二程船名，中间用“/”隔开。例如：提单中一程船名为“MAYER”，二程船名为“SINYAI”，填写为“MAYER/ SINYAI”
11. 开航日期 DATE OF COMMENCEMENT		填写提单的签发日期，或填“AS PER B/L DATE”
12. 起运地和目的地 FROM … TO…	应按提单填写起运地和目的地名称	如发生转船，可填写：FROM（装运港）TO（目的港）W/T 或 VIA（转运港）。例如：FROM SHANHGAI TO NEW YORK VIA HONGKONG
13. 承保险别 CONDITIONS		险别内容必须与信用证规定的保险条款严格一致
14. 保险查勘代理人 INSURANCE SURVEY AGENT	此栏无论信用证是否有规定，都应注明查勘代理人	由保险公司自己决定查勘代理人，并应有详细地址，以便收货人在出险后通知其代理人联系有关查勘和索赔事宜 如果来证规定有两个赔付地，则两个地点的代理人都要注明
15. 赔付地点 CLAIM PAYABLE AT	一般信用证规定在赔付地点后要注明赔付的货币名称，赔付的货币一般与 L/C 的货币一致。例如：AT NEW YORK IN USD	如信用证中并未规定，则应填写目的港。如信用证规定不止一个目的港或赔付地，则应全部填写
16. 保险单的签发日期和地点 DATE AND PLACE OF ISSUE		保险单的签发日期不得迟于提单签发的日期，签发地点一般为出口商所在地
17. 保险公司签章 AUTHORIZED SIGNATURE		保险单只有经保险公司或其代理人签章后才生效

如信用证要求投保的险别超出了合同规定，或成交价格为 FOB 或 CFR，但来证却由卖方保险，遇到这种情况，如果买方同意支付额外保险费，可按信用证办理。

投保的险别除注明险别名称外，还应注明险别适用的文本及日期。例如：Covering all risks and war risks as per ocean marine cargo clauses & ocean marine war risks clauses of the People's Insurance Company of China dated January 1st, 1981.

保险单份数：中国人民保险公司出具的保险单 1 套 5 份，由 1 份正本 ORIGINAL、1 份 DUPLICATE 和 3 份副本 COPY 构成。UCP600 规定，如保险单据表明所出具正本为一份以上，则必须提交全部正本保险单。

3. 保险单据的变更和转让

保险单签发后，投保人如需要补充或变更其内容时，可根据保险公司的规定，向保险公司提出申请，经同意后即另出一种凭证，注明更改或补充的内容，这种凭证就是批单（Endorsement）。保险单一经更改，保险公司就按更改后的内容承担责任。批单原则上要粘贴在保险单上，并加盖骑缝章，作为保险单不可分割的一部分。某些特别重要事项，如保险金额的减额和保险赔偿范围的缩小等，会严重影响保险赔付，原则上这一类的变更不以批单形式做出，而是收回原有的保险单或保险凭证，重新出具新的保险单。

在国际贸易中，保险单据和海运提单一样是可以转让的。保险单据的转让无须取得保险人的同意，也无须通知保险人。

保险单一般通过背书转让。保险单据是主要的出口单据之一。**卖方在向买方（或银行）交单前，应先行背书**（ENDORSED）。

4. 保险索赔

进出口货物在运输途中遭受损失，被保险人（投保人或保险单受让人）可向保险公司提出索赔。保险公司按保险条款所承担的责任进行理赔。索赔程序主要包括4个方面。

（1）损失通知

被保险人获悉货损后，应立即通知保险公司或保险单上指明的代理人。后者接到损失通知后应立即采取相应的措施，如检验损失，提出施救意见，确定保险责任和签发检验报告等。

（2）采取合理的施救措施

被保险货物受损后，被保险人应迅速对受损货物采取必要合理的施救、整理措施，防止损失的扩大。被保险人收到保险公司发出的有关防止或者减少损失的合理措施的特别通知后，应按照保险公司的通知要求处理。所支出的费用可由保险公司负责，但救助费用与理赔金额之和不超过该批货物的保险金额。

（3）向承运人等有关方面索取相关证明

被保险人或其代理人在提货时发现被保险的货物整件短少或有明显残损痕迹，除向保险公司报损外，还应向承运人及有关责任方（如海关、理货公司等）索取货损货差证明，如系属承运人等方面责任的，应及时以书面方式提出索赔。

（4）索赔

被保险货物的损失经过检验，并办妥向承运人等第三者责任方的追偿手续后，应立即向保险公司或其代理人提出索赔要求。

提出索赔要求时，除正式的索赔函以外，应包括保险单证、运输单据、发票，以及检验报告、货损货差证明、列明索赔金额及计算依据，以及有关费用的项目和用途的索赔清单等。

保险索赔必须于保险有效期内提出并办理，否则保险公司可以不予赔偿。根据我国海洋运输货物保险条款，索赔期限为2年，自被保险货物运抵目的港全部卸离海轮之日起计算。如货物已加工，即丧失索赔权。

索赔金额要视损失的性质和损失的程度而定。在实际全损和推定全损的情况下，被保险人的索赔金额就是保险单上的保险金额，被保险货物的一切权益（包括所有权和追偿权）应委付给保险人。

知识链接：保险的免赔率

对易碎和易短量货物的索赔，应了解是否有免赔的规定。如果不计免赔率（Irrespective of Percentage，IOP），只要标的损失属于承保范围，保险人一律按保险货物的实际损失给予赔偿。

如果订有保险免赔率，则保险标的在承保范围内的损失没有超过保险公司规定的免赔率的比例，保险公司将不予赔偿。

免赔率有相对免赔率和绝对免赔率之分。相对免费率（Franchise）：当保险标的的损失超过了保险单规定的免赔百分比以后，保险人就按实际损失给予赔偿，不扣除免赔率。绝对免赔率（Deductible）：当保险标的的损失超过了保险单规定的免赔百分比以后，保险人只对保险标的的实际损失超过保险单中规定的免赔率的部分给予赔偿。

如投保人投保时要求不计免赔率，保险人往往要求较高的保费。

注意掌握保险公司对一些特殊货物、特殊险种的规定。例如陶瓷，保险公司一般都有绝对免赔，可是如果客户开信用证时候要求不计免赔，则需要对方修改信用证。

14.4 知识拓展

1. 共同海损的分摊

共同海损的牺牲和费用是由船舶、货物和运费方按比例分摊的，被保险人仅能按自己分摊的损失索赔。首先需确定共同海损的损失额，然后再计算出各方的分摊价值。共同海损的分摊价值是指因共同海损措施而受益的财产在抵达目的港时的价值。

【例 14-1】 某货轮航行途中发生共同海损，船体损失 30 万元，货物牺牲 20 万元，将船拖至港口所用拖轮费用为 5 万元，损失运费 5 万元，共 60 万元。假设各方分摊总值为 1500 万元，具体如下：船舶价值为 1000 万元，货主甲的分摊价值为 200 万元，货主乙的分摊价值为 100 万元，货主丙的分摊价值为 100 万元，运费为 100 万元。求各方共同海损分摊值。

解：损失额 60 万元，分摊总值为 1500 万元，分摊比率为：60÷1500＝4%。

各方分摊价值的情况见表 14-2。

表 14-2　各方分摊价值的情况

分摊对象		分摊价值	分摊额
货主	甲	200 万元	200 万元×4%＝8 万元
	乙	100 万元	100 万元×4%＝4 万元
	丙	100 万元	100 万元×4%＝4 万元
船主		1000 万元	1000 万元×4%＝40 万元
运费方		100 万元	100 万元×4%＝4 万元
总计		1500 万元	60 万元

网站链接

知名保险公司的网站：

中国人民财产保险股份有限公司 https://www.epicc.com.cn

中国太平洋保险（集团）股份有限公司 http://www.cpic.com.cn

中国太平保险集团 https://www.cntaiping.com/

中国保险网 http://www.china-insurance.com/

中国平安保险集团有限公司 https://www.pingan.com/

2. 实用英语

Applicant　投保人

Application　投保单

Amount Insured　保险金额

Cargo Damage Inspection　货损检验

Cargo Damage Survey　货损检查
Cargo Underwriter　货物保险承保人（商）
Deductible　绝对免赔率
Endorsement　批单
Franchise　相对免费率
Insured　被保险人
Insurant　被保险人，受保人
Insurer（Underwriter）　承保人、保险人、保险公司
Insurance Value（Insurance Amount）　保险金额
Insurance Slip　投保单；投保申请书
Insurance Subject　保险标的
Irrespective of Percentage（IOP）　不计免赔率
Open Policy　预约保单

14.5　业务技能训练

14.5.1　自测习题

1. 翻译

1）Insurance Policy____________　2）Insurance Certificate____________
3）Amount Insured____________　4）Insurance Premium____________

2. 单选题

1）不可以单独投保的险别是（　　）。
A. ICC（A）　B. CIC　ALL RISKS
C. 陆运一切险　D. 中国保险条款——战争险

2）被保险人向保险人索赔的主要依据是（　　）。
A. 提货单　B. 运输单据　C. 投保单　D. 保险单据

3）海运货物保险中，按“仓至仓”条款的规定，货物运抵目的港后没有进入指定仓库，（　　）天内保单仍然有效。
A. 30　B. 60　C. 90　D. 120

4）保险期限仅限于水上危险或运输工具上危险的是（　　）。
A. 短量险　B. 舱面险　C. 战争险　D. 罢工险

5）根据有关规定的解释，向船方索赔的时效，规定为自货物卸船之日起（　　）。
A. 180 天内　B. 一年内　C. 一年半内　D. 两年内

6）按照国际保险市场上的一般习惯，保险金额是以发票的（　　）价格为基数，再加上适当的保险加成率计算得出。
A. FOB　B. CFR　C. FAS　D. CIF

7）根据《伦敦保险协会海运货物保险条款》的规定，承保范围最小的基本险别是（　　）。
A. ICC（A）　B. ICC（B）　C. ICC（C）　D. ICC War Clause

3. 判断题

1）当采用 FOB、CFR 术语出口时，卖方不用办理任何运输保险事宜。（　　）
2）当采用 CIF 术语出口时，如买方无要求，卖方只需办理最低险别。（　　）
3）保险单一般不可以转让。（　　）
4）在国际贸易中，向保险公司投保一切险后，在运输途中由于任何外来原因造成的一切货损，均可向保险公司索赔。（　　）
5）保险单的出具时间不得晚于提单的时间。（　　）

14.5.2 课堂训练

1. 我方按 CIF 条件签订的出口合同，下列投保险别是否妥当？不妥之处请予指正。

1）一切险、锈损险、串味险。

2）平安险、一切险、偷窃提货不着险、战争险、罢工险。

3）水渍险、受潮受热险。

4）包装破碎险、钩损险、战争险、罢工险。

5）航空运输一切险、淡水雨淋险。

2. 请讨论如果保险单日期晚于提单日期，会出现什么后果？

3. 案例分析。

北京某外贸公司按 CFR 马尼拉价格出口一批仪器，我方将货物用卡车由北京运到天津港发货，但在运输中，一辆货车翻车，致使车上所载部分仪表损坏。问该损失应由哪方负责，保险公司是否应给予赔偿？

14.5.3 实训操作

1. 常州天信外贸有限公司向加拿大客户 JAMES BROWN&SONS 出口的男式衬衫已经装运，装运时间见任务 13 中的实训操作。请你办理保险手续。

2. FULL SET（2/2）MARINE INSURANCE POLICY OR CERTIFICATE ENDORSED IN BLANK, FOR 110 PCT OF FULL VALUE, COVERING ALL RISKS AND WAR RISK AS PER PICC DATED 1/1/1981 SHOWING CLAIMS, IF ANY, ARE TO BE PAID AT DESTINATION IN THE SAME CURRENCY OF THE DRAFTS。

FROM SHANGHAI TO YOKOHAMA

发票金额　CIF YOKOHAMA　USD 20000.00

保险单的险别：________________

保险金额是：________________

保险赔款地点：________________

保险赔款货币：________________

3. 根据任务 13 中常州天宁对外贸易有限公司出口货物的资料，缮制投保单和保险单。险别为：一切险加战争险。

任务 15 货款的结算

知识要点

常用结汇单据的种类

技能要点

- 正确填制货款结算所需要的单据
- 办理交单结汇手续并处理结算业务中的相关事项

导学

货款结算的安全和及时直接影响到业务的成败，处于整个外贸业务的关键和收尾阶段。

本任务主要是按照信用证要求填制和提交全部结汇单据，树立“单证就是钱”的理念，要认真审核向银行办理结汇的单据，并在规定时间内交单，与银行良好协作，顺利结算货款。托收项下货款的结算，请同学们查阅相关书籍自学。

前几项任务已经获取并审核了保险单、提单、产地证和检验证书等，本任务主要是学习汇票、发票、装箱单等自制单据的制作。尽管各个公司各有单据格式，还是建议按照国际贸易出口单证格式（GB/T 15310.1-2014、GB/T 15310.2~3-2009、GB/T 15310.4-2012）来制作标准化的单据。请查阅相关的国家标准进行学习。

15.1 任务描述与分析

1. 任务描述

常信公司的货物已于9月25日从上海港按期发运，信用证的交单期为10天。

现业务员孙潇正抓紧制作汇票、发票、装箱单等单据，并及时从相关机构获取提单、保险单、产地证书和商检证书等单据，审核正确，以便早日到银行办理货款结算事宜。

2. 任务分析

国际贸易绝大部分采用凭单交货、凭单付款的方式。顺利结汇的关键在于单证的正确、完整、及时、清晰。

出口商完成了货物的交付后，就要抓紧时间制作单据到银行结汇。汇票、发票、装箱单等单据由业务员（或单证员）自己缮制，提单是船公司（或货运代理公司）制作的，保险单是保险公司出具的，产地证书、商检证书一般是海关出具的。

要在信用证规定的交单期和有效期内，将信用证规定的各种单据送交指定的银行办理结汇手续，所交单据要确保符合信用证要求。

15.2 任务实施与心得

(1) 制作汇票、发票和装箱单

Bill of Exchange

Drawn under UNITED OVERSEAS BANK, SINGAPORE

L/C NO. LCH073/03 Dated AUG. 12, 2020

NO: CLK008 Exchange for USD25052. 72 China SEP. 27, 2020

At ******** sight of this First of Exchange (SECOND of Exchange Being unpaid)

Pay to the order of BANK OF CHINA CHANGZHOU BRANCH

The sum of SAY U. S. DOLLARS TWENTY FIVE THOUSAND AND FIFTY TWO AND CENTS SEVENTY-TWO ONLY

TO UNITED OVERSEAS BANK, SINGAPORE

CHANGZHOU CHANGXIN IMPORT & EXPORT CORP.

陈哲

商业发票

Commercial Invoice

<table>
<tr><td colspan="2">1. 出口商 Exporter
CHANGZHOU CHANGXIN IMPORT & EXPORT CORP.
NO. 25 MINGXIN RD, CHANGZHOU JIANGSU, CHINA
TEL: 0519—86338171</td><td colspan="3">4. 发票日期和发票号 Invoice Date and No.
SEPT 15, 2020 CLK008
5. 合同号 Contract No. CZCX2011180
6. 信用证号 L/C No. LCH073/03</td></tr>
<tr><td colspan="2">2. 进口商 Importer
RAFFLES TRADING CO., LTD.
69 INTERNATIONAL TRADE PLAZA, ORCHARD ROAD, SINGAPORE
TEL.: (0065) 61112588</td><td colspan="3">7. 原产地国 Country/region of origin of CHINA
8. 贸易方式 Trade mode
GENERAL TRADE</td></tr>
<tr><td colspan="2">3. 运输事项 Transport details
FROM SHANGHAI CHINA TO SINGAPORE</td><td colspan="3">9. 交货和付款条款 Term of delivery and payment L/C</td></tr>
<tr><td>10. 运输标志和集装箱号码
Shipping marks; Container No.</td><td>11. 包装类型及件数；商品编码；商品描述 Number and kind of packages; Commodity No.; Commodity description</td><td>12. 数量
Quantity</td><td>13. 单价 Unit price</td><td>14. 金额
Amount</td></tr>
<tr><td>RTC
CZCX2011180
SINGAPORE
NO. 1-343</td><td>343CARTONS 6205. 2000
MEN'S COTTON SHIRT</td><td>2744PCS</td><td>USD9. 13</td><td>CIF C3%
SINGAPORE
USD25052. 72</td></tr>
<tr><td colspan="5">15. 总值（用文字表示）Total amount (in words)
SAY U. S. DOLLARS Twenty Five Thousand and Fifty Two and Cents Seventy-two Only</td></tr>
<tr><td colspan="2">自由处置区
Free disposal</td><td colspan="3">16. 出口商签章
Exporter stamp and signature
CHANGZHOU CHANGXIN IMPORT & EXPORT CORP.
陈哲</td></tr>
</table>

装　箱　单

<table>
<tr><td colspan="2">1. 出口商 Exporter
CHANGZHOU　CHANGXIN　IMPORT &　EXPORT　CORP.
NO. 25 MINGXIN RD，CHANGZHOU JIANGSU，CHINA
TEL.：0519—86338171</td><td colspan="3">2. 装箱单日期 Packing List Date
SEPT 15，2020</td></tr>
<tr><td colspan="2" rowspan="2">3. 进口商 Importer
RAFFLES TRADING CO.，LTD.
69 INTERNATIONAL TRADE PLAZA，ORCHARD ROAD，SINGAPORE
TEL.：（0065）61112588</td><td colspan="2">4. 合同号 Contract No.
CZCX2011180</td><td>5. 信用证号 L/C No.
LCH073/03</td></tr>
<tr><td colspan="3">6. 发票号和日期 Invoice NO. and Date
CLK008　　SEPT 15，2020</td></tr>
<tr><td>7. 运输标志和集装箱号码
Shipping marks；
Container No.</td><td>8. 包装类型及件数；商品名称
Number and kind of packages；Commodity name</td><td>9. 毛重 kg
Gross weight</td><td>10. 净重
Net weight</td><td>11. 体积 m³</td></tr>
<tr><td>RTC
CZCX2011180
SINGAPORE
NO. 1-343</td><td>343 CARTONS
MEN'S COTTON SHIRT</td><td>10290</td><td>8575</td><td>54. 88</td></tr>
<tr><td>Total：THREE　HUNDRED AND FORTY-THREE CARTONS ONLY</td><td>343　CARTONS</td><td>10290 KGS</td><td>8575 KGS</td><td>54. 88CBM</td></tr>
<tr><td colspan="2">自由处置区
Free disposal</td><td colspan="3">12. 出口商签章
Exporter stamp and signature
CHANGZHOU CHANGXIN IMPORT & EXPORT CORP.
陈哲</td></tr>
</table>

（2）交单

孙潇从运输代理取得提单，从保险公司取得保险单，从海关取得品质证书、原产地证等，经仔细审核，连同刚才制作的单证，在 9 月 28 日向银行提交议付单据。

（3）结汇

中国银行常州分行在核实单据后，确认常信公司所交单据符合信用证条款规定，买入受益人的汇票和单据，按照票面金额扣除从议付日到估计收到票款之日的利息，将净数按议付日人民币市场汇价折算成人民币，于 10 月 6 日划入常信公司的账户。中国银行于 10 月 15 日收到新加坡付款行的货款。

任务完成心得

在信用证业务中，由于银行不管买卖合同和货物，只凭符合信用证条款要求的单据付款，对单据的要求非常严格。

业务员在制作结汇单据时，要按照以下几点要求来做。

1）正确。单据内容必须正确，要能真实反映货物的实际情况，单据之间的内容不能矛盾，信用证方式下还要符合信用证的要求。

2）完整。单据的份数应符合信用证或合同的规定，不能短少；单据本身的内容应当完备，不能出现内容短缺情况，信用证或合同的特别要求也应体现。

3）及时。制单应及时，各单据出单时间应合理、有序；交单应及时，信用证业务中应在信用证有效期和交单期内交单。

4）简明。单据内容应按信用证或合同的要求和国际惯例填写，力求简单明了，切勿加列不必要的内容。

5）整洁。单据的布局要美观、大方，打印的字迹要清楚醒目，不宜轻易更改，尤其对金额、件数、重量等内容不得改动。

15.3 相关知识

15.3.1 常用结汇单据

在国际贸易实务中，单据份数的表达方式一般有三种：第一种是“Copy”表达法，in 1 copy，in 5 copies；第二种是“Fold”表达法，in 1 fold，in 5 fold；第三种是固定的表达方式：in duplicate（一式两份），in triplicate（一式三份），in quadruplicate（一式四份），in quintuplicate（一式五份），in sextuplicate（一式六份），in septuplicate（一式七份），in octuplicate（一式八份），in nonuplicate（一式九份），in decuplicate（一式十份）。

每份单据都会标明签发日期，各种单据的签发日期应符合逻辑和国际惯例，以提单上的ON BOARD DATE为基准，发票、提单、保险单、原产地证、商检证等单据日期之间存在以下先后关系。

发票日期应在各单据日期之首，装箱单一般与发票同日；提单日不能晚于L/C规定的装运期，也不得早于L/C的最早装运期；保单的签发日应早于或等于提单日期（一般早于提单两天），不能早于发票；原产地证的日期不早于发票日期，不迟于提单日；商检证日期不晚于提单日期，但也不能过分早于提单日，尤其是鲜货和容易变质的商品。受益人证明日期等于或晚于提单日；船公司证明的日期等于或早于提单日。

汇票的日期不得早于提单，一般应晚于发票等其他单据，但不能晚于L/C的有效期。

现介绍主要结汇单据的制作。

1. 发票

发票是商业发票（Commercial Invoice）的简称，是出口方向进口方开列的出口货物价目清单，也是进出口报关不可缺少的重要文件之一，内容包括商品的名称、规格、价格、数量、金额等。商业发票处于全套出口单据的核心地位，发票的内容和缮制要点见表15-1。

表15-1 发票的内容和缮制要点

项　　目	内　　容	要点提示
1. 出票人和出票地址	即出口人的名称与地址	
2. 发票的名称和种类	如Invoice	不同发票的名称表示不同用途，要严格根据信用证的规定制作发票名称
3. 出票日期Invoice Date、发票编号Invoice No.		在全套单据中，发票是签发日最早的单据。它只要不早于合同的签订日期，不迟于提单的签发日期即可
4. 运输方式和路线	起运地及目的地，如From Dalian To Goteborg Sweden W/T Hong Kong	按合同或信用证规定
5. 抬头人To	买方名称	与信用证规定一致。如信用证中无规定，即将信用证的申请人或收货人的名称、地址填入此栏。如信用证中无申请人名字则用汇票付款人
6. 唛头及编号Marks and No.	如收货人简称、目的地、参考号、件号	应严格按照信用证与合同的规定进行刷唛和制单。如未规定，可按买卖双方商订的方案或由受益人自定。无唛头时，应注明“N/M”或“No Mark”。如为裸装货，则注明“NAKED”或散装“in Bulk”

（续）

项　　目	内　　容	要点提示
7. 品名及货物描述 Description of Goods	货物的名称、规格型号等	严格根据信用证及合同的规定填写
8. 价格 Price	单价 Unit Price，总额 Amount	除非信用证上另有规定，货物总值不能超过信用证金额 如涉及佣金和折扣，要注意其处理。来证要求在发票中扣除佣金，则必须扣除；有时证内无扣除佣金规定，但金额正好是减佣后的净额，发票应显示减佣，否则发票金额超证
9. 特殊条款 Special terms	如：要求证实货物原产地	按信用证或合同要求注明，起到证明、声明的作用
10. 签署 Signature	出口方公司名称及授权签字人	一般要签署，特别是有证实语句时

2. 装箱单

装箱单是商业发票的一种补充单据，有装箱单（Packing List）、重量单（Weight List）和尺码单（Measurement List）等不同的名称、格式，具体应该按照信用证要求的名称缮制。

装箱单是对出口商品的包装、规格、重量、尺码等详细情况说明的一种单据，是买方收货时核对货物的品种、花色、尺寸、规格和海关验收的主要依据。装箱单的主要内容如下。

1）装箱单名称（Packing List）：应按照信用证规定使用。

装箱单种类和制作

2）编号（No.）：与发票号码一致。

3）合同号（Contract No.）：标注此批货物的合同号。

4）箱号（Case No.）：如：Carton No. 1-5；…Carton No. 6-10；…，有的来证要求此处注明“CASE NO. 1-UP”，UP 是指总箱数，在制单时应把具体箱数写明。

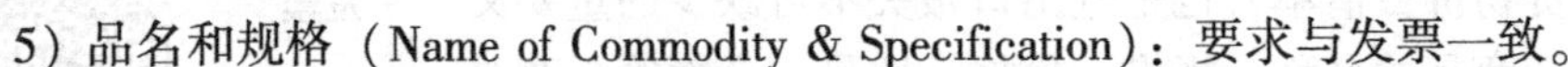

5）品名和规格（Name of Commodity & Specification）：要求与发票一致。

6）外包装单位（Pkgs）和数量（Quantity）。

7）毛重（Gr.Wt.）：通常计量单位是千克。

8）箱外尺寸（Measurement）：注明每个包装件的外尺寸以及（或）该批货物的总尺码，通常计量单位是立方米。

9）唛头（Shipping Mark）：与发票一致。

10）出单人签章：应与发票相同，如信用证规定包装单为“in plain”或“in white paper”等，则装箱单不应出现买卖双方的名称，不能签章。

3. 汇票

汇票必须记载下列事项：“汇票”字样；无条件支付委托；确定的金额；付款人名称；出票日期；出票人签章等。汇票上未记载规定事项之一的，汇票无效。在实际业务中，汇票通常需列明付款日期、付款地点和出票地点等内容。

（1）汇票名称

汇票上标明“汇票”（Bill of Exchange）字样。

（2）金额

金额由货币和数额两部分组成，有大小写两种表述，且大小写必须一致。一般情况下汇票金额应与发票金额一致，但也有例外。

1）信用证上明确规定汇票金额是发票金额的一定百分比。

2）来证要求出具佣金单（Credit Note 或 Comm. Note）时：

汇票金额=发票金额-佣金单金额

如信用证要求佣金在支付时扣除，则汇票金额等于发票金额，但寄单索汇时应少收佣金部分。

3）来证要求运费、保险费或其他费用可在证下或超证支取：汇票金额=发票金额+费用总和；来证要求运费、保险费或其他费用不许超证或证外支付时，须另制费用金额汇票。

4）在部分信用证、部分托收的结算中，需分制不同支付方式下的汇票。

5）当实际装运数量少于规定的数量，或信用证允许分批装运时，发票金额为实际应收金额。此时，汇票金额等于发票金额。

（3）付款期限

汇票期限分为即期和远期。即期用“at sight”或“on demand”表示。远期有多种表示方法，都严格按信用证规定缮制。

（4）受款人

受款人也称为“抬头人”或“抬头”。在实际业务中汇票通常做成指示性抬头，即“Pay to the order of...”。

（5）出票条款

在 Drawn under 之后缮打出票依据，应与信用证具体规定严格一致。如信用证未要求，则应打开证行名称、地址、信用证号和开证日期。另在出票条款中，按信用证要求也可加注利息条款和费用条款。

（6）付款人

付款人（To）也称为受票人，包括付款人名称和地址。汇票付款人的填写要按照信用证的要求。

（7）出票地点及日期

出票地点及日期通常连在一起，在汇票的右上角。一般在地址之后或之下标注日期。出票日期应晚于提单日，早于议付日或于议付日当天，一般是提交议付行议付的日期，该日期往往由议付行填写。该日期不能迟于信用证的有效期。

（8）汇票号码（No.）

一般情况下，汇票号码采用发票号码。

（9）出票人

出票人即受益人、合同的卖方或托收方式下托收的委托人。

15.3.2 信用证事故的处理

在实际业务中，由于主客观原因，单证不符的情形往往难以完全避免，只能不符点交单，或者开证行判断存在不符点的，都有可能导致单证被拒付。

如果遭遇开证行拒付，首先要区分责任，判断开证行拒付是否有合理依据、是否符合程序。所谓合理依据，就是开证行提出的不符点应有站得住脚的理由，否则可通过国内银行回复解释申辩。所谓符合程序，是指开证行必须在 5 个工作日内审核单证并一次性提出不符点，否则即使有不符点也无权再提。

1.“单证不一致”的防范与处理

同一票货物，按照需要可能会制作几套单证，分别交给商检部门、海关和银行。这几套单证在某些方面有出入，并不影响银行对自己那套单证的审核与付款。因此，其他单证可以略有差错，但给银行的单证则一定要完全与信用证一致。

对于出口商自己缮制的单证，比如受益人寄单证明，例如因意外而导致失误的（提单传递迟误，导致未能按照客户要求及时寄出提单复印件之类），要向客户说明情况并请求谅解，但单证要完全按照信用证要求出具。

对于第三方（如货代公司）出具的提单等，务必事先仔细核对正确，然后领取正本，拿到后再检查一次，看是否正确。出现问题的，在分清责任的同时，火速更换。对于日期时效方面的不符，请货运公司协作，虚打日期以满足信用证要求。

对于国家机构（如海关）出具的单据，要慎重一些。如果信用证条款中对这类单证有特别要求的，先与海关沟通咨询，看是否能满足客户要求。无法完全满足的，应坚决要求修改信用证条款。

2.“单单不一致”的预防与处理

单单不一致，是指同一套单证里不同单据相同栏目的内容不一致。这个问题通常是由于部门分工协作制单中的疏漏造成的。预防的方法，就是事先编制交易档案，按照栏目分别归类，像一个数据库一样，根据交易编码，各部门或者各单证直接调用。

此外，审单的时候，不但要逐张审核，还可以“横”审，即比对不同单证同一栏目内容进行审核。实务中，也允许有些地方在合理范围内某些栏目单单不一致。比如品名描述栏，在发票中也许细致翔实，按照同类产品不同款式逐一分列，而在提单和原产地证中就可简单合并了。

3. 不符点的处理

单据与信用证存在差异称为不符点。轻微的不符点比如某个字母或标点符号的错误，不造成歧义，对交易性质无实质影响的，一般开证行也会接受，但会对每一个不符点扣罚几十美金。如果是较大的错误，特别是数量、金额、交货期方面的错误，就严重了。开证行会通知受益人不符点的情况，并暂时中止执行信用证支付，待受益人与开证申请人协商，只有开证申请人愿意接受不符点同意付款后，开证行才会支付，同时不符点费用照扣。可见，不符点将直接导致信用证失效。

一般在把单证交付国外开证行之前，国内议付行会审核，发现有不符点的，如来得及换单，只要把修改后的单据在信用证规定的有效期内提交到指定银行，开证行必须付款。

倘若限于时间，无法在信用证有效期内做到单证相符，或者很多情况既成事实，不符点无法更改，则有以下几种处理方式。

1）不符点不严重，可在征得开证申请人同意的前提下，由受益人出具保证书请求议付行“凭保议付”。多数情况下，客户也会同意。

2）不符情况较为复杂，可请议付行电告开证行单据中的不符点，请开证行与开证申请人联系，让开证申请人向开证行确认接受不符点，开证行再向国内银行确认，然后对外寄单。这种操作方式称为“电提不符点”。

3）上述两种方式如开证行均不接受，只能改为“跟证托收”。这种方式风险极大，不能轻易采用。

15.4 知识拓展

1. 结算单证的发展趋势

国际贸易涉及的单证多达300余种，包括出口单证、进口单证、运输单证、银行单证和特殊单证等。单证工作十分烦琐，为了减少不必要的贸易纠纷，简化进出口交易程序，各方在贸易过程中按照《联合国贸易单据设计样式》规范单证文本和数据交换格式，推广使用国际标准及代码。

1993年以来，我国先后颁布了一批国家标准，以进一步规范各种单证的标准化，力求内容精确、节省时间，减少各种单证相同内容的重复缮制、重复审核。部分国家标准如下：

1）GB/T 14392—2009 国际贸易单证样式；

2）GB/T 14393—2008 贸易单证中代码的位置；

3）GB/T 17298—2009 国际贸易单证格式标准编制规则；

4）GB/T 15310.1—2014 国际贸易出口单证格式　第1部分：商业发票；

5）GB/T 15310.2—2009 国际贸易出口单证格式　第2部分：装箱单；

6）GB/T 15310.3—2009 国际贸易出口单证格式　第3部分：装运通知；

7）GB/T 15310.4—2012 中华人民共和国出口货物原产地证书格式；

8）GB/T 15311.1—2008 中华人民共和国进出口许可证格式　第1部分：进口许可证格式；

9）GB/T 15311.2—2008 中华人民共和国进出口许可证格式　第2部分：出口许可证格式；

10）GB/T 15514—2015 中华人民共和国口岸及相关地点代码；

11）GB/T 16962—2010 国际贸易付款方式代码；

12）GB/T 16963—2010 国际贸易合同代码规范。

1999年，美国政府采购全部使用EDI方式。电子信息时代的到来给外贸标准化工作增添了紧迫性和新内容。“无纸贸易”是国际贸易发展的方向。外贸单证和EDI报文标准化可以有效地促进外贸企业加强管理、提高经济效益。

贸易单证标准化首先在以下几个方面进一步推广使用国际标准及代码：①简化运输标志，包括参考号（合同号）、收货人简称、目的地和件号；②国家与地区代码由两个英文字母组成，如CN表示中国，US表示美国，GB表示英国，JP表示日本；③货币代号由三个英文字母组成，前两位字母代表国别，后一位字母代表货币，如CNY为人民币，USD为美元，GBP为英镑；④日期代码年、月、日之间加横线，用8位数表示，如2009年5月1日为2009-05-01；⑤地名代码由五个英文字母组成，前两位字母代表国别，后三位字母代表地名，如CNSHG表示中国上海，USNYC表示美国纽约。

2. 实用英语

Acknowledgement of Insurance Declaration　投保声明的回执

Certificate for Dispatch of Documents　寄单证明

Certificate for Dispatch of Shipment Samples　寄样证明

Certificate of Age of Vessel　船龄证明书

Certificate of Classification　船舶船级证明

Certificate of Date of Sailing　开船证明书

Certificate of Delivery　交货证明书

Certificate of Departure from Port　离港证明书

Certificate of Ownership　所有权证书

Certificate of Vessel's Nationality　船舶国籍证明

Certified Invoice　证实发票或签证发票

Errors and Omissions Excepted (E&OE)　有错当查，错误或遗漏不在此限

Method of Reimbursement　索汇方法

Right of Recourse　追索权

Signature of the Drawer　出票人签字

15.5 业务技能训练

15.5.1 自测习题

1. 翻译

1) Duplicate__________　2) Triplicate__________

3) Commercial Invoice__________　4) Signature__________

5) Carton No.__________　6) Certificate of Origin__________

2. 单选题

1) 在信用证项业务中，各有关方面当事人处理的是（　）。

A. 单据　B. 货物　C. 服务　D. 其他行为

2) 采用信用证支付方式，受益人向客户收取货款的凭据是（　）。

A. 已装运的实际货物　B. 寄单银行要求开证银行付款的书面通知

C. 信用证的全套单据　D. 买卖合同内容一致的全套单据

3) 单证缮制必须做到正确、完整、及时、简明和整洁，其中（　）是单证工作的前提。

A. 正确　B. 完整　C. 及时　D. 简明

4) 各种单据的签发日期应符合逻辑和国际惯例，通常（　）日期是议付单据出单最早时间。

A. 发票　B. 提单　C. 保险单　D. 报关单

5) 在其他条件相同的前提下，（　）的远期汇票对收款人最为有利。

A. 出票后 30 天付款　B. 提单签发日后 30 天付款

C. 见票后 30 天付款　D. 货到目的港后 30 天

3. 判断题

1) 任何情况下，银行审核单据总是以 UCP600 为依据。（　）

2) 在信用证支付方式的情况下，卖方凭单向客户收取货款的，不是实际货物，而是与来证完全相符的全套单据。（　）

3) 偿付行与付款行一样，付款均为终局性的，无追索权。（　）

4) 在国际结算中，货物是贸易双方进行结算的基础和依据。（　）

5) 由于银行的介入，信用证内适用的汇票为银行汇票。（　）

15.5.2 课堂训练

1. 简述主要结汇单据的签发日期之间的关系。

2. 简述汇票与发票金额之间的关系。

3. 请讨论如果信用证结算方式下，出现单证不符后，应该怎样解决？

4. 案例分析。

（1）某外贸公司出口一批货物，数量为 1000 t，每吨 USD78CIF Rotterdam。国外买方通过开证行按时开来信用证，证内注明按 UCP600 办理，该证规定：总金额不得超过 USD78000，有效期为 11 月 30 日。外贸公司于 11 月 4 日将货物装船完毕取得提单，签发日期为 11 月 4 日。请问：1）外贸公司最迟应在何日将单据交银行议付？为什么？2）本批货物最多、最少能交多少吨？为什么？

（2）A 公司向 B 公司出口一批货物，按 CIF 条件成交，B 公司通过 C 银行开给 A 公司一张不可撤销的即期信用证。当 A 公司于货物装船后持全套合格单据向银行办理议付时，B 公司倒闭。同时传来消息，称这批货在离港 72 小时后触礁沉没。问：C 银行能否以 B 公司倒闭及货物灭失为由拒付货款，并述理由。

15.5.3 实训操作

1. 常州天信外贸有限公司的衬衫出口后，缮制发票、装箱单、汇票、产地证。

2. 江苏天地木业有限公司的地板出口后，缮制发票、装箱单、汇票、产地证。

3. 根据所给的内容和信用证条款，缮制发票、装箱单、汇票、产地证。

ADVISING BANK：BANK OF COMMUNICATIONS SHANGHAI（HEAD OFFICE）

OPENING BANK：BANGKOK BANK PUBLIC COMPANY LIMITED，BANGKOK

FORM DOC CREDIT *	40A	IRREVOCABLE
DOC CREDIT NUM *	20	1511LC123756
DATE OF ISSUE	31C	151103
DATE/PLACE EXPIRY	31D	160114，BENEFICIARIES'COUNTRY
APPLICANT *	50	MOUN CO.，LTD. NO. 443，249 ROAD BANGKOK THAILAND
BENEFICIARY *	59	SHANGHAI FOREIGN TRADE CORP. SHANGHAI，CHINA
CURR CODE，AMT *	32B	Code USD Amount 18000
AVAILABLE WITH/BY	*41D	ANY BANK IN CHINA BY NEGOTIATION
DRAFTS AT	42C	SIGHT
DRAWEE	42A	ISSUING BANK
PARTIAL SHIPMENTS	43P	NOT ALLOWED
TRANSSHIPMENT	43T	ALLOWED
LOADING ON BRD	44A	CHINA MAIN PORT，CHINA
FOR TRANSPORT TO	44B	BANGKOK，THAILAND
LATEST SHIPMENT	44C	151220
GOODS DESCRIPT.	45A	2，000KG. ISONIAZID BP98 AT USD9. 00 PER KG CFR BANGKOK
DOCS REQUIRED	46A	

+COMMERCIAL INVOICE IN ONE ORIGINAL PLUS 5 COPIES INDICATING FOB VALUE, FREIGHT CHARGES SEPARATELY AND THIS L/C NUMBER, ALL OF WHICH MUST BE MANUALLY SIGNED.

+FULL SET OF 3/3 CLEAN ON BOARD OCEAN BILLS OF LADING AND TWO NON-NEGOTIABLE COPIES MADE OUT TO ORDER OF BANGKOK BANK PUBLIC COMPANY LIMITED, BANGKOK MARKED FREIGHT PREPAID AND NOTIFY APPLICANT AND INDICATING THIS L/C NUMBER.

+PACKING LIST IN ONE ORIGINAL PLUS 5 COPIES, ALL OF WHICH MUST BE MANUALLY SIGNED.

+CERTIFICATE OF ORIGIN.

ADD. CONDITIONS 47A A DISCREPANCY FEE OF USD50.00 WILL BE IMPOSED ON EACH SET OF DOCUMENTS PRESENTED FOR NEGOTIATION UNDER THIS L/C WITH DISCREPANCY. THE FEE WILL BE DEDUCTED FROM THE BILL AMOUNT.

CHARGES 71B ALL BANK CHARGES OUTSIDE THAILAND INCLUDING REIMBURSING BANK COMMISSION AND DISCREPANCY FEE (IF ANY) ARE FOR BENEFICIARIES' ACCOUNT.

相关资料：

合同号码：SC0678	合同日期：2015 年 8 月 5 日
发票号码：SHE 02/1845	发票日期：2015 年 11 月 26 日
提单号码：SCOISG7564	提单日期：2015 年 11 月 29 日
船名：JENNY V. 03	装运港：上海港
货物装箱情况：50 kg/DRUM	总毛重：2,200 kg

集装箱：1×40' FCL CY/CY UXXU4240250 0169255

运费：USD0. 08/kg

总体积：56 CBM

综合训练三

1. 业务背景

接综合训练二，美国 TAC 客户很快会签寄回南京纽维纺织服装有限公司缮制的销售确认书。

SALES CONFIRMATION

CONTRACT NO：NJNV0901908 DATE：April. 21，2020

THE SELLER：NANJING NIVI TEXTILE & GARMENT CO.，LTD
24F INTERNATIONAL TRADING CENTER,
18 EAST ZHONGSHAN ROAD，NANJING，CHINA
TEL.：86-25-84797666 FAX：86-25-84797699

THE BUYER：TAC NEW YORK CO. LTD
133 E. 13th Street, 2nd Floor,（btwn 3rd & 4th Avenues),

New York, NY 10003

TEL.: 0044-78-3410776　　FAX: 0044-78-3410777

This Contract is made by and between the Buyer and Seller, whereby the Buyer agrees to buy and the Seller agrees to sell the under-mentioned commodity according to the terms and conditions stipulated below:

Commodity & specification	Quantity	Unit price	Amount
Ladies Jacket Style no. TN35 Style no. TN36 Shell: 100% cotton Lining: Polar fleece As per the confirmed sample of Mar. 24, 2020	2000pcs 2000pcs	CIF NEW YORK USD14. 50/pc USD14. 50/pc	USD29000. 00 USD29000. 00
Total	4000pcs		USD58000. 00
TOTAL CONTRACT VALUE: SAY U. S. DOLLARS FIFTY EIGHT THOUSAND ONLY.			
More or less 5% of the quantity and the amount are allowed.			

Size/color assortment for Style no. TN35:　　Unit: piece

Color \ Size	S	M	L	XL	Total
White	80	400	400	80	960
Black	80	400	480	80	1040
Total	160	800	880	160	2000

Size/color assortment for Style no. TN36:　　Unit: piece

Color \ Size	S	M	L	XL	Total
White	80	400	400	80	960
Black	80	400	480	80	1040
Total	160	800	880	160	2000

PACKING: 16 pieces of ladies jackets are packed in one export standard carton, solid color and solid size in the same carton.

MARKS:

Shipping mark includes TAC, S/C No., style No., port of destination and carton No.

Side mark must show the color, the size of carton and pieces per carton.

TIME OF SHIPMENT: To be shipped from Shanghai to New York during June, 2020. Transshipment is allowed and partial shipments are prohibited.

INSURANCE: To be covered by the seller for 110% of invoice value covering All Risks and War Risk as per CIC of PICC dated 01/01/1981.

TERMS OF PAYMENT: By sight Letter of Credit, reaching the seller before May 10, 2020 and remaining valid for negotiation in China for further 15 days after the effected shipment. In case of late arrival of the L/C, the seller shall not be liable for any delay in shipment and shall have the right to rescind the contract and /or claim for damages.

This contract is made in two original copies and becomes valid after signature, one copy to be held by each party.

Signed by:

THE SELLER: THE BUYER:

NANJING NIVI TEXTILE & GARMENT CO., LTD TAC NEW YORK CO., LTD

雷 黎 Jams Brown

南京纽维纺织服装有限公司 5 月 9 日接到对方开来的信用证。

SENDER		BANK OF CHINA, NEW YORK BRANCH
RECEIVER		BANK OF CHINA CHANGZHOU BRANCH, CHANGZHOU, CHINA
SEQUENCE OF TOTAL	27	1 / 1
FORM OF DOC. CREDIT	40A	IRREVOCABLE
DOC. CREDIT NUMBER	20	025010005919
DATE OF ISSUE	31C	200502
APPLICABLE RULES	40E	UCP LATEST VERSION
DATE AND PLACE OF EXPIRY.	31D	DATE 200715 PLACE IN AMERICAN
APPLICANT	50	TAC NEW YORK CO. LTD 133 E. 13TH STREET, 2ND FLOOR, (BTWN 3RD & 4TH AVENUES), NEW YORK, NY
BENEFICIARY	59	NANJING NIVI TEXTILE & GARMENT CO., LTD 24F INTERNATIONAL TRADING CENTER, 18 EAST ZHONGSHAN ROAD NANJING CHINA
AMOUNT	32B	CURRENCY USD AMOUNT 58000.00
AVAILABLE WITH/BY	41D	ANY BANK IN CHINA, BY NEGOTIATION
DRAFTS AT ...	42C	120 DAYS AFTER SIGHT
DRAWEE	42A	BANK OF CHINA, NEW YORK
PARTIAL SHIPMENT	43P	PROHIBITED
TRANSSHIPMENT	43T	PROHIBITED
PORT OF LOADING/AIRPORT OF DEPARTURE	44E	SHANGHAI, CHINA
PORT OF DISCHARGE	44F	NEW YORK, U. S
LATEST DATE OF SHIPMENT	44C	200630
DESCRIPTION OF GOODS AND/OR SERVICES.	45A	4000 PIECES OF LADIES JACKET, SHELL: 100% COTTON, LINING: POLAR FLEECE, AS PER THE CONFIRMED SAMPLE OF MAR. 24, 2020

STYLE NO.	QUANTITY	UNIT PRICE	AMOUNT
TN35	2000pcs	USD14. 50/pc	USD29000. 00
TN36	2000pcs	USD14. 50/pc	USD29000. 00

AT CFR NEW YORK

DOCUMENTS REQUIRED 46A + COMMERCIAL INVOICE SIGNED IN TRIPLICATE.

+ PACKING LIST IN TRIPLICATE.

+ GSP CERTIFICATE OF ORIGIN FORM A.

+ FULL SET (3/3) OF CLEAN 'ON BOARD' OCEAN BILLS OF LADING MADE OUT TO APPLICANT MARKED FREIGHT PREPAID AND NOTIFY APPLICANT.

+ INSURANCE POLICY/CERTIFICATE IN DUPLICATE ENDORSED IN BLANK FOR 130% OF INVOICE VALUE, COVERING ALL RISKS OF CIC OF PICC (1/1/1981) INCL. WAREHOUSE TO WAREHOUSE AND I. O. P AND SHOWING THE CLAIMING CURRENCY IS THE SAME AS THE CURRENCY OF CREDIT.

+BENEFICIARY'S CERTIFICATE CERTIFIED COPY OF FAX DISPATCHED TO THE APPLICANT WITHIN THREE DAYS AFTER SHIPMENT ADVISING L/C NO., NAME, QUANTITY AND AMOUNT OF GOODS, NUMBER OF PACKAGES, NAME OF VESSEL AND VOYAGE NO., AND DATE OF SHIPMENT.

ADDITIONAL CONDITION 47A + THE NUMBER AND THE DATE OF THIS CREDIT AND THE NAME OF ISSUING BANK MUST BE QUOTED ON ALL DOCUMENTS.

+ SHORT FORM/CHARTER PARTY/THIRD PARTY BILL OF LADING IS NOT ACCEPTABLE.

+ ALL PRESENTATIONS CONTAINING DISCREPANCIES WILL ATTRACT A DISCREPANCY FEE OF USD60.00 PLUS TELEX COSTS OR OTHER CURRENCY EQUIVALENT. THIS CHARGE WILL BE DEDUCTED FROM THE BILL AMOUNT WHETHER OR NOT WE ELECT TO CONSULT THE APPLICANT FOR A WAIVER

CHARGES	71B	ALL CHARGES AND COMMISSIONS ARE FOR ACCOUNT OF BENEFICIARY.
PERIOD FOR PRESENTATION	48	WITHIN 7 DAYS AFTER THE DATE OF SHIPMENT, BUT WITHIN THE VALIDITY OF THIS CREDIT.
CONFIRMATION INSTRUCTION	49	WITHOUT
INFORMATION TO PRESENTING BANK	78	ALL DOCUMENTS ARE TO BE REMITTED IN ONE LOT BY COURIER TO BANK OF CHINA NEW YORK BRANCHBKCHCNBJ95E, 33 LIBERTY STREET, NEW YORK, NY 10045

2. 训练任务

(1) 完成出口合同下的备货任务（签订购货合同、原产地证明书）。

1) 签订购货合同（请查询外销合同中的相关资料、含税采购成本 100 元/件）。

2) 产地证资料：

申请日期——2020 年 6 月 5 日。

商品名称编码——6204320090。

申请单位注册号——3508888637。

证书号——35080076660。

发票号——NV2135-JN。

发票日期——2020 年 6 月 6 日。

发票（CIF）总值——USD58000。

拟出运日期——2020年6月25日。

申请日期——2020年6月6日。

(2) 完成信用证的审证、改证等必要工作。

(3) 完成货物装运出口任务（填写提单、保险单、出口货物报关单、发装运通知等）。

1）运输、投保资料：

货物2020年6月中旬备妥并办完商检、产地证手续。

11月中下旬开往New York的可选船舶为OOCL公司“VICTORIA 067”。

船方确认货物开船日期为2020年6月25日。

2）报关资料：

货物6月20日办妥运输手续；报关单预录入及海关编号分别为编号666456880、350100856；境内货源地为南京市区。

3）装船资料：货物6月25日全部如数装船出口。

(4) 制作出口结汇单据（汇票、发票、装箱单），办理出口结汇手续。

情境4

进口合同的订立与履行

任务 16　进口合同的磋商与订立

知识要点

进口交易的磋商环节

技能要点

- 进口贸易的成本核算与报价
- 能够签订进口合同

导学

在学习本任务前，请认真复习任务 2、6、9。这 3 个任务是站在出口商的立场进行业务磋商、价格核算、签订出口合同。本任务是从进口商角度出发，进行业务磋商、讨价还价，最后签订一份货物进口合同。

交易磋商的询盘、发盘、还盘、接受的相关知识点在任务 2 中已经学习，本任务主要是进一步深化四个环节的注意点，提高实战操作技巧。

对比学习出口客户与进口供应商的寻找途径的差异，比较任务 6 出口成本的核算和本任务的进口成本核算的异同。

在任务 9 签订出口贸易合同的基础上，提升进口合同的签订水平，力争事半功倍。

16.1　任务描述与分析

1. 任务描述

由于生产包装标签的需要，2020 年 6 月，常州金鼎服装厂特委托常州常信外贸有限公司进口一百台左右的标签打印机。业务员孙潇负责该批商标打印机进口商的寻找。

2. 任务分析

2019 年我国货物贸易进口总值 14.31 万亿元人民币，增长 1.6%。我国外贸发展呈现总体平稳、稳中提质的态势。铁矿砂、原油、天然气、大豆等大宗商品进口量增加。进入 2020 年，全球主要大宗商品价格大幅下跌，世界经济进入衰退，需求低迷。

面对严峻复杂的对外贸易形势，我国政府不断出台措施，简化进口程序，促进对外贸易稳定增长和转型升级。2016 年 10 月，人民币加入 SDR（特别提款权），成为全球主要储备货币之一。近几年，人民币排名世界第五大支付货币，人民币货币国际化的进程也为我国蓬勃发展的进口贸易提供了良好的时机。

16.2　任务实施与心得

任务实施

德国生产的标签打印机一向以质量稳定、价格适中而稳居国际市场前列。孙潇经过比较，选定向德国的 Deutsch Erntetechnik Trading Company 进行询价和磋商。

2020 年 8 月 3 日，常信公司同德国出口商 Deutsch Erntetechnik Trading Company 签署了一份进口标签打印机的合约，具体内容如下。

PURCHASE CONTRACT

The Sellers：Deutsch Erntetechnik Trading Company　　Contract No.：CZCX231
Address：Baiersdorfer Str. 15，Poxdorf，Bayern（Bavaria）
TEL.：0081-8054677434　FAX：0081-8054677435　　Date：Aug. 3，2020
The Buyers：CHANGZHOU CHANGXIN IMPORT & EXPORT CORP.
Address：NO. 25 MINGXIN ROAD，CHANGZHOU，JIANGSU，CHINA
TEL.：0086-519-86739171　FAX：0086-519-86739176

This contract is made by and between the Buyers and the Sellers，whereby the Buyers agree to buy and the Sellers agree to sell the under-mentioned commodity according to the terms and conditions stipulated below：

Ⅰ COMMODITY AND SPECIFICATIONS：

Name of the commodities	Specifications	Quantity	Unit price	Amount
Label printer	Model：LX900e Brand：Primera Color&page：multicolor Dimensions（L×W×H）：438×231×438	100 SETS	FOB EUR 700	Hamburg EUR70000

Ⅱ TOTAL AMOUNT：SAY EUROPEAN DOLLARS SEVENTY THOUSAND ONLY
COUNTRY OF ORIGIN：Germany
Ⅲ PACKING：One set in new original sealed cartons
Ⅳ TIME OF SHIPMENT：No later than Sept. 30，2020，transshipment allowed，partial shipments not allowed.
Ⅴ PORT OF SHIPMENT：Hamburg，Germany
Ⅵ PORT OF DESTINATION：Shanghai，China
Ⅶ INSURANCE：To be covered by the buyer
Ⅷ PAYMENT：To be effected by irrevocable letter of credit available by draft(s) at sight for 100% of invoice value drawn by the sellers.
Ⅸ INSPECTION：Inspection result of CIQ at destination should be final.

The Seller：
DEUTSCH ERNTETECHNIK TRADING COMPANY
David Buballa

The Buyer：
CHANGZHOU CHANGXIN IMPORT & EXPORT CORP.
孙潇

任务实施心得

（1）签订进口合同前的准备工作

事先了解合作伙伴国家的政治、经济、法律、自然条件和港口情况等，了解我国该产品的进口关税税率，对进口有无相关的鼓励或限制措施；初步选择几家国外公司后，要调查他们的资信和供货能力；认真辨析母公司与子公司，总公司与分公司的连带责任，然后将几家外商的发盘与从其他方面调查和收集的价格材料进行研究、整理、分析和比较，最终选择并确定进口伙伴，进行磋商。

（2）合同文本的起草

争取由我方来起草合同以便掌握主动，至少也要与对方共同起草合同文本。避免由外商提出一份完整的合同文本，迫使我方按照对方合同文本的内容讨论每项条款。这种做法会使我方在谈判中处于被动地位，一方面容易让对方加入一些对我方不利的条款或遗漏一些对方必须承担义务的条款；另一方面，按对方事先拟好的合同文本进行谈判，极大地限制了我方谈判策略和技巧的发挥，并且很难对合同进行比较大的修改或补充。

如果用外文合同作基础，由于文化上的差异，对词义的理解也会不同，难以发现对己不利之处。我们不仅要在翻译内容上反复推敲，弄清外文的基本含义，还要考虑法律上的意义以及一些约定俗成的用法，包括外文的一词多义，否则会造成麻烦，可能出现意想不到的问题。

（3）明确双方当事人的签约资格，争取在我方进行缔约或签字仪式

合同是具有法律效力的文件。因此，要求签订合同的双方都必须具有签约资格。一定要严肃认真审查对方当事人的签约资格，不能草率从事。否则，即使合同签订，也是无效的。一般来讲，重要的谈判、签约人应是董事长或总经理。有时，虽然是具体业务谈判，出现签约的并不是上述人员，但也要检查签约人的资格，要求对方提交法人开具的正式书面授权证明（授权书、委托书）等。了解对方的合法身份和权限范围，以保证合同的合法性和有效性。

16.3 相关知识

1. 进口供应商的寻找与选择

一个好的国外合作伙伴对进口交易相当重要，寻找潜在供应商有以下四种通用的方法：直接发布采购信息、参加国际展会、网络搜寻、通过各种贸易伙伴的介绍等。

进口商一般可以通过多种渠道直接发布采购信息，掌握主动权，让国外厂商主动找上门来进行直接的专业沟通，提高效率且节约时间。直接发布采购信息可以通过如下方式。

（1）行业网站上发布进口采购信息

国内外都有很多行业网站，登录各种行业网站发布进口需求，引起该行业企业对进口商的关注。

（2）国内外贸易门户网站或平台上发布进口采购信息

例如中国进口网、阿里巴巴等综合性贸易门户网站都有针对各行业的分类，并且可以发布采购信息，同样可以引起国外供应商对进口商采购需求的重视。

（3）登录各个国家或地区驻华代表处网站

很多国家在华办事机构都设有自己的网站，可以登录此类网站留言，发布采购需求。通过政府办事机构介绍的企业，其可信度会增加，如美国商务部驻华办事处、韩国贸易协会驻华办事处、英中贸易协会都会为帮助国内进口商寻找生产商。

2. 进口商品成本核算

企业进口商品是为了通过销售获利。国内销售价格与进口成本之间的差价就是企业的毛利。因此商品进口成本的高低决定了企业是否进口。由于进口业务中企业多数采用 FOB 贸易术语成交，因此，进口企业还必须考虑国内外运费及保险、进口税费、银行费用和港口费用等成本。

进口商品总成本由进口价格和有关的进口费用组成。当进口成交价为 FOB 价时，进口费用主要包括国外运费、运输保险费、进口税费、银行费用、报关费、检验费、到岸港口

费、国内运费、仓储费、代理费、公证费以及保函费用等。进口企业的销售价则是在进口商品总成本的基础上加一定的毛利润。

这些费用根据具体情况，有时会发生，有时则不会发生。例如进口的商品在我国不征税、进口企业自理报关、该笔业务不必公证和银行出具保函时，上述的进口税费、代理费、公证费和保函费就没有发生。

进口总成本的公式为：

进口总成本=FOB价总值+国外运费+保险费+进口税费+银行费用+报关费+检验费+到岸港口费+国内运费+仓储费+代理费+公证费+保函费用

3. 进口交易的磋商

进口交易磋商可采用信函、电话或面谈的方式，一般步骤包括询盘、发盘、还盘、接受，其中发盘和接受是必不可少的步骤。

政府机构、公共事业部门和企业的设备采购多采用国际招标，基本程序包括招标、投标、开标、评标、决标、中标等环节。

（1）询盘

询盘对双方均无法律上的约束力，即买方询价后无一定购买货物的义务，卖方询价后无必须出售货物的责任。被询盘人可发盘回答询价，也可拖延甚至拒绝回答询价。不过在交易习惯上应互相尊重，避免出现只询价不购买（或不售货）的现象，对有关询盘也应及时回答为宜，以确保商业信誉。

在询盘中，除表明购销意图而邀请对方发盘外，有时还可询问一般交易条件，如商品货号、数量、交货期、品质规格、付款条件等。

小技巧：进口询盘的注意事项

不要向同一地区过多询盘，以防止国外商人乘机抬价；对外询盘，既不宜只局限于个别客户（用货单位订购的特定商品除外）而无法货比三家，也不宜在同一地区多家询盘，影响市场价格。尤其是订货数量大且又是向中间商发出的询盘，中间商数量不宜太多，因为如果几家中间商将同一询盘转到同一厂家手里，将会造成市场虚假需求，生产厂商将抬高价格，这对进口方不利。因此，一般采取“订一询三”，即有一份订货单，可同时向三个国家的厂商发出同样的询盘，邀请三家发盘。对数量大的购销任务，应适当安排购销进度，防止在一个时期内大量集中询价，暴露我方购销心切，遭对方抬价。

询盘时应注意策略，若对方为新客户，不宜过早透露自己的实际采购数量和目标价格等交易条件，应适当留有余地，以免在磋商时处于不利地位。若对方为老客户，则应报实际采购数量。对技术、机械设备，应尽可能减少中间环节，直接向供应商询价。

对于凭样成交的进口商品，其询盘函往往还要求对方寄样。

（2）发盘

发盘又称为报价，报价不能太慢。如果十天半个月后才报价，客户可能早就找到其他货源了。发盘价格要在合理范围内，价格太高或太低都会直接被客户拒绝。

发盘要做到报价准确。有两个方法可以实现：一是经常打探同行的价格；二是经常跟工厂技术人员接触，了解报价产品的每一环节的成本和费用。

(3) 还盘

收到出口商的发盘后，进口方总是希望对方降价，因此讨价还价就成了还盘的主要内容。

还盘时，一般只针对原发盘提出不同意见和需要修改的部分，已同意的内容在还盘中可以省略；还盘中可罗列诸如以该价格购进自已很难推销、竞争者类似报价很低、订量大要求折扣、国际市场价格走低等理由。

接到对方还盘后要与原发盘进行核对，找出还盘中提出的新内容，结合市场变化情况和销售意图认真对待和考虑。

进行适当还价核算应考虑公司利润有无下降空间，与运输等部门协商以期减少费用开支，或者改变付款方式，或者双方分担一些费用等，核算后再考虑是否接受对方还盘。

(4) 接受

接受时应慎重对洽商的函电或谈判记录进行核对，经核对认为对方提出的各项交易条件确已明确、肯定、无保留时，再予接受。

接受可以简单表示，如："你10日电接受"，也可详细表示，即将洽商的主要交易条件再重述一下，表示接受。一般地，对一般交易的接受，可采用简单形式表示，但接受电报、电传或信函中须注明对方来电、信函的日期或文号；对大宗交易或交易洽商过程比较复杂的，为慎重起见，在表示接受时，应采用详细叙述主要交易条件的形式。

国外客户表示接受后，应注意的问题如下。

收到国外客户接受后，要认真分析客户接受的有效性，根据客户接受情况及我方经营意图，正确把握合同成立与不成立的法律技巧。

注意贯彻"重合同、守信用"的原则，只要对方接受有效，即使情况变化对我方不利，我们仍应同客户达成交易、订立合同，维护我方信誉。

4. 进口合同的生效条件

(1) 当事人必须在自愿、真实的基础上达成协议

若一方以欺诈、胁迫的手段或者乘人之危，使对方在违背真实意愿的情况下订立进口合同，受害方有权请求法院或者仲裁机构变更或者撤销该合同。

(2) 当事人必须具有相应的行为能力

如果签订进口合同的当事人为企业法人，则该企业法人必须是依法注册成立的合法组织，有关业务应当在其法定经营范围之内。如果签订进口合同的当事人为自然人，则该自然人必须是具有完全民事行为能力的人。

(3) 进口合同的标的和内容必须合法

进口合同的标的和内容不得违反有关国家法律强制性的规定，不得违反公共政策或损害社会公共利益，进口合同的内容必须体现公平原则，买卖双方在进口合同中的权利义务应该是对等、互利和均衡的。

(4) 进口合同必须有对价或约因

无对价或约因的进口合同不具备法律效力。

16.4 知识拓展

1. 代理进口业务

(1) 代理进口业务的两种情况

第一种情况是没有进口权的企业，由于临时生产的需要，须从国外进口设备或原材料，

通过委托有进口权的进出口公司代理进口所需的设备或原材料，企业向进出口公司支付一定的代理费。

第二种情况是有进出口权的实际进口人（最终用户）以贸易融资为主要目的的进口代理委托。这种情况多是经营或加工大宗原材料的进口商，业务本身需要银行的短期贸易融资支持，然而由于商业信用的原因，他们的融资额度有限，不能满足业务需要。而大多经营良好的进出口公司具有良好的商业信用，在银行都有较大的综合授信额度。

（2）委托代理进口合同

委托代理进口业务双方必须签订委托代理进口合同。委托内容包括：委托进口商品的价格幅度、质量、商品的名称、数量、支付方式、货币种类、型号、合同号、合同总金额、交货、包装和运输要求等。

除此之外，应明确进口审批手续由谁办理，以谁的名义对外签订合同。应明确进口企业作为委托方的主要义务，包括审核并签字确认进口合同、支付进口合同价款、支付有关的税费、明确商检和检疫由谁负责，以及当与外商发生纠纷时，委托方和受托方各自的职责等。

（3）代理进口业务操作的基本原则

代理进口业务的操作，由于涉及两个合同、三个贸易当事人的合作。进口商的代理业务操作与自营进口业务的操作有所不同，业务过程主要应遵循以下原则。

首先要在业务操作中明确自己的代理地位，任何关系到支付、交货等主要交易条件的变更，即使是合理的建议、意见，也必须征得委托人的同意，切不可自作主张。具体联络过程宜以书面形式为准。

其次，机电设备代理进口业务中的政府批文及减免税证明的办理是委托人的责任。进口批文、减免税证明是进口项目签订和履行的重要前提。而机电设备进口项目政府批文申请的审核依据是用户单位的行业情况及进口设备的技术情况，政府是否批准和代理商没有关系。实际业务中一定要明确代理商只能是协助委托人办理。

再次，代理进口商品为成套机电设备时，应在代理合同中明确货物质量条款、技术培训等条件的商定由委托人负责。在书面进口合同的签订中由代理商作为商务合同（或称为主合同）中的进口方主签，将委托人作为最终用户在合同中写明并签字。对于合同的技术附件代理商可不签或只做小签。

（4）代理进口业务中代理商的特殊风险

一般而言，代理费与责任、风险成正比。

在含有贸易融资的代理进口业务中，代理商除提供正常服务外，还以自己的银行资信间接为委托人提供了融资，自身的风险大大增加，据此可向委托人提出较高的代理费要求。

代理进口业务中，一方面由于代理进口业务可能存在代理商为委托人向银行短期融资的关系，代理商可能面临银行的债务追索；另一方面由于国家进口管理及外汇管理等对进口经营者的管理政策，代理商面临一些特别的风险，即由于委托人的违约致使代理商承担由于融资关系、违反管理等带来的经济、法律责任。

2. 实用英语

Amendment of Contract　修订合同

Book; Booking　订货；订购

Cancellation of Contract　撤销合同

Conclude a Contract　缔结合同

Attachment　附录

Initial a Contract　草签合同

Interpretation of Contract　合同的解释

Operative Instrument　有效文本

Counter-sign 会签 | Expiration of Contract 合同到期
Draft a Contract 起草合同 | Renewal of Contract 合同的续订
Enclosure 附件 | Perform a Contract 执行合同

16.5 业务技能训练

16.5.1 自测习题

1. 翻译

1）Time of Validity________ 2）Import Quota System________

3）Quotation________ 4）Draft a Contract________

2. 单选题

1）进口许可证自签发之日起（ ）内有效。

A. 三个月 B. 一年 C. 一个月 D. 半年

2）德国B公司向我国A进口公司发送发盘并标明了7天内接受有效，按照《联合国国际销售合同公约》的规定，德国B公司的发盘（ ）。

A. 不得撤销 B. 在A公司接受前可撤销

C. 可随意撤销 D. 撤销的通知先于发盘到达A公司即可撤销

3）某进出口公司欲进口一批货物，向日本某公司发出了要求发盘的邀请。在进出口业务中，称这种要求对方发盘的行为是（ ）

A. 发盘 B. 还盘 C. 询盘 D. 接受

3. 判断题

1）进口属于进口许可证管理的货物，收货人在货物进境后，办理海关报关手续前，应向相应的发证机构提交进口许可证申请，并取得进口许可证。（ ）

2）在国际贸易中，使用形式发票对外报盘，这种报盘方式通常为询盘。（ ）

3）根据《联合国国际货物销售合同公约》，一方发盘，另一方表示接受但同时要求提供原产地证书时，发盘人只要立即向对方表示确认，合同关系就能确立。（ ）

4）在买卖合同签订后，凡遇到不可抗力事故，遭受事故的一方即可提出撤销合同。（ ）

16.5.2 课堂训练

1. 履行以信用证付款的FOB进口合同的基本程序是什么？

2. 讨论：假定你是一家贸易公司进口业务员，怎样降低你公司的进口总成本？

3. 我国A公司与外商谈进口交易一宗，经往来电传磋商，就合同的主要条件全部达成协议，但最后一次A公司所发的表示接受的电传中列有“以签订购货确认书为准”。事后对方拟就合同草稿，要A公司确认。但由于对某些条款的内容尚待进一步研究，故A公司未及时给予答复。不久，该商品的国际市场价格下跌，外商催A公司开立信用证，A公司以合同尚未有效成立为由拒绝开证。试分析A公司做法是否有理。

16.5.3 实训操作

1. 请根据常州天信外贸有限公司和JAMES BROWN&SONS的贸易函电，拟定一份进口合同。

June 20, 2020

Dear Sirs,

Thanks for your acceptance of Jan 18th. And hereby we are pleased to send you our sales confirmation No. 04DRA207 for your signing.

Portable Mixer Pm-23	US $23 FOB Toronto/Set	100Sets	US $2300.00
Vacuum Cleaner Vc-18	US $47 FOB Toronto/Set	100Sets	US $4700.00

Terms: As usual

We hope that the goods will be shipped before Aug. 30th. And we ensure L/C will reach you not later than July 1st.

Yours Faithfully,

(Signature)

Buyer:

CHANGZHOU TIANXIN IMPORT & EXPORT CORP.

Room 2601, Changzhou International Trade Center

801 Yan Ling Road (w), Changzhou, Jiangsu 213001

Seller:

JAMES BROWN&SONS.

#304-310 JaJa Street, Toronto, Canada

2. 常州环亚进出口贸易公司预计从老客户日本三洋商会进口一批面料（FOB 价 USD5000），装运口岸为大阪，从日本至上海的海运费为 500 美元，杂费 400 元（人民币），商检费 200 元（人民币），报关费 150 元（人民币），港口费 600 元（人民币），开证申请费为合同总金额的 1.5‰，海运费为 300 美元，按照 CIF 价加一成投保战争险和一切险，保险费率为 1.5‰，进口关税率为 15%。请根据以上信息以及综合训练四的进口面料合同，填写进口成本预算表。（汇率 USD1=CNY6.30）

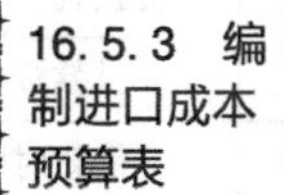

进口成本预算表

商品名称及数量：＿＿＿＿＿＿＿＿　　编号：＿＿＿＿＿＿

出口国家或地区：＿＿＿＿＿＿＿＿　　日期：＿＿＿＿＿＿

价格条件：＿＿＿＿＿＿＿＿　　装卸港口：从＿＿＿＿经＿＿＿＿至＿＿＿＿

成交价（外币）/接受价：＿＿＿＿＿＿＿＿　　结算汇率：＿＿＿＿＿＿＿＿

标　　号	项　　目
1	FOB 成交价
2	国外运费：
	包装
	毛重
	尺码
	计费标准和费率
3	CFR 成交价

（续）

标　号	项　目
4	国外保费：
	投保险别及相应保率
	总保率
	加（　　）成投保金额
5	CIF 成交价
6	进口税：
	完税价格
	关税税率
7	完税成本（=5+6）
8	手续费（含佣金）
	佣金率
	代理进口手续费率
9	银行费用
	开征保证金比例及数额
	拟开征行
	开征渠道
	远期付款下开征利息
	付款方式
	银行利率
	贷款利息
	付款资金来源
10	借款时间
	放贷利率
	汇票贴现利息
	发票款
	贴现期
	贴现利率
	L/C 不符点费用
11	总成本
12	调汇成本
13	回报率

任务 17 进口合同的履行

知识要点

1. 开证申请书的内容
2. 进口合同的履行程序

技能要点

- 能够解决在进口合同履行中发生的问题
- 能够熟练制作进口合同中所用到的各种单证

导学

在情境 3 已经学习了出口合同的履行，相应地，进口方也要履行进口合同，双方配合，才能够使合同顺利完成。

FOB+L/C 的进口合同履行的首要环节是填写开证申请书。开证申请书是把合同条款的内容，填写到申请书中。开证银行按照申请书开出信用证。

其后的运输、保险、报关等环节与出口合同履行环节的手续类似，在学习时应注意其不同的地方，比如预约保险、进口代征税费等。

学习完本任务凭 FOB+L/C 进口合同履行环节后，认真思考：以其他付款方式（如前 T/T）和其他贸易术语（如 CFR）成交的进口合同履行的环节又是怎样的？

17.1 任务描述与分析

1. 任务描述

2020 年 8 月，常州常信外贸有限公司收到德国 Deutsch Erntetechnik Trading Company 会签的进口标签打印机的合同。业务员孙潇负责该合同进口的全部工作。

2. 任务分析

在进口贸易的整个流程中，涉及多个单位的协作。如进出口国家的银行、货运代理公司、保险公司、海关等。还要涉及如信用证开证申请、租船订舱委托书、投保单、入境货物报关单等多种单证。业务员必须了解和掌握整个国际贸易进口的流程，把握进口的关键环节，正确填制各种进口相关单证，处理好进口贸易中可能发生的问题。

17.2 任务实施与心得

子任务 1 开立信用证

进口合同签订之后，8 月 10 日孙潇去常信公司的往来银行中国银行常州分行提出开立信用证的申请，并递交与合同相关的副本和附件。目前，常信公司的账户上有充足的资金，银行业务员在审核了合同的相关副本之后，交给孙潇一份“信用证申请书”。

孙潇根据进口合同中的品质、规格、数量、价格、交货期、装货期、装运条件及装运单据等条款，填写信用证申请书。

信用证申请书

Application for Issuing L/C

TO：①BANK OF CHINA，CHANGZHOU BRANCH ③date：200810

<table>
<tr><td colspan="2">⑦Beneficiary (full name and address)
Deutsch Erntetechnik Trading Company, Baiersdorfer Str 15, Poxdorf, Bayern (Bavaria)</td><td>L/C NO.：
Contract No. CZCX231
④Date and place of expiry of the credit
OCTOBER 15TH AT THE BENEFICIARY 'S COUNTRY</td></tr>
<tr><td>⑭ Partial shipments
( ) allowed
(×) not allowed</td><td>⑭ Transshipment
(×) allowed
( ) not allowed</td><td>②( ) Issue by airmail
( ) With brief advice by teletransmission
( ) Issue by express delivery
(×) Issue by teletransmission (which shall be the operative instrument)</td></tr>
<tr><td colspan="2">⑭ Loading on board/dispatch/taking in charge at/from Hamburg, Germany
Not later than Sept. 30, 2020
For transpotation to Shanghai, China</td><td>⑧Amount (both in figures and words)
EUR 70000
SAY EURO DOLLARS SEVENTY THOUSAND ONLY</td></tr>
<tr><td colspan="2">⑪ Description of goods：
Label printer
Model：LX900e
Brand：Primera
Color&page：multicolor
Dimensions (L×W×H)：
438×231×438</td><td>⑨Credit available with
() by sight payment ( ) by acceptance (×) by negotiation
() by deferred payment at
(×) against the documents detailed herein
and beneficiary's draft for 100 % of the invoice value at ××× sight on ISSUING BANK
⑬ (×) FOB ( ) CFR ( ) CIF
( ) or other terms</td></tr>
<tr><td colspan="3">⑩ Documents required：(marked with ×)
● (×) Signed Commercial Invoice in 5 copies indicating invoice NO., contract NO.
● (×) Full set of clean on board ocean Bills of Lading made out to order and blank endorsed, marked " freight (×) to collect/ () prepaid () showing freight amount" notifying ACCOUNTEE.
● ( ) Air Waybills showing " freight () to collect/ () prepaid () indicating freight amount" and consigned to________.
● () Memorandum issued by__________consigned to__________.
● () Insurance Policy/Certificate in 3 copies for 110 % of the invoice value showing claims payable in China in currency of the draft, blank endorsed, covering () Ocean Marine Transportation/ () Air Transportation/ () Over Land Transportation) All Risks, War Risks.
● (×) Packing List/Weight Memo in 3 copies indicating quantity/gross and net weights of each package and packing conditions as called for by the L/C.
● (×) Certificate of Quantity/Weight in 2 copies issued by an independent surveyor at the loading port, indicating the actual surveyed quantity/weight of shipped goods as well as the packing condition.
● (×) Certificate of Quality in 3 copies issued by () manufacturer/ (×) public recognized surveyor/ () ________.
● (×) Beneficiary's certified copy of FAX dispatched to the accountees within 3 days after shipment advising (×) name of vessel/ (×) date, quantity, weight and value of shipment.
● () Beneficiary's Certificate certifying that extra copies of the documents have been dispatched according to the contract terms.
● () Shipping Co's Certificate attesting that the carrying vessel is chartered or booked by accountee or their shipping agents：
● (×) Other documents, if any：
a) Certificate of Origin in 3 copies issued by authorized institution.
● b) Certificate of Health in 3 copies issued by authorized institution.
⑫ Additional instructions：
1. (×) All banking charges outside the opening bank are for beneficiary's account.
2. (×) Documents must be presented within 15 days after the date of issuance of the transport documents but within the validity of this credit.
3. () Third party as shipper is not acceptable. Short Form/Blank Back B/L is not acceptable.</td></tr>
</table>

（续）

4. ( ) Both quantity and amount 10 % more or less are allowed. 5. ( ) prepaid freight drawn in excess of L/C amount is acceptable against presentation of original charges voucher issued by Shipping Co. /Air line/or its agent. 6. ( ) All documents to be forwarded in one cover, unless otherwise stated above. 7. (×) Other terms, if any: a) Charter party B/L and third party documents are acceptable. b) Shipment prior to L/C issuing date is acceptable. Advising bank: Commerzbank AG, 60261 Frankfurt/Main ⑮ Applicant: CHANGZHOU CHANGXIN IMPORT & EXPORT CORP. NO. 25 MINGXIN RD, CHANGZHOU JIANGSU, CHINA ⑥ TEL.: 0519-86338171

由于是老客户，中国银行同意常信公司缴付合同金额8%的担保金，也就是43120元人民币（合同的金额是70000欧元，当时的汇率是1:7.7）。此外，还支付了808.50元开证手续费（开证手续费为合同金额的1.5‰）。

手续费收讫后，中国银行即向Deutsch Erntetechnik Trading Company开出信用证，并将信用证正本电传给德国的Commerzbank，然后由该行将信用证传达给受益人。

Letter of credit

		BKCHCNJSA08E SESSION: 000 ISN: 000000
Issuing bank		BANK OF CHINA CHANGZHOU BRANCH NO. 5 DRAGON FLY BRIDGE CHANGZHOU CHINA
Destination Bank		COMMERZBANK 60261 FRANKFURT/MAIN
Type of Documentary Credit	40A	IRREVOCABLE
Letter of Credit Number	20	LC84E1181/03
Date of Issue	31C	200816
Date and Place of Expiry	31D	DATE 201015 PLACE GERMANY
Applicant Bank	51D	BANK OF CHINA CHANGZHOU BRANCH
Applicant	50	CHANGZHOU CHANGXIN IMPORT & EXPORT CORP.
Beneficiary	59	DEUTSCH ERNTETECHNIK TRADING COMPANY BAIERSDORFER STR 15, POXDORF, BAYERN
Currency Code, Amount	32B	EUR 70000
Available with... by...	41D	ANY BANK BY NEGOTIATION
Drafts at	42C	AT SIGHT
Drawee	42D	BANK OF CHINA CHANGZHOU BRANCH
Partial Shipments	43P	NOT ALLOWED
Transshipment	43T	ALLOWED
Shipping on Board/Dispatch /Packing in Charge at/ from	44A	HAMBURG, GERMANY
Transportation to	44B	SHANGHAI CHINA
Latest Date of Shipment	44C	200930
Description of Goods or Services:	45A	Label printer Model: LX900e Brand: Primera Color&page: multicolor Dimensions (L×W×H): 438×231×438
Documents Required	46A	
1. SIGNED COMMERCIAL INVOICE IN 5 COPIES.		

（续）

2. FULL SET OF CLEAN ON BOARD OCEAN BILLS OF LADING MADE OUT TO ORDER AND BLANK ENDORSED, MARKED "FREIGHT TO COLLECT" NOTIFYING CHANGZHOU CHANGXIN IMPORT & EXPORT CORP. TEL.: 0519-86338171. 3. PACKING LIST/WEIGHT MEMO IN 4 COPIES INDICATING QUANTITY/GROSS AND NET WEIGHTS OF EACH PACKAGE AND PACKING CONDITIONS AS CALLED FOR BY THE L/C. 4. CERTIFICATE OF QUALITY IN 3 COPIES ISSUED BY PUBLIC RECOGNIZED SURVEYOR. 5. BENEFICIARY'S CERTIFIED COPY OF FAX DISPATCHED TO THE ACCOUNTEE WITHIN 3 DAYS AFTER SHIPMENT ADVISING NAME OF VESSEL, DATE, QUANTITY, WEIGHT, VALUE OF SHIPMENT, L/C NUMBER AND CONTRACT NUMBER. 6. CERTIFICATE OF ORIGIN IN 3 COPIES ISSUED BY AUTHORIZED INSTITUTION.
ADDITIONAL INSTRUCTIONS 47A 1. CHARTER PARTY B/L AND THIRD PARTY DOCUMENTS ARE ACCEPTABLE. 2. SHIPMENT PRIOR TO L/C ISSUING DATE IS ACCEPTABLE. Charges 71B ALL BANKING CHARGES OUTSIDE THE OPENING BANK ARE FOR BENEFICIARY'S ACCOUNT. Period for Presentation 48 DOCUMENTS MUST BE PRESENTED WITHIN 15 DAYS AFTER THE DATE OF ISSUANCE OF THE TRANSPORT DOCUMENTS BUT WITHIN THE VALIDITY OF THE CREDIT. Confirmation Instructions 49 WITHOUT Instructions to the Paying/Accepting/Negotiating Bank 78 1. ALL DOCUMENTS TO BE FORWARDED IN ONE COVER, UNLESS OTHERWISE STATED ABOVE. 2. DISCREPANT DOCUMENT FEE OF USD 50.00 OR EQUAL CURRENCY WILL BE DEDUCTED FROM DRAWING IF DOCUMENTS WITH DISCREPANCIES ARE ACCEPTED. " Advising Through" Bank 57A Commerzbank 60261 Frankfurt/Main ******** other wordings between banks are omitted ********

子任务 2　派船接运货物

在办妥银行开证申请手续后，孙潇随即联系翔宇国际货运代理有限公司，并填写了订舱委托书，委托该公司办理进口货物的运输。

进出口货物订舱委托书

<table>
<tr><td colspan="4">公司编号：DL09071226</td><td colspan="4">日期：2020 年 8 月 19 日</td></tr>
<tr><td colspan="4" rowspan="4">发货人：德国嘉实贸易
Deutsch Erntetechnik Trading Company, Baiersdorfer Str. 15, Poxdorf, Bayern (Bavaria)</td><td colspan="4">信用证号码：LC84E1181/03</td></tr>
<tr><td colspan="4">开证银行：中国银行常州分行武进区飞龙路支行</td></tr>
<tr><td colspan="2">合同号码：CZCX231</td><td colspan="2">成交金额：EUR70, 000</td></tr>
<tr><td colspan="2">装运口岸：汉堡</td><td colspan="2">目的港：上海</td></tr>
<tr><td colspan="4" rowspan="4">收货人：To Order</td><td colspan="2">转船运输：
是</td><td colspan="2">分批装运：
否</td></tr>
<tr><td colspan="2">信用证有效期
2020 年 10 月 15 日</td><td colspan="2">装船期限：
9 月</td></tr>
<tr><td colspan="2">运费：</td><td colspan="2">成交条件：FOB</td></tr>
<tr><td colspan="2">公司联系人：王强</td><td colspan="2">电话/传真：13123232566</td></tr>
<tr><td colspan="4" rowspan="2">通知人：
常州常信外贸有限公司，鸣新路 25 号
电话：0519-86338171</td><td colspan="2">公司开户行
中国银行常州分行</td><td colspan="2">银行账号：
02000010090 186675678</td></tr>
<tr><td colspan="4">特别要求：</td></tr>
<tr><td>标记</td><td>货号规格</td><td>货物名称</td><td>包装件数</td><td>毛重</td><td>数量</td><td>单价</td><td>总价</td></tr>
<tr><td>N/M</td><td>LX900e</td><td>Label Printer</td><td>100 箱</td><td>2600 千克</td><td>100 台</td><td>EUR700</td><td>EUR 70000</td></tr>
</table>

翔宇国际货运代理有限公司在收到托运单后，审核托运单，确定装运船舶后，安排运输。常信公司随后通知德国嘉实贸易公司预期装船的港口、船名和时间：即9月15日汉堡港口，ALTER001号货轮。9月1日，德国嘉实贸易向我方发来了货物已备妥通知。双方再次核准了装船时间、港口和地点等。

子任务3　投保货运险

9月15日，孙潇收到了德国嘉实贸易公司的已装船通知单（传真）。告知该批货物已经于当日装载至ALTER001号货轮，预计开航日期为2020年9月16日。其装船通知如下：

Shipping Advice

Hamburg, SEPT. 15th, 2020

Messr,

Dear Sirs,

L/C No. LC84E1181/03

Cover Note (or open policy) No. AD335

Under the captioned Credit and Cover Note (or Open Policy), Please insure the goods as detailed in our Invoice No. DETC0022113 Enclosed, other particulars being given below:

Carry Vessel's Name: ALTER001

Shipment Date: on or about Sept. 16th, 2020

Covering Risks (as arranged)

Kindly forward directly to the insured your Insurance Acknowledgment.

Deutsch Erntetechnik Trading Company

据此通知，孙潇立即向中国人民保险公司发出了一份“国际运输预约保险起运通知书”。

国际运输预约保险起运通知书

被保险人：常州常信外贸有限公司　　　　编号：SK030412

唛头	包装及数量	保险货物项目	价格条件	货价（原币）
N/M	Packed in cartons 100 cartons	Label printer	FOB Hamburg	EUR70000
合同号：CZCX231	发票号：DETC0022113		提单号：XMSCQFQFC00051	
运输方式：海洋运输	运输工具名称：ALTER001		运费：to collect	
开航日期：2020年9月16日	运输路线：自汉堡至上海			
投保险别：一切险	费率：0.5%	保险金额：EUR70588	保险费：EUR388	
中国人民保险公司 2020年9月15日	常州常信外贸有限公司 被保险人签章 2020年9月15日		备注	

本通知书填写一式五份送保险公司。保险公司签章后退回被保险人一份。

子任务4　审单和付汇

汇票及全套单据于9月20日顺利传递至中国银行常州分行，根据银行的通知，孙潇当日便去审核单据。审核的单据包括：商业发票、海运提单、品质证书、装箱单、原产地证书。

经审核完全无误，德国嘉实贸易的交单日期是9月17日，当日见票审核无误后，德国银行已经垫付。因而除了支付票面金额外，我方还需支付3天的垫付利息，每天的利息率为0.34%。根据当日汇率，常信公司应支付金额为{[(70000×0.34%×3)+70000]×7.7}元人民币=544497.80元人民币。

子任务5 进口报关

10月20日货物顺利到达上海港口，接到通知后，孙潇立即向上海海关提交了进口报关单。海关工作人员依法查验后，对货物征收了进口关税。具体税款的计算如下：

已知海运费用为CNY1814，保险费用为CNY 3519，则根据当日汇率1∶7.7，转化为CIF价为CNY(70000×7.7+1814+3519)，即海关完税价格为人民币544333元。经查询标签打印机的HS代码为9612100000，征收进口关税为按照总价值征收8%的税费。

则常信公司应该缴纳的进口关税=[(70000×7.7+1814+3519)×8%]元(人民币)=43546.64元（人民币）。

各种手续办好之后，上海海关即在货运单据上签印放行。

中华人民共和国海关进口货物报关单

预录入编号：459785468-8　　海关编号：2248　　页码/页数：1/1

<table>
<tr><td>境内收货人
(3204951012)
常州常信外贸有限公司</td><td colspan="2">进境关别（2248）
洋山港区</td><td colspan="2">进口日期
20201020</td><td colspan="2">申报日期
20201020</td><td colspan="2">备案号
C22510014121</td></tr>
<tr><td>境外发货人
DEUTSCH ERNTETECHNIK TRADING COMPANY</td><td colspan="2">运输方式（2）
水路运输</td><td colspan="2">运输工具名称及航次号
ALTER001</td><td colspan="2">提运单号
XMSCQFQFC00051</td><td colspan="2">货物存放地点
上海</td></tr>
<tr><td>消费使用单位
(3204988523)
常州金鼎服装厂</td><td colspan="2">监管方式（0110）
一般贸易</td><td colspan="2">征免性质（101）
一般征免</td><td colspan="2">许可证号</td><td colspan="2">启运港（GER000）
德国汉堡</td></tr>
<tr><td>合同协议号
CZCX231</td><td colspan="2">贸易国（地区）(GER)
德国</td><td colspan="2">启运国（地区）(GER)
德国</td><td>经停港</td><td colspan="3">入境口岸（442110）
黄浦仓码头</td></tr>
<tr><td>包装种类
其他包装/纸质或纤维板制盒/箱</td><td>件数
100</td><td>毛重（千克）
2600</td><td>净重（千克）
2550</td><td>成交方式
FOB</td><td colspan="2">运费
502/235.58/3</td><td>保费
502/457.01/3</td><td>杂费</td></tr>
<tr><td colspan="9">随附单证及编号
随附单证1：　　随附单证2：发票；装箱单；提/运单；合同；原产地证据文件等</td></tr>
<tr><td colspan="9">标记唛码及备注
备注：【装卸口岸】：外贸仓码头 船名：SPORT STAR N/M 集装箱标箱数及号码：1；TEXU2455221</td></tr>
</table>

项号	商品编号	商品名称及规格型号	数量及单位	单价/总价/币制	原产国（地区）	最终目的国（地区）	境内目的地	征免
1	9612100000	标签打印机 LEX900E	100箱	700 70000 欧元	德国	中国 (44019/440100) (CHN)	江苏常州	照章征税
2								
3								
4								
5								
6								
7								

特殊关系确认：否　　价格影响确认：否　　支付特许权使用费确认：否　　自报自缴：否

<table>
<tr><td>报关人员　报关人员证号　电话　　兹申明以上内容承担如实申报、依法纳税之法律责任</td><td rowspan="2">海关批注及签章</td></tr>
<tr><td>申报单位　常州常信外贸有限公司　　申报单位（签章）常州常信外贸有限公司</td></tr>
</table>

子任务 6　货物验收和拨交

海关放行后，孙潇会同相关人员一起查验货物，发现一切正常。由于订货单位是常州金鼎服装厂，所以委托运输公司将货物转交给该服装厂。

任务实施心得

为避免日后出口商提出的信用证修改请求所导致的时间拖延，开证申请书内容必须与合同内容一致，做到完备、明确、具体。

履行 FOB 进口合同，双方必须及时联络，一定要做好船货双方之间的协调和衔接工作。否则极易出现船只等待货物或者货物等待船只的情况。

预约保险的方式适用于经常有货物进口的外贸公司或企业。按此种方式办理保险，可简化投保手续，免去逐笔投保的麻烦，还可防止漏保。

在履行凭信用证付款的 FOB 进口合同时，上述各项基本环节是不可缺少的，但是在履行凭其他付款方式和其他贸易术语成交的进口合同时，其工作环节有别。例如，在采用汇付或托收的情况下，就不存在买方开证的工作环节；在履行 CFR 进口合同时，买方则不负责租船订舱，此项工作由卖方办理；在履行 CIF 进口合同时，买方不仅不承担货物从装运港到目的港的运输任务，而且不负责办理货运投保手续，此项工作由卖方按约定条件代为办理。这就表明，履行进口合同的环节和工作内容，与出口合同履行一样，也主要取决于合同的类别及其所采取的支付条件。

17.3　相关知识

按 FOB 术语和信用证付款方式成交的进口合同，其履行合同的一般程序包括开立信用证、租船订舱、接运货物、办理货运保险、审单付款、报关提货、验收和拨交货物、办理索赔等环节，进口贸易业务操作流程（FOB+L/C）如图 17-1 所示。

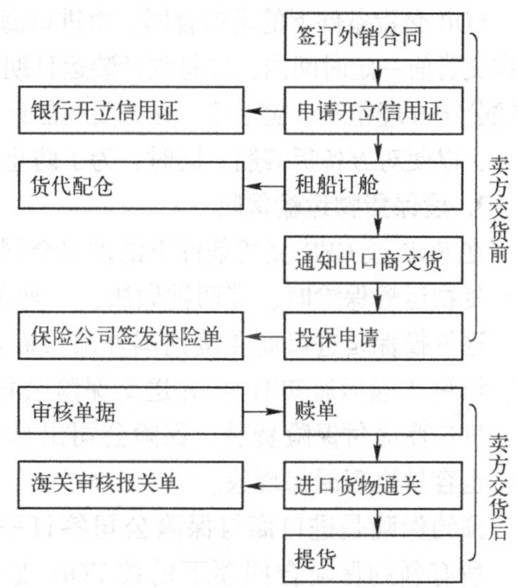

图 17-1　进口贸易业务操作流程（FOB+L/C）

1. 申请开证

作为进口商，应在合同规定的时间内办理信用证的开证。如合同规定在卖方确定交货期后开证，应在接到卖方上述通知后开证；如合同规定在卖方领到出口许可证或支付履约保证金后开证，应在收到对方已领到出口许可证的通知，或银行转知保证金已收后开证。

一般而言，进口商都在业务往来银行申请开立信用证，具体分为以下几个步骤。

（1）递交有关合同的副本及附件

进口商在向银行申请开立信用证时，应向银行递交相关的进口合同副本及附件，如进口许可证、进口配额证（需要进口许可证及配额商品时）、某些政府部门的批文等。

（2）填写信用证申请书

信用证申请书是开证银行对外开立信用证的基础和依据。因此，在填写申请书时，应与合同条款一致。例如品质、规格、数量、价格、交货期、装货期、装运条件及装运单据等，应以合同为依据，并在信用证申请书中一一做出规定。

开证申请书除了背面的内容外，主要还有下列一些内容（对照开证申请书）：①开证行名称；②开证通知方式，要明确指示信用证采用全电、简电或信开方式；③申请日期；④信用证的有效期及地点；⑤通知行名址；⑥申请人名址；⑦受益人名址；⑧金额（大小写）和币别；⑨信用证类型，即明确信用证是即期付款、承兑、议付或延期付款；⑩受益人必须提供的单据种类、正副本份数、内容及要求等；有关货物的简要描述；必要的附加指示，如国外银行费用由谁负担、提交单据的期限、以第三者为发货人的运输单据可否接受等；价格条件及原产国；装运条款；开证申请人签章。

(3) 交纳押金和开证手续费

按照国际惯例，进口商向银行申请开立信用证，应向银行交付一定比例的押金或其他担保金。押金一般为信用证金额的百分之几到百分之几十，根据进口商的资信情况而定。此外，银行为进口商开证时，开证申请人还需按规定支付一定比例的开证手续费，通常为申请金额的1.5‰。

(4) 银行开立信用证

开证行在收到进口商的开证申请后，立即对开证申请书的内容及其与合同的关系、开证申请人的资信状况进行审核，在确定接受开证人的申请，并收到开证申请人提交的押金及开证手续费后，即向信用证受益人开出信用证，并将信用证正本电传给受益人所在地分行或代理行，然后由该行将信用证通知给受益人。

2. 租船订舱

FOB交货条件下的进口合同，由进口商负责派船到对方口岸接运货物。如合同规定，出口商在交货前一定时间内，应将预计装运日期通知进口商。进口商在接到上述通知后，应及时向运输公司办理租船订舱手续，在办妥租船订舱手续后，应按规定的期限将船名及船期及时通知对方，以便对方备货装船。同时，为了防止船货脱节的情况，注意催促对方按时装运。

3. 投保货物运输保险

在FOB或CFR交货条件下的进口合同，保险由进口商办理。进口商在向保险公司办理进口货物运输保险时，有两种做法，一种是逐笔投保方式，另一种是预约保险方式。

逐笔投保是进口商在接到国外出口商发来的装船通知后，直接向保险公司提出投保申请，填写“起运通知书”，并送交保险公司。保险公司承保后，即在“起运通知书”上签章，进口商缴付保险费后，保险公司出具保险单，保险单随即生效。这种投保方式比较麻烦，也容易出现漏保现象。

预约保险是进口商与保险公司签订一个总的预约保险合同，按照预约保险合同的规定，所有预约保险合同项下的按FOB或CFR条件进口货物的保险，都由该保险公司承保。预约保险合同对各种货物应投保的险别做出具体规定，故投保手续比较简单。每批进口货物，在收到国外装船通知后，即直接将装船通知发送至保险公司或填制国际运输预约保险起运通知书，将船名、提单号、开船日期、商品名称、数量、装运港、目的港等内容通知保险公司，保险公司即对该批货物自动承保，一旦发生承保范围内的损失，由保险公司负责赔偿。

【例17-1】 我国某外贸公司进口一批价值为CFR上海12000美元的货物。现按CIF价格加成10%投保一切险和战争险，业务员应该怎么去办理保险手续？

解：查保险费率表得出一切险和战争险费率分别为0.5%和0.04%，则总费率为

$$0.5\%+0.04\%=0.54\%$$

将CFR价值转化为CIF价值，即

$$CIF=12000\text{ 美元}\div(1-0.54\%\times1.1)=12072\text{ 美元}$$

得出保险费为

$$12072\text{ 美元}\times1.1\times0.54\%=71.71\text{ 美元}$$

4. 审单和付汇

出口商在货物装运后，将汇票与全套货运单据经国外银行寄交进口国的开证行。开证行收到国外寄来的汇票和单据后，根据“单证一致”和“单单一致”的原则，对照信用证的条款，核对单据的种类、份数和内容。

如果发现“单证不符”和“单单不符”的情况时，可以有以下处理方法：第一，由开证银行向国外银行提出异议，根据不同情况采取必要的处理办法；第二，由国外银行通知出口商更正单据；第三，由国外银行书面担保后付款；第四，拒付。

如果完全相符，即由开证行向国外付款，并通知进口商付款赎单。进口公司付款后，获得运输单据凭以提货。

5. 进口报关

进口报关的工作流程分为两个阶段。第一阶段为进口申报，即**进口货物的收货人应当自运输工具申报进境之日起的14日内向进境口岸的海关进行申报**。由进口公司或委托货运代理公司或报关行根据进口单据填具“进口货物报关单”向海关申报，并随附发票、提单、装箱单、保险单、进口许可证及审批文件、进口合同、产地证和海关认为必要的产地证等其他有关证明。第二阶段为配合查验、缴纳税费和提取货物。即在海关监管区域内对进口货物进行查验。在完成接受查验、缴纳税款等手续以后，由海关工作人员在货运单据上签印放行。收货人或其代理人必须凭海关签印放行的货运单据才能提取进口货物。

6. 货物验收和拨交

进口货物运达港口卸货时，要进行卸货核对。如发现短缺，应及时填制“短卸报告”交由船方签认，并根据短缺情况向船方提出保留索赔权的书面声明。卸货时如发现残损，货物应存放于海关指定仓库，待保险公司会同海关商品检验司检验后再做出处理。

对于法定检验的进口货物，必须由卸货地或到达地的海关商品检验司进行相关检验，未经检验的货物不准投产、销售和使用。如进口货物经海关检验司检验，发现有残损短缺，应凭海关检验司出具的证书对外索赔。

在办完上述手续后，如订货或用货单位在卸货港所在地，则就近转交货物；对订货或用货单位不在卸货地区，则委托货运代理将货物转运内地并转交给订货或用货单位。关于进口关税和运往内地的费用，由货运代理向进出口公司结算后，进出口公司再向订货部门结算。

7. 争议与索赔

在履行进口合同过程中，往往因卖方未按期交货或货到后发现品质、数量和包装等方面有问题，致使买方遭受损失，而需向有关方面提出索赔。进口索赔事件虽不是每笔交易都会发生，但一旦出现卖方违约或发生货运事故，应切实做好进口索赔工作。根据造成损失原因的不同，进口索赔也可分为向出口商索赔、向轮船公司索赔、向保险公司索赔三种情况。

课堂思考

如果出现原装数量不足；货物的品质、规格与合同规定不符；包装不良致使货物受损；货物数量少于提单所载数量；提单是清洁提单，而货物有残缺等情况，买方如何判定索赔对象？

在进口业务中，办理对外索赔时，一般应注意以下事项。

第一，保留索赔证据。对外提出索赔需要提供证件，首先应制备索赔清单，随附商检机构签发的检验证书、发票、装箱单、提单副本。其次，对不同的索赔对象还要另附有关证件。向轮船公司索赔时，须另附由船长及港务局理货员签证的理货报告及船长签证的短卸或残损证明；向保险公司索赔时，须另附保险公司与买方的联合检验报告等。

第二，计算索赔金额。索赔金额，除受损商品的价格外，产生的相关费用（如商品检验费、装卸费、银行手续费、仓租、利息等），也可以包括在索赔金额内。

第三，注意索赔期限。对外索赔必须在合同规定的索赔有效期限内提出，过期无效。如果商检工作需要很长的时间，可向对方要求延长索赔期限。

17.4 知识拓展

1. 主要进口税费

(1) 进口关税

进口关税是指一国海关以进境货物和物品为课税对象所征收的关税，包括正税和附加税两种，根据征收方式分类，可以分为从价税、从量税、复合税和滑准税。其中从价税的计算方法为：

进口关税额=进口关税的完税价格×进口关税率=CIF 价×进口关税率

注意：

此处的完税价格是货物 CIF 价格，若进口是以 FOB 或 CFR 成交的，计算关税时，应转化成 CIF 价格。

(2) 进口代征税

进口代征税是指按照国家规定，由海关代征的进入境内市场流通的境外货物依法应缴纳的国内税，其中包括进口环节的增值税、消费税和船舶吨税。这里简要介绍消费税和增值税的计算方法。

① 进口环节消费税。消费税是以消费品或消费行为的流转额作为课税对象而征收的一种流转税，采用从价、从量和复合计税的方法计征。消费税采用价内税的计算方法，即计税价格中包含了消费税税额。这里简要介绍从价法。

进口消费税额=进口消费税的完税价格×进口消费税税率

进口消费税的完税价格=进口货物完税价格+进口关税额+消费税额

进口消费税的完税价格=(进口货物完税价格+进口关税额)÷(1-消费税税率)

进口消费税额=(进口关税的完税价格+进口关税额)÷(1-进口消费税税率)×进口消费税税率

② 进口环节增值税。进口环节增值税是在货物、物品进口时，由海关依法向进口货物的法人或自然人征收的一种增值税。

进口增值税额 = 进口增值税的完税价格×进口增值税税率

= (进口关税的完税价格+进口关税+进口消费税)×进口增值税税率

2. 实用英语

Application for Credit　开证申请书

CCC　中国强制认证

CQC　中国进出口质量认证中心

Delivery Order (D/O)　到港通知

Estimated Time of Closing (ETC)　截关日

FDA　美国食品药品管理局

IEEE　美国电气电子工程师学会

17.5　业务技能训练

17.5.1　自测习题

1. 翻译

1) Implementation of a Contract____________　2) Import License System____________

3) Customs Invoice____________　4) Application for Credit____________

2. 单选题

1) 在进出口贸易中，信用证的开证申请书是由（　　）填写。

A. 出口商　B. 进口商　C. 出口方银行　D. 进口方银行

2) 进口企业审核单据时，处于中心位置的单据是（　　）。

A. 进口报关单　B. 进口许可证　C. 商品检验证书　D. 商业发票

3) 进口货物的收货人或他们的代理人在货物抵达卸货港后，应立即向海关申报。法定申报时限为自运输工具申报进境之日起（　　）天内。

A. 3　B. 7　C. 14　D. 15

4) 在进口贸易中，进口关税的计算是以（　　）术语为基础的。

A. FOB　B. CFR　C. CIF　D. EXW

5) 进口商填写开证申请书的主要依据是（　　）。

A. 发票　B. 贸易合同　C. 订单　D. 进口许可证

3. 判断题

1) 进口审单付款时，只要单证不符，银行任何时候都可停止对外付款。（　　）

2) 国际贸易中的进口货物运输保险一般采取逐笔投保。（　　）

3) 保税货物属于海关监管货物，未经海关许可，任何单位和个人不得开拆、提取、交付、发运、调换、改装、转让或更换标记。（　　）

17.5.2　课堂训练

1. 采用 FOB 贸易术语进口时，对于买卖双方来说存在着船货衔接的问题。请问可以通过什么途径解决？

2. 如果某外贸公司准备进口一批美国大豆，请叙述进口的流程。

3. 案例分析：甲方按 FOB 条件向乙方购买一批大宗商品，双方约定的装运期限为 2020 年 5 月份，后因买方租船困难，接运货物的船舶不能按时到港接运货物，出现较长时期的货等船的情况，卖方便以此为由撤销合同，并要求赔偿损失，你认为卖方的做法是否合理？为什么？

17.5.3 实训操作

1. 请根据信用证预审单的相关信息，为上海新联纺织品股份有限公司拟写一封信函，对其中标出的三个问题进行修改。

开证行	BANK OF NAGOYA LTD.				开证日期			Oct. 6th，2020				
申请人	THE GENRRU TRADING CO.，LTD.				受益人			SHANGHAI NEW UNION TEXTILES IMP&EXP. CORP. PUDONG COMPANY 3409 NEW DENG ROAD SHANGHAI CHINA				
信用证金额	①USD172 006（应为USD172 066）				信用证号			NLC0310598				
汇票付款人	开证行				汇票期限			②见票后60天（应为即期）				
可否转船	可以				可否分批装运			可以				
装运期限	Dec. 15th，2020以前				有效期	Dec. 30th，2020		到期地点			③KOBE	
唛头	未指定				交单日			提单日后3天				
单据名称	提单	发票	装箱单	重量单	保险单	产地证	FORMA	寄单证明	寄单邮据	寄样证明	寄单邮据	寄样证明
银行	3/3	3	3		2	2		3				3
提单或承运单据	抬头		To order		保险	一切险加战争险						
	通知		applicant			加成10%		赔款地点			目的港	
	注意事项		注明运费已付									
备注	检验证明须由开证申请人签发											

综合训练四

1. 业务背景

2019年10月，常州环亚进出口贸易公司从老客户日本三洋商会进口一批面料。双方进行了多次谈判，于11月3日签订了如下进口合同。请以公司业务员身份，完成该合同下的各项履约任务。

PURCHASE CONTRACT

Contract No.：SYC763/09N

Date：NOV. 3，2019

The Sellers：SANYONG CHAMBER OF COMMERCE

Address：6-14，Fukahori-machi 3-chome，Nagasaki

TEL.：0081-8054677434 FAX：0081-8054677435

The Buyers：Changzhou Huanya Import And Export Co.，Ltd.

Address：118 Huayuan Road，Changzhou，P. R. China

TEL.：0086-519-86739177 FAX：0086-519-86739178

This contract is made by and between the Buyers and the Sellers，whereby the Buyers agree to buy and the Sellers agree to sell the under-mentioned commodity according to the terms and conditions stipulated below：

Ⅰ COMMODITY AND SPECIFICATIONS：

Name of the commodities	Specifications	Quantity	Unit Price	Amount
Blended shell fabric	BRDXK09A38 Composition：80%poly+20%rayon Weight：206g/m^2 Width：58/59" Density：40s/2×150D/104×98	2000M	FOB Osaka USD2. 5/M	USD5000. 00

Ⅱ COUNTRY OF ORIGIN：Japan

Ⅲ PACKING：100meters in one roll，with plastic bag

Ⅳ TIME OF SHIPMENT：No later than Dec. 30，2019，transshipment allowed，partial shipments not allowed.

Ⅴ PORT OF SHIPMENT：Osaka

Ⅵ PORT OF DESTINATION：Shanghai，China

Ⅶ INSURANCE：To be covered by the buyer.

Ⅷ PAYMENT：To be effected by irrevocable letter of credit available by draft（s）at sight for 100% of invoice value drawn by the Sellers.

Ⅸ INSPECTION：Inspection result of CIQ at destination should be final.

The Seller： The Buyer：

SANYONG CHAMBER OF COMMERCE Changzhou Huanya Import And Export Co.，Ltd.

中村恒介 雷黎

2. 训练任务

（1）根据买卖合同要求，到中国银行常州分行填写信用证开证申请书，申请开立信用证。

（2）12 月 16 日接到客户装船通知，请向中国人民保险公司办理货物进口投保手续（有预约保险协议）；制作保险单。

DEAR SIRS，

WE ARE PLEASED TO ADVISE YOU OF THE SHIPPING DETAILS AS FOLLOWS：

L/C NO.：1109021198

CONTRACT NO.：SYC763/09N

INVOICE NO.：HY990723/1

COMMODITY：BLENDED SHELL FABRIC

WEIGHT：206G/M^2 WIDTH：58/59" LENGTH：2000M

B/L NO.：COSCO 2716022 GW.：450KG KW.：412KG

NAME OF VESSEL：CHICAGO BRIDGE 57W

DATE OF SHIPMENT：DEC. 14，2019

FROM OSAKA TO SHANGHAI

VALUE OF SHIPMENT：USD5000. 00 FOB OSAKA

OCEAN FREIGHT：USD 300

PREMIUM RATE：1. 5‰

WE HEREBY CERTIFY THAT THE ABOVE CONTENT IS TRUE AND CORRECT.

BEST WISHES

YOURS FAITHFULLY

×××××××××

（3）填写报关单，向海关办理货物进口报关手续。

情境5

风险防范与争议的处理

任务18 国际贸易风险的防范与控制

知识要点

1. 国际贸易风险的主要种类
2. 出口信用保险的主要种类

技能要点

- 能够采取恰当的国际贸易风险的防范措施
- 能够采用合适的国际贸易风险的控制措施
- 办理短期出口信用保险投保手续

导学

国际贸易业务必须强化风险意识，学习本任务，综合前面所学的知识，做好国际贸易风险的防范与控制措施。

首先了解国际贸易业务各个环节中存在的风险，熟悉国际贸易风险的种类；风险重在预防，从贸易伙伴的选择、资信调查到贸易术语、支付方式的选择等全方位做好预防；在合同与客户管理、运输风险及汇率风险等方面做好风险控制。

向政策性保险公司投保出口信用保险是外贸出口企业规避出口信用风险的较好选择之一。应重点掌握出口信用保险的投保流程、保险险别的选择以及出口信用保险理赔的手续。

18.1 任务描述与分析

1. 任务描述

> 2019年7月，常信公司向巴西A公司出口一批化工品，金额为7万美元，合同支付条件为D/A 150天。考虑到当前全球金融市场的动荡以及承兑交单的风险，陈先生让孙潇等人务必采取合理措施来防范风险。

2. 任务分析

进出口贸易获利大，风险也大，外贸企业必须意识到加强国际贸易风险防范的重要性，建立和健全风险防范部门的工作，让风险意识与风险管理成为企业日常运作管理的重要组成部分。

在国际贸易业务的各个环节都存在着各种风险，为了使己方处于主动、有利的地位，必须注意在进出口合同签约前、签约时以及履约的不同阶段，把握重要的交易规则，增强风险意识，在合同签订前要注意防范风险，在合同履行阶段要注意控制风险。如果合同履行出现争议，要运用恰当的手段化解风险，避免损失的发生或把损失降到最低。

18.2 任务实施与心得

常信公司决定办理出口信用保险防范进口国政治风险（包括战争、外汇管制、进口管

制和颁发延期付款令等）和进口商商业风险（包括破产、拖欠和拒收）而引起的收汇损失。

（1）投保出口信用保险，申请限额

常信公司填写“短期出口信用保险综合险投保单”，向中国出口信用保险公司（SINOSURE）申请限额。因为调查资信需要一段时间，包括内部周转时间、委托国外资信机构进行调查时间，有时长达1个月之久。

（2）办理出口申报

出口货物在装运时，常信公司及时填制“出口信用保险申报单”，向保险公司申报，并缴纳保险费。中国信保公司接受保险，为其批复买方信用限额OA150天USD60000.00。

（3）买方违约后，常信公司向中国信保索赔成功

货物出运后，买方承兑汇票并提取了货物，但未按期支付货款。常信公司于2019年12月向中国信保公司报损并委托调查追讨。经中国信保公司海外渠道的追讨，买方全额承认债务，但拒绝提供明确的还款计划。2020年3月，常信公司向中国信保公司提交了“索赔申请书”。经调查，常信公司无履约瑕疵，索赔单证齐全，发生的风险属于保险公司的保险责任。中国信保公司向常信公司支付了6万美元赔款。

任务完成心得

（1）国际贸易风险的防范

出口企业在合同条款的制订上采取防范措施，在支付方式上力争让进口方提前支付一部分货款，以降低进口方拒付造成的损失；向保险公司办理货物运输保险，以防范国际货物运输风险造成的损失。

（2）企业外贸部门应充分重视出口信用保险

外贸出口企业每个员工都必须增强风险意识，充分认识出口信用保险对化解风险、扩大出口的重要作用。企业内部应制定一套投保出口信用保险的制度，对信用等级较低、出口规模较大或新发展的客户，规定必须投保出口信用保险，避免只顾出口而忽略收汇安全，建立健全防控风险的制度体系。

（3）注意自身对出口信用风险的管理

外贸行业的出口信用风险管理可以由经理和财务共同负责，大企业要成立专门的信用管理部门。牢记无论合作伙伴是大公司还是小企业，老客户还是新客户，都可能存在信用风险。尤其在全球经济危机的大背景下，加强自身的出口信用风险管理，尤其是投保出口信用保险，是外贸出口企业规避出口信用风险的较好选择。

18.3 相关知识

18.3.1 国际贸易风险的基本类型

1. 按照国际贸易业务流程，国际贸易风险的分类

按照国际贸易业务流程，国际贸易风险可以分为交易前风险、磋商交易风险、签订合同风险和履行合同风险。

交易前风险是指进出口经营者对交易对手选择不当引起的风险；磋商交易风险是指在进出口合同交易磋商过程中由于各种失误而引起的风险；签订合同风险是指合同签订过程中对进出口合同条款审核不严而引起的风险；履行合同风险是指在进出口合同履行的各个阶段，如因审

证、备货、租船订舱、报关报运、制单结汇、核销退税和索赔理赔等方面而引起的风险。

2. 从宏观和微观两个方面对国际贸易风险的分类

从宏观层面看，国际贸易风险包括本国和目标市场国家的政治风险、社会风险、政策风险、经济风险、技术风险和文化风险，即营销环境中 PEST（Politics，Economy，Society，Technology）结构化的风险。从微观层面看，国际贸易风险则应包括企业经营战略和经营策略方面的风险，后者最为常见，如合同风险、运输风险、结算风险和价格风险等。

3. 国际贸易国家性风险

国际贸易国家性风险主要由下列因素引起的风险，如外国发生政府更迭、政局动荡不安、爆发战争等政治因素；发生种族冲突及宗教冲突等社会因素；外汇管制、贸易管制、国际贸易政策的差异、不同的法律、不同的习惯和歧视性的贸易政策等贸易制度因素。

4. 国际贸易市场性风险

国际贸易市场性风险是指由汇率风险、利率风险和价格风险引起的国际贸易风险。在国际贸易结算中，进口商或出口商双方中至少有一方是以外币计价的，但外汇汇率又处于变动之中，为此买卖双方就要承担汇率涨跌的风险。另外，货物或原材料的价格都可能发生很大的变化，买卖的一方就必须承担因价格升降而引起的风险。

5. 国际贸易欺诈性风险

国际贸易欺诈风险是指由人为欺诈所导致的国际贸易风险。欺诈性风险分为：国际货物买卖合同的欺诈、国际货物运输（一般指海洋运输）欺诈和国际贸易结算欺诈。合同欺诈方主要是利用合同条款进行欺诈，特别是合同中的品质条款、违约条款、担保条款和索赔条款常常会被欺诈者利用。国际贸易结算欺诈行为主体可能是参与贸易的单方、多方或双方，或由贸易商与船东共谋，或船东自谋等。欺诈的目标可能是定金、预付货款、贷款、货物及保险金等。

此外从市场风险的角度，还可分为国际市场区域选择与进入时机风险、价格波动风险、汇率波动风险、政治局势风险；还有针对出口业务的经营风险，包括交货风险、收汇风险、市场风险、国内客户资信风险及国外客户资信风险等。

18.3.2 国际贸易风险的预防

风险重在预防，要在风险发生前，想办法杜绝风险的发生。

1. 进行资信调查，慎重选择贸易伙伴

选择可靠的客户是预防风险的首要环节。要注意进口国的系统风险，不要与资信不明或资信不好的客户做生意。应尽可能通过正式途径来接触和了解客户，在签订合同前，应设法委托有关咨询机构对客户进行资信调查，以便心中有数，做出正确的选择，以免错选贸易伙伴，自食苦果。特别是在网络迅速发展的今天，不能仅凭借精美制作、内容丰富的网页判断一个企业，一定要通过权威机构，如我驻外机构、国际知名咨询机构、银行、会计师事务所、进出口商会等了解交易对方的财务状况和资信记录。

资信调查的内容包括以下方面：①组织机构情况，包括企业的性质、创建历史和主要负责人、详细地址等；②政治情况，包括企业负责人的政治背景、与政界的关系及对我国的政治态度等；③资信情况，包括企业的资金（注册资本、财产及负债情况等）和信用（商业道德、履约信誉及公共关系水平等）两个方面；④经营范围与经营能力。

对交易企业的资信进行调查后，应分类建立客户档案，并制作档案卡备查。

2. 完善合同条款规避合同风险

完善合同条款可以很好预防风险的产生。合同对国际贸易中买卖双方的责任、权利、义务、费用和风险等进行了明确的划分，具有法律效力。合同主要条款不能含糊或产生歧义，以防止对方利用条款设置骗局，留下隐患。

制订一份完善的合同，要对合同每个条款理解准确、深刻，交易磋商时细心、全面，缮制合同时严密、完整，履约时一丝不苟、及时沟通。这需要业务人员具备扎实的进出口相关知识和丰富的经验，外语水平过硬，并且熟悉相关法律知识和国际贸易惯例。

经常性交易由企业法律人员或法律顾问及有关业务人员共同参与制订标准合同格式。标准合同硬条款齐备，订有法律适用、违约责任和争议解决方式等内容。业务人员在签订合同时，如需对标准合同格式中有关重要条款进行修改，须在充分征求法律人员意见的基础上，由企业主管领导批准。

企业还应建立合同审批制度，明确各部门对合同中的某些重要条款（如赊销、寄售等）的审核责任，不可忽视不可抗力条款、仲裁条款的内容，从而提高合同的抗风险能力。业务部门应就合同中的重要条款填具由企业统一印制的合同条款审批联系单，并送有关部门审核同意后，再正式对外签约。一旦发生合同争议，这些条款能够帮助出口商保护自己的利益，减少损失。特别是仲裁条款，由于仲裁条款具有相对独立性，合同的变更、解除、终止或者无效，都不影响其效力。

3. 慎重选择贸易术语预防风险

对出口商而言，选择属于装运合同性质的术语的风险要远小于选择到达合同性质的术语的风险。

在同属于装运合同性质的术语中，出口业务中采用 CIF（或 CFR）术语成交要比采用 FOB 有利。因为，在 CIF 条件下，国际货物买卖中涉及的三个合同（买卖合同、运输合同和保险合同）都由卖方作为当事人，他可根据情况统筹安排备货、装运和投保等事项，保证作业流程上的相互衔接。如果出口合同采用 FOB 术语，进口商容易和他指定的货代串通一气，采取无单提货，使出口企业货、款两空。

目前，除一些国际上知名度高的国际货运代理外，多数境外货代的资质情况难以考证。不法商人与境外货代互相勾结，大多是以小金额的订单试几票，让发货人感到结汇安全，然后就以较大金额的订单诈骗。这里出问题的关键在于货代提单只能提供给卖方作结汇之用，它不是物权凭证，作为真正物权凭证的船公司提单掌握在货代手里，货代凭船公司提单把货提取出来，买方则不去银行赎单，使卖方货、单两空。

现今的国际贸易是买方市场，卖方为了促成一笔交易都尽可能地满足买方的要求。如不得已采用 FOB 条件成交，买方指定境外货代时，卖方应要求境外货代的提单必须由国内货代签发并掌握货物的控制权，并向发货人出具保函，使发货人的货权得到保障。这也促使国内货代必须对境外货代的资质进行考查，才敢于承担此责任。与此同时，境外货代若找不到国内货代为其代理，就承担不了被买方指定的角色，买方当然也就不会埋怨卖方不接受其指定的代理。

4. 选择有利的支付方式

对不了解的客户，交易时要选择风险小的支付方式，对出口商而言，最好是先收款后发货。对进口商而言，最好是先收货后付款。双方折中的结果往往是采用信用证支付。

信用证也不是一种无懈可击的支付方式，也不可能完全避免风险，必须注意对信用证项下风险的防范。开证行应认真审查开证申请人的付款能力，严格控制授信额度，对资信不高的申请人要提高保证金比例，落实有效担保。信用证业务的特点决定了单据对整笔业务完成的重要性，因此出口商必须确保结汇单据的正确。

18.3.3 国际贸易风险的控制

1. 加强合同管理与客户管理

进出口工作涉及许多方面，企业应该建立一套完整的进出口合同管理制度。在合同签订之前，对合同的可信性、可操作性、正确有效性和抗风险性进行严格的审核，将进出口合同可能带来的风险降到最低程度。

企业必须加强合同印章和合同的管理。合同正式签署后，应交合同管理部门保管。每笔业务完成后，做好归档。

为每一个客户建立业务档案，包括资信度、贸易量等，逐年筛选，形成完整的客户管理制度，降低进出口风险。

2. 货物运输风险的控制

投保运输保险防范运输风险，前面已经做了阐述，此处不再重复。在此主要介绍海运提单风险控制和空运风险的控制。

海运提单一般应做成空白抬头并背书，从而在各种情况变化而遭买方拒付时可以通过背书转让海运提单，及时处理该批货物，避免记名提单而无法办理背书转让。

选择空运方式时，出口方的风险大大提高，D/P 这种完全依赖外商商业信誉的托收模式最好不要选择；由于空运运单没有物权凭证的效力，L/C 付款模式也大大降低了其制衡效果；卖方可要求货代将空运单的收货人填写为开证银行以确保货款的安全。建议企业在100%收到货款后方可采取空运模式。

3. 运用金融工具控制汇率风险

在当前国际金融市场汇率变动频繁且幅度较大的背景下，须考虑货币汇率升降的风险。具体可以从以下几个方面，采取一定的方法来控制风险。

1）在出口业务中，一般应尽可能争取使用汇率稳定且有升值趋势的货币，即所谓“硬币”。在进口业务中，一般应尽可能争取使用汇率有下降趋势的“软币”。此外，也还可采用其他的方式，如压低进口价格或提高出口价格、软硬币结合使用、订立外汇保值条款等。

2）采取即期合同法、远期合同法、货币期货合同法、期权合同法、择期合同法、掉期合同法、借贷法及投资法等来防止风险。

网站链接：世界上主要货币即时汇率查询网：https://www.xe.com/Zh-CN/。

4. 借鉴国际先进经验，有效控制进出口贸易风险

大力借鉴并推广其他行之有效的进出口贸易风险管理手段，如出口保理（factoring）、出口信用保险和福费廷（forfeiting）等，以提高风险管理的水平。下面主要介绍出口信用保险。

18.3.4 出口信用保险

1. 出口信用保险的概念

出口信用保险（Export Credit Insurance）是国家为了鼓励并推动本国的出口贸易，为众多出口企业承担由于进口国政治风险和进口商商业风险而引起的收汇损失的政策性险种，属于非营利性的保险业务，是政府对市场经济的一种间接调控手段和补充，是世界贸易组织

(WTO）补贴和反补贴协议原则上允许的支持出口的政策手段。

目前，全球贸易额的12%~15%是在出口信用保险的支持下实现的，一些国家的出口信用保险机构提供的各种出口信用保险保额甚至超过其本国当年出口总额的1/3。

2. 出口信用保险的种类

目前世界上已有信用保险险种数十种。根据不同的标准，有不同分类，现介绍以下几种。

（1）按信用期限长短划分

出口信用保险可分为短期出口信用保险和中长期出口信用保险。短期出口信用保险共有综合保险、统保保险、信用证保险、特定买方保险、买方违约保险和特定合同保险六种。中长期出口信用保险分为出口买方信贷保险、出口卖方信贷保险和再融资保险三种。

（2）按照保障风险的不同划分

可以分为只保商业风险的出口信用保险、只保政治风险的出口信用保险和既保商业风险又保政治风险的出口信用保险以及汇率风险保险等。

商业信用风险主要包括：买方因破产而无力支付债务、买方拖欠货款、买方因自身原因拒绝收货及付款等。

政治风险主要包括因买方所在国禁止或限制汇兑、实施进口管制、撤销进口许可证、发生战争和暴乱等卖方、买方均无法控制的情况，导致买方无法支付货款。

（3）按照保险责任的起讫时间划分

出口信用保险可分为出运前信用保险和出运后信用保险。

3. 出口信用保险作用

（1）提高市场竞争能力，扩大贸易规模

投保出口信用保险使企业能够采纳灵活的结算方式，接受银行信用方式之外的商业信用方式（如D/P，D/A，OA等）。使企业给予其买家更低的交易成本，从而在竞争中最大程度抓住贸易机会，提高出口企业的竞争能力，扩大贸易规模。

（2）提升债权信用等级，获得融资便利

出口信用保险承保企业应收账款来自国外进口商的风险，从而变应收账款为安全性和流动性都比较高的资产，成为出口企业融资时对银行的一项有价值的“抵押品”，从而容易获取银行贷款等。

（3）建立风险防范机制，规避应收账款风险

借助专业的信用保险机构防范风险，可以获得单个企业无法实现的风险识别、判断能力，并获得改进内部风险管理流程的协助。另外，交易双方均无法控制的政治风险可以通过出口信用保险加以规避。

（4）通过损失补偿，确保经营安全

通过投保出口信用保险，信用保险机构将按合同规定在风险发生时对投保企业进行赔付，有效弥补企业财务损失，保障企业经营安全。同时，借助专业的信用保险机构的追偿能力实现企业无法实现的追偿效果。

案例

安徽技术进出口股份有限公司在1990年的出口额仅为几百万美元，但由于他们在外贸出口业务上一开始就借力出口信用保险，顺利规避了两次电机出口到美国的收

汇风险，获得了出口信用保险提供的欠款赔付，大约为120多万美元。由于借助了信用出口保险的帮助，该公司很快发展成为安徽省第一大出口企业。

4. 短期出口信用保险投保操作流程

我国出口企业投保短期出口信用保险的流程基本相同。下面以短期出口信用保险综合险为例来进行介绍。

（1）申请投保

出口企业有意向出口信用保险公司投保时，出口信用保险公司根据出口企业的出口结构和所面临的风险状况，帮助公司选择最合适的出口信用保险产品和承保方案。

出口企业填写“短期出口信用保险综合险投保单”一式三份，把本出口企业的名称、地址、投保范围、出口情况、适保范围内的买方清单及其他需要说明的情况填写清楚后，加盖企业法人签章，向保险公司申请投保出口信用保险。

（2）出具保险单

出口信用保险公司在收到出口企业的投保单后，对出口企业投保的风险进行全面评估，根据投保单所载投保条件，为出口企业制订承保方案，确定保险费率后，为出口企业签发保险单。

（3）申请限额

出口企业在接到出口信用保险公司承保并签发的“短期出口信用保险综合险保险单”后，就保单适用范围出口的每一笔业务向出口信用保险公司书面申请信用限额，并填写“短期出口信用综合险买方信用限额申请表”一式三联，按表内的要求，把买家的情况，双方贸易条件以及本企业所需的限额如实填写清楚，为本企业在适保范围内的全部海外新旧买家申请信用限额。

小技巧

申请买方信用限额要适度，不能盲目申请一个不切实际的高限额，否则存在两个弊端：一是将受到反复调查，影响审批速度；二是造成满足率下降，原本能够批复的限额得不到批复。

（4）申报出口

在出口信用保险公司通过“短期出口信用综合险买方信用限额审批单”批复限额后，出口企业每批出货后在规定的期限内逐批填写“短期出口信用综合险出口申报单”（或“短期出口信用保险综合险出口月申报表及保费计算书”）一式三份，按表中的要求，把出口的情况如实清楚填写，供保险公司计收保险费。

对于未在规定时间内申报的出口，保险公司有权要求出口企业补报。但若补报的出口已经发生损失或可能引起损失的事件已经发生，出口信用保险公司有权拒绝接受补报。如有故意不报、严重漏报或误报的情况，出口信用保险公司对出口企业已申报出口所发生的损失，有权拒绝承担责任。

（5）缴纳保险费

在收到保险公司发出的“保险费发票”及有关托收单据后，出口企业应该在规定的期限内缴付保险费。如未在规定期限内缴付保险费，将影响被保险人申报的相关出口项下的索赔权益；如果拖欠保险费超过一定期限，保险公司将停止接受申报，甚至有权解除保单。

(6) 收汇确认及信用限额跟踪管理

定期的收汇确认可以帮助出口企业及时发现可能的风险。尽早进行货款催收，以降低损失，及时的收汇确认可以帮助出口企业知道实际的限额使用量，避免盲目出运，造成超限额，丧失风险保障。

如发现剩余限额不足，出口企业应及时向保险公司提出信用限额追加申请。

18.4 知识拓展

1. 短期出口信用保险理赔操作流程

理赔是保险事故发生后，被保险人提出索赔申请，保险人调查损因，判定保险责任，核定被保险人收汇损失，承担赔偿责任的过程。

短期出口信用保险理赔业务流程主要包括通报可能损失、调查追偿、申请索赔、定损核赔和赔后追偿几个业务环节。

(1) 通报可能损失

出货后，如果买方已破产或无力偿付债务、买方已提出拒绝收货及付款、买方逾期三个月未付或未付清货款或者发生出口信用保险公司承保的政治风险项下的事件，被保险人获悉情况后，应在保险单规定时间内向保险人填报“短期出口信用保险可能损失通知书”，告知保险人已经发生可能引起损失的事件、造成损失的原因，被保险人在保险事故发生后已经采取或准备采取何种措施减少损失等。

被保险人填报“可能损失通知书”并不代表向保险人提交索赔申请，旨在把被保险人获悉的风险信号通知保险人，以便保险双方对可能发生的损失密切关注，携手采取措施控制风险，避免损失进一步扩大。

(2) 申请索赔

保险事故发生后，被保险人在损失金额确定后即可按保险单规定填报“索赔申请书”及“索赔单证明细表”，提供相应损失证明文件及材料，向保险人提出索赔要求。例如，买方拒收后，被保险人一般在拒收货物处理完毕后，就实际损失向保险人提出索赔申请。

办理索赔时的注意事项如下。

1) 发现买方有信誉问题，在应付日后 15 日内未付，应及时向保险公司上报“可能损失通知书”，并采取一切可能措施减少损失。

2) 对于买方无力偿还债务造成的损失，不得晚于买方被宣告破产或丧失偿付能力后的一个月告知保险公司。

3) 对于其他原因引起的损失，不得晚于保单规定的赔款等待期满后两个月内提出索赔，否则保险公司视同出口商放弃权益，有权拒赔。

(3) 索赔受理

保险公司收到被保险人的索赔申请后，即核查“索赔申请书”相关内容。如有漏填、误填的，被保险人应及时予以补填或更正。被保险人在保单规定的时限内提交索赔申请，并向保险公司提供索赔单证齐全的情况下，保险公司将会受理索赔申请。若被保险人提交的索赔单证不齐全，则保险公司可暂不受理其索赔申请，并向被保险人发出“暂不受理索赔通知函”，直至被保险人补全基本索赔单证为止。

(4) 定损核赔

定损核赔是指保险人进行事故调查、确定损失原因、审核被保险人贸易合同项下出口商义务以及保险合同项下被保险人义务履行状况、确定保险责任、核定损失金额及支付赔款的过程。

保险人依据贸易合同规定，审核被保险人作为出口商，是否履行贸易合同项下的义务，通过海外调查，向买方核实相关贸易事实，确定损失原因，判定是否属于保险人承保责任范围。

保险责任确定后，保险公司核定被保险人的实际损失，确定赔偿责任，向被保险人支付赔款。索赔金额仅反映被保险人单方面的索赔要求，保险公司在判定保险责任的同时，还要对被保险人在保险责任项下的损失金额予以核定。

(5) 支付赔款和权益转让

保险公司确定赔偿责任、计算赔款后，向被保险人签发“赔付通知书”。被保险人要签“赔付通知书/回执”，并签署“出口信用保险赔款收据及权益转让书”及“Export Credit Insurance Payment Receipt and Subrogation Form”，将赔偿部分的权益转让给保险人，保险公司据此办理赔款支付手续，同时取得代位追偿权，将继续向债务人追偿欠款。被保险人也要采取一切必要的、合理的或保险人要求的包括法律诉讼在内的措施，配合保险公司向债务人追偿欠款。

2. 实用英语

Certificate of Cargo Damage　货损证明

Claim Assessor　索赔人

Claim Settlement, Settlement of Claim　理赔

Damaged Cargo Report　受损货物报告书

Export Credit Insurance　出口信用保险

Full Insurance　全额保险

Grace Period　宽限期

Incurred but not Reported Losses (IBRN)　已发生但未报的损失

Increasing Coverage, Extending Coverage　加保

Indemnity Limit　赔偿期限

Indemnity Period　赔偿期

Reinsurance　分保、再保险

Subject Insured　风险标的

18.5 业务技能训练

18.5.1 自测习题

1. 翻译

1) Export Credit Insurance____________

2) Open Account, O/A____________

3) Sinosure____________

4) Credit Inquiry____________

5) Forfeiting____________

6) Factoring____________

2. 单选题

1) 短期出口贸易信用保险中，拒收风险的赔偿比例一般不超过（　　）。

A. 60%　　B. 70%　　C. 80%　　D. 90%

2) 关于向保险人批复信用限额为零的买方出口，以下说法正确的是（　　）。

A. 可以出口，但不需要向保险人申报

B. 可以出口，需要向保险人申报，但不缴纳保费

C. 可以出口，需要向保险人申报，也要缴纳保费

D. 没有买家信用限额，不能出口

3）对出口商有利的贸易结算方式是（　　）。

A. 先销后出　　B. 赊销　　C. 延期付款　　D. 售定

18.5.2 课堂训练

1. 国际贸易风险的种类有哪些？

2. 分组讨论国际贸易风险预防与控制措施有哪些？

3. 简述短期出口信用保险投保操作流程。

4. 案例分析题

江苏出口商A公司与美国买方B公司多年放账交易，买方付款都很及时。A公司高层曾多次到美国当地的B公司进行实地考察，了解到B公司不仅拥有6个经营不同产品的分公司，还有一个规模较大的超市，B公司在业界也好评不断。因此，A公司对与B公司的交易十分放心。但是，2019年A公司对B公司的连续几笔出口业务，总金额高达80多万美元的货款一直没收到。经了解，B公司属于家族企业，近期内部管理出现重大变故，导致对外支付能力受到了严重影响，且因经营者变更，新上任的经营者拒绝支付A公司的货款。

在这种情况下，中国信保江苏分公司一方面及时向A公司进行赔付，避免了A公司的损失；另一方面对B公司提起诉讼，通过法律手段保障出口商的合法权益。

本案例对我们有什么启发，我们从中可吸取哪些经验教训？

18.5.3 实训操作

1. 要求学生登录中国出口信用保险公司（http://www.sinosure.com.cn）网站，了解短期出口信用保险的产品功能以及投保流程。

2. 要求学生登录中国出口信用保险公司网站，下载相关的出口信用保险单据，并熟悉其内容。

任务19　业务争议的处理

知识要点

1. 各国关于违约责任的规定及争议解决方式
2. 不可抗力的含义和构成条件
3. 仲裁的特点和仲裁裁决的效力

技能要点

- 能根据实际情况，选择合适的争议解决方式
- 能正确处理合同履行中遭受的不可抗力事件
- 能正确拟定合同的仲裁条款

导学

上一个任务学习了如何预防和控制国际贸易风险，本任务学习一旦发生业务争议，如何来解决争端。

首先在合同中要明确索赔与违约金条款、不可抗力条款、仲裁条款，使解决纠纷有据可依。这三个条款对于争议的处理十分重要。

不可抗力属于免责条款，为避免双方争议，要掌握构成不可抗力的条件是什么，发生不可抗力以后如何处理。

对比其他争议的解决方法，仲裁的特点与前提是什么？仲裁协议使得仲裁庭取得案件的管辖权，排除法院的管辖权；仲裁裁决是终局裁决，对双方都有约束力。

订立仲裁条款时力争在我国仲裁，选择我国的仲裁机构和仲裁规则。

19.1　任务描述与分析

1. 任务描述

莱佛士公司对常信公司第一次出口的服装比较满意，接着下了第二笔订单，数量金额都和第一次的一样，交货期为2020年10月30日。

常信公司与莱佛士公司合同的违约金、不可抗力和仲裁条款如下：

除本合同列举的不可抗力原因外，卖方不能按时交货，在卖方同意由付款银行在议付货款中扣除违约金或由买方于支付货款时直接扣除违约金的条件下，买方应同意延期交货。违约金率按每7天收取延期交货部分总值的0.5%，不足7天者以7天计算。但违约金不得超过延期交货部分总金额的5%。如卖方延期交货超过合同规定期限10周时，买方有权撤销合同，但卖方仍应不延迟地按上述规定向买方支付违约金。

Unless caused by the Force Majeure Specified in this contract, in case of delayed delivery, the sellers shall pay to the buyers for every week of delay a penalty amounting to 0.5% of the total value of the goods whose delivery has been delayed. Any fraction part of a week is to be considered a full week. The total amount of penalty shall not, however, exceed 5% of the total value of the goods involved in late delivery and is to be deducted from the amount due to the sellers by the paying bank at the time of negotiation, or by the buyers direct at the time of payment. In case the period of delay exceeds ten weeks later than the time of shipment as stipulated in the contract, the buyers have the right to terminate this contract but the sellers shall not thereby be exempted from payment of penalty.

如因战争、地震、水灾、火灾、暴风雨、雪灾或其他人力不可控制的原因，致使卖方不能全部或部分装运货物或延迟装运合同货物，卖方不负责任，但是卖方必须立即以电报通知买方。如果买方提出要求，卖方应在30天内以航空挂号信向买方提供由中国国际贸易促进委员会或有关机构出具的证明，证明事故的存在。

The sellers shall not be held responsible for failure or delay to perform all or any part of this contract due to war, earthquake, flood, fire, storm, heavy snow or other cause of Force Majeure. However, the sellers shall inform immediately the buyers by cable. The sellers shall deliver to the buyers by registered airmail within 30days, if it is requested by the buyers, a certificate issued by the China Council for the Promotion of International Trade or by any competent authorities, attesting such event or events.

仲裁：凡因执行本合约或有关本合约所发生的一切争执，双方应以友好方式协商解决；如果协商不能解决，应提交上海国际经济贸易仲裁委员会，根据该会的仲裁规则进行仲裁。仲裁裁决是终局的，对双方都有约束力。

Arbitration: All disputes arising in connection with this Sales Contract or the execution thereof shall be settled by way of amicable negotiation. In case no settlement can be reached, the case at issue shall then be submitted for arbitration to the Shanghai International Economic and Trade Arbitration Commission in accordance with the provisions of the said Commission. The award by the said Commission shall be deemed as final and binding upon both parties.

为及时履行合同，孙潇通知工厂于10月26日把货物运送、存放于上海港码头的一个仓库里。10月28日凌晨2点，该仓库因雷击起火；起火后，仓库管理员及时组织扑火，并及时拨打119报警。虽然消防队员及时赶到，但终因火势过大，货物全部烧毁。由于该批货物是为莱佛士公司特别定制，如果重新生产，至少在11月下旬才能制造完毕。事发后，孙潇把本公司遭遇不可抗力一事及时通知莱佛士公司和Lisa，并随后寄去了常州贸促会出具的相关证明。但Lisa认为常信公司不能够按时交货，就构成违约，要求常信公司按照合同支付违约金；而常信公司坚持认为属于不可抗力，双方协商未果。

莱佛士公司根据合同中的仲裁条款向上海国际经济贸易仲裁委员会提出仲裁申请，要求常信公司赔偿损失。

2. 任务分析

索赔、理赔是一项政策性、技术性很强的涉外工作，必须严肃对待和认真处理。处理好这项工作必须熟悉国际惯例和国际法律，注意调查研究，弄清事实，合理解决，做到有理、有利、有节。在解决国际贸易纠纷时，最好能以较短时间、以尽可能少的费用解决纠纷，且尽量不要伤害彼此感情。**仲裁是国际贸易中双方当事人解决争议的被最广泛采用的一种方式。**

在实际的进出口贸易中，发生争议、索赔的事例是很多的。在市场情况发生变化，进出口商人觉得履约对他们不利时，往往寻找各种借口拒不履约或拖延履约，甚至弄虚作假提出无理要求，不可抗力就是其中一个常见的借口。判断是否构成不可抗力，主要是看事件是否符合不可抗力的三个构成条件。

19.2 任务实施与心得

(1) 提出仲裁申请（To Apply for Application）

莱佛士公司认为此次不能够及时交货的原因是雷击起火，不属于不可抗力，于是将所发生的争议根据合同的仲裁条款向上海国际经济贸易仲裁委员会（上海国际仲裁中心）提出仲裁申请。随附相关依据的事实的证明文件，预缴了一定数额的仲裁费。

(2) 组织仲裁庭（To Establish Arbitration Tribunal）

根据我国仲裁规则的规定，常信公司和莱佛士公司各自在仲裁委员会仲裁员名册中指定一名仲裁员，并由仲裁委员会主席指定一名仲裁员为首席仲裁员，共同组成仲裁庭，审理该争议案件。

(3) 做出裁决（To Give Award）

仲裁庭审理案件后做出裁决如下。

火灾发生在合同订立后，满足“不能预见”“不能避免”“不能克服”三项条件，且当事人均无过错。因此，火灾构成不可抗力。

火灾发生后，常信公司及时通知对方，并提供当地贸易促进委员会的证明，且因货物全部烧毁，故常信公司有权延期履行合同或终止履行合同。常信公司不需要向莱佛士公司进行赔偿。

任务实施心得

(1) 合同要明确规定双方应承担的义务、违约的责任

许多合同只规定双方交易的主要条款，却忽略了双方各自应尽的责任和义务，特别是违约应承担的责任。这样就无形中等于为双方解除了应负的责任，架空了合同或削减了合同的约束力。还有一种情况是，这些合同条款写得十分含糊笼统，即使是规定了双方各自的责任、义务，也无法追究违约者的责任。

(2) 处理不可抗力事件应注意的事项

当不可抗力事件发生后，合同当事人在援引不可抗力条款和处理不可抗力事件时，应注意如下事项。

1）发生事故的一方当事人应按约定期限和方式将事件情况通知对方，对方也应及时答复。

2）双方当事人都要认真分析事件的性质，看其是否属于不可抗力事件的范围。

3）发生事件的一方当事人应出具有效的证明文件，以作为发生事件的证据。

4）双方当事人应就不可抗力的后果，按约定的处理原则和办法进行协商处理。处理时，应弄清情况，体现实事求是的精神。

19.3 相关知识

19.3.1 争议与索赔

1. 争议

争议（Dispute）是指交易的一方认为另一方未能部分或全部履行合同义务而引起的业务纠纷。在国际贸易中，这种纠纷屡见不鲜，究其原因，主要有以下几个方面。

1）卖方不交货，或未按合同规定的时间、品质、数量、包装条款交货，或单证不符等。

2）买方不开或迟开信用证，不付款或不按时付款赎单，无理拒收货物，在 FOB 条件下不按时派船接货等。

3）合同条款的规定欠明确，买卖双方所属国家的法律或其对国际贸易惯例的解释不一致，甚至对合同是否成立有不同的看法。

4）在履行合同过程中遇到了买卖双方不能预见或无法控制的情况，如某种不可抗力，双方对其有不一致的解释等。

2. 违约责任

买卖合同是对缔约双方均具有约束力的法律文件。任何一方违反了合同规定，都应承担违约的法律后果，受损方有权提出损害赔偿要求。但是，各国法律及国际公约对于违约方的违约行为、由此产生的法律后果及处理有不同的规定和解释。

(1)《联合国国际货物销售合同公约》（简称《公约》）的法律规定

与英美法律不同，《公约》根据违约的后果及其严重性进行判断，将违约分为根本性违约和非根本性违约。

根本性违约是指违约方的故意行为造成的违约，比如卖方完全不交货，买方无理拒收货物或拒付货款，其结果给受损方造成实质损害。如果一方当事人根本违约，另一方当事人可以宣告合同无效，并可要求损害赔偿。

非根本性违约是指违约的状况尚未达到根本违反合同的程度，**受损方只能要求损害赔偿，而不能宣告合同无效。**

【例 19-1】 美国公司 A 从外国公司 B 进口一批冻火鸡，以供应圣诞节市场。合同规定卖方应当在 9 月以前装船。但是卖方违反合同，推迟到 10 月 7 日才装船，因此 A 拒绝收货，并主张撤销合同。试问买主 A 是否可以拒收货物和撤销合同？为什么？（注：圣诞节的火鸡就像中国中秋的月饼，节前基本已采购充足，节后鲜有人买）

分析：买主 A 是否可以拒收货物和撤销合同，要看船只到达后，对买方影响的程度而定，卖方违约程度以及买方的处置方式一览表见表 19-1。

表 19-1 卖方违约程度以及买方的处置方式一览表

<table>
<tr><th colspan="2">假设船只到达时间和买方销售火鸡的时间</th><th colspan="2">买方的处置以及理由</th></tr>
<tr><td rowspan="3">船只在圣诞节前到达</td><td>买方有足够的时间销售火鸡</td><td rowspan="2">买主不能拒收货物或解除合同</td><td>卖方并未构成根本违约</td></tr>
<tr><td>买方有时间售出大部分火鸡</td><td>卖方并未构成根本违约</td></tr>
<tr><td>买方仅有时间销售极少部分火鸡</td><td rowspan="2">买主可以拒收货物和解除合同</td><td>卖方构成根本违约</td></tr>
<tr><td>船只于圣诞节后到达</td><td>买方没有时间销售火鸡</td><td>卖方构成根本违约</td></tr>
</table>

（2）我国的法律规定

我国《合同法》的规定与《公约》基本一致，一方当事人违反合同规定，导致另一方订立合同时所期待的经济利益受到影响，另一方当事人有权要求解除合同。同时也规定，合同的变更、解除或终止并不影响当事人要求赔偿损失的权利。

3. 索赔

索赔（Claim）是指在合同的履行过程中，受损方向违约方提出赔偿的要求。理赔（Settlement of Claim）是违约方处理受损方所提出的索赔。因此，索赔与理赔是一个问题的两个方面。涉及国际货物买卖的索赔一般有三种情况。

（1）买卖索赔

它是以买卖合同为基础的，当一方当事人违反买卖合同规定时，受损方可依据买卖合同规定和违约事实提出索赔。属于卖方违约，主要表现为交货的时间、品质、数量、包装等不符合合同的规定；属于买方违约，主要表现为不按时接货、付款、办理租船订舱等。也有买卖双方同时有不同程度违约的。

（2）运输索赔

它是以运输合同为基础的，当一方当事人违反运输合同规定时，受损人可以依据运输合同规定和违约事实提出索赔。如收货人持有清洁提单而收到的货物发生残损短缺，这与发货人无关，收货人只能凭运输合同向承运人索赔。

（3）保险索赔

它是以保险合同为基础的，当发生保险合同承保范围内的风险并由此造成损失，被保险人可向保险公司索赔。例如，按CIP条件成交的货物，在运输途中遭遇暴雨致水浸损坏，由于投保了水渍险，买方可凭保险单向保险公司索赔。

课堂思考

有一批货物共1000箱，自A国港口装运至B国港口，承运人签发了“已装船清洁提单”，但货运到目的地的港口后，收货人发现下列情况：①少10箱货；②20箱包装严重破损，内部货物大部分灭失；③50箱包装外表完好，箱内货物短少。

请分别说明上述三种情况应属承运人还是托运人的责任？为什么？

索赔时，依照索赔情形、对象不同，索赔的依据有所不同。向贸易对方索赔，销售合同为主要依据；向承运人索赔，须提供运输合同或提单；向保险公司索赔，保险单据为主要凭证，而检验证书则是任何索赔均必须出具的。

4. 违约金

违约金（Penalty）又称为罚金，是指合同当事人一方未履行合同义务而向对方支付约定的金额。只要一方违反合同，无论其违约行为有没有给对方造成损失，都必须向其支付违约金。违约金条款一般适用于卖方延期交货，或者买方延迟开立信用证和延期接运货物等情况。

计算违约金日期的方法有两种：一种是以约定的交货期或开证期终止后立即起算；另一种是规定宽限期，即在约定的有关期限终止后再宽限一段时期，在此宽限期内仍可免于罚款，待宽限期届满后再起算违约金。

注意：英美法系国家的法律，只承认损害赔偿，不承认带有惩罚性的违约金。所以在与英、美、澳、新等国贸易时，应注意约定的违约金金额的合法性。

19.3.2 不可抗力

不可抗力（Force Majeure）又称为人力不可抗拒，是指合同签订后，不是由于当事人一方的过失或故意，发生了当事人在订立合同时所不能预见，不能避免并且不能克服的事件，导致不能履行合同或不能如期履行合同。遭受不可抗力事件的一方，可以据此免除履行合同的责任或推迟履行合同，对方无权要求赔偿。因此，**不可抗力是一项免责条款。**

1. 不可抗力的特点

不可抗力是一项免责条款，所以区分商业风险和不可抗力事故显得非常重要。根据国际贸易惯例的解释：商品价格和运费的变动、汇率的变动等不属于不可抗力，是正常的商业风险。构成不可抗力一般应当具备以下条件。

1）事件必须发生在合同签订以后。

2）事件不是因为合同当事人自身的过失或故意导致的。

3）事件是合同当事人无法预见、无法控制、无法避免的。

案例分析

印度商人与英国商人签订出口农产品合同，条件为CIF伦敦，交货期为11月份。后发生中东战争，苏伊士运河被封闭。印度商人称发生战争导致的不可抗力因素不能交货。英国商人不同意，称可绕道好望角，而印度商人说要增加许多运费，让英国商人承担。英商人不同意承担。请问：战争是否构成此次合同履行的不可抗力？

分析：中东战争是当事人不能预见，不能避免的，但是当事人能够克服困难，即绕道好望角。绕道好望角增加了卖方的负担，但并没有达到不可克服的程度，因此，不能适用履行合同不可抗力条款。

课堂思考

中国从阿根廷进口普通豆饼2万吨，交货期为8月底，拟转售欧洲。然而，4月份阿根廷商人原定的收购地点发生百年未见洪水，收购计划落空。阿商要求按不可抗力免除交货责任。请问：洪水是否构成不可抗力？

2. 不可抗力的范围

不可抗力通常包括两种情况：一种是自然原因引起的，如水灾、旱灾、暴风雪、地震等；另一种是社会原因引起的，如战争、罢工、政府禁令等。

但不可抗力事件目前国际上并无统一的解释。各国法律一般都允许买卖双方在合同的不可抗力条款中约定。

3. 不可抗力条款

我国进出口合同中的不可抗力条款，通常有下列3种规定办法。

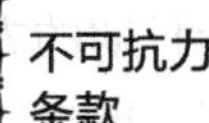

(1) 概括式规定

概括式规定是指在合同中不具体规定不可抗力事件的范围，只做概括的规定。

例如，如果由于不可抗力的原因导致卖方不能履行合同规定的义务时，卖方不负责任，但卖方应立即电报通知买方，并须向买方提交证明发生此类事件的有效证明书。

If the fulfillment of the contract is prevented due to force majeure, the seller shall not be liable. However, the seller shall notify the buyer by cable and furnish the sufficient certificate attesting such event or events.

这种方法由于对不可抗力范围定得过于笼统，一旦发生问题，容易引起贸易纠纷，难以作为解决问题的依据，一般很少采用。

(2) 列举式规定

列举式规定是指在合同中明确规定不可抗力事件的范围，凡在合同中没有订明的，均不能作为不可抗力事件加以援引。

例如，如果由于战争、洪水、火灾、地震、雪灾、暴风雨的原因致使卖方不能按时履行义务时，卖方可以推迟这些义务的履行时间，或者撤销部分或全部合同。

If the shipment of the contracted goods is delayed by reason of war, flood, fire, earthquake, heavy snow and storm, the seller can delay to fulfill, Or revoke part or the whole contract.

这种方法虽然明确具体，但规定得过死，不可能列举所有可能发生的不可抗力，一旦发生条款未列入的事件，会引起争议，且一一列明，使得合同文字烦琐。

(3) 综合式规定

这种方法具有以上两种方法的优点，既明确又有一定的灵活性，在我国进出口贸易业务中，多采用此种表示方法。

例如，如因战争或其他人力不可控制的原因，买卖双方不能在规定的时间内履行合同，如此种行为或原因在合同有效期后继续三个月，则本合同的未交货部分即视为取消，买卖双方的任何一方，不负任何责任。

If the fulfillment of the contract is prevented by reason of war or other causes of force majeure, which exists for three months after the expiry of the contract, the non-shipment of this contract is considered to be void, for which neither the seller nor the buyer shall be liable.

4. 不可抗力事件的处理方式

发生不可抗力事件后，应按约定的处理原则和办法及时进行处理。**不可抗力的后果有两种：一是解除合同；二是延期履行合同或部分履行合同。**

究竟如何处理，应视事件的原因、性质、规模及其对履行合同所产生的实际影响程度，由买卖双方磋商而定。

5. 不可抗力事件的通知期限、方式

不可抗力事件发生后如影响合同履行，发生事件的一方当事人要获得免责的权利，必须按约定的通知期限和通知方式，将不可抗力事件情况如实通知对方，一般先用电报通知对方，并在15天内以航空信提供事故的详尽情况和影响合同履行程度的证明文件。对方在接到通知后，无论同意与否都应及时答复。否则，按有些国家的法律，将被视为默认。

有关不可抗力的通知，必须确保对方能够收到；否则，遭受不可抗力的一方，必须对另一方“未收到通知而造成的损害”而非“因遭受不可抗力而造成的损害”负赔偿责任。

6. 不可抗力事件的证明

在国际贸易中，当一方援引不可抗力条款要求免责时，必须向对方提交有关机构出具的证明文件，作为发生不可抗力的证明。在国外，一般由当地的商会或合法的公证机构出具。

在我国，由中国国际贸易促进委员会（China Council for the Promotion of International Trade，CCPIT）或其设在口岸的贸促分会出具。

19.3.3 仲裁

在国际贸易实践中，对于争议和索赔的处理，通常可以采用友好协商、调解、仲裁或诉讼的方式来解决。**仲裁是最广泛采用的解决国际经济争议的一种方式。**

仲裁（Arbitration）又称为公断，是指买卖双方在争议发生之前或发生之后，签订书面协议，自愿将争议提交双方所同意的第三者予以裁决。而且这个裁决是终局性的，对双方都有约束力，双方都必须遵照执行。

1. 仲裁的特点

区别于其他争议解决方式，仲裁具有以下特点。

1）仲裁是双方自愿的。当事人双方应在争议发生之前或之后订立仲裁协议，**任何仲裁机构不受理没有仲裁协议的案件。**

2）仲裁的立案时间快。一般在1周之内即可开庭，处理案件时间较短。

3）仲裁的费用较低。一般按争议价值的一定百分比收取费用。

4）仲裁时当事人双方可以选择仲裁员。仲裁气氛缓和，当事人双方感情上有回旋余地。

5）仲裁裁决是终局性的，对双方都有约束力。

2. 仲裁协议

仲裁协议是双方当事人达成的、自愿将其已发生或将来可能发生的争议交付仲裁机构解决的书面表示，是申请仲裁的必备材料。任何国际贸易仲裁机构都必须依据当事人的仲裁协议受理仲裁。

一般来说，仲裁协议主要有以下两种形式。

1）仲裁条款（Arbitration Clause），是双方当事人在争议发生之前订立的，通常作为合同中的一项条款，自愿把将来可能发生的争议交付仲裁机构解决的书面文件。

2）提交仲裁协议（Submission Agreement），是双方当事人在争议发生以后订立的，表示自愿把已经发生的争议提交仲裁解决的协议。

这两种形式的仲裁协议虽然在形式上有所区别，但其法律效力却是相同的。为避免发生争议后，一方欲仲裁而另一方不愿意的局面出现，最好在合同中订立仲裁条款。

按照大多数国家的法律规定，仲裁协议的作用主要有以下三个方面。

1）约束双方当事人只能以仲裁方式解决其争议，且不得向法院起诉。

2）**排除法院对有关案件的管辖权。**如果一方违背仲裁协议，自行向法院起诉，另一方可根据仲裁协议要求法院不予受理，并将争议案件退交仲裁庭裁决。

3）**仲裁机构取得争议案件管辖权的依据。**

3. 仲裁条款的内容

仲裁条款应当明确合理，不能过于简单，其内容一般应包括仲裁地点、仲裁机构、仲裁规则、仲裁裁决的效力、仲裁费的负担等。

（1）仲裁地点

在仲裁条款中，确定在哪国仲裁，一般就适用哪国的仲裁法律。由于适用的法律不同会导致结果大相径庭，故仲裁地点经常会成为一个焦点问题。我国进出口贸易合同中的仲裁地点，一般有三种方法可选：力争规定在我国仲裁；有时规定在被告所在国仲裁；规定在双方同意的第三国仲裁。

(2) 仲裁机构

仲裁机构是依法对争议案件进行审理裁决的专门机构，根据组织形式不同可以分为两种形式。

一种是由双方当事人在仲裁协议中规定一个常设的仲裁机构。我国主要的仲裁机构是设在北京的中国国际经济贸易仲裁委员会及其分会。在外贸业务中，涉及的仲裁机构还有如瑞士苏黎世商会仲裁院、瑞典斯德哥尔摩商会仲裁院、美国仲裁协会及英国伦敦国际仲裁院等。

另一种是由双方当事人指定仲裁员所组成的临时仲裁庭，当争议处理完毕，即自动解散。

知识链接：中国国际经济贸易仲裁委员会

中国国际经济贸易仲裁委员会（英文简称为 CIETAC，中文简称为“贸仲委”）是世界上主要的常设商事仲裁机构之一。其前身为 1956 年成立的对外贸易仲裁委员会，1988 年改为现名。2000 年，中国国际经济贸易仲裁委员会同时启用中国国际商会仲裁院的名称。

贸仲委设在北京，并在深圳、上海、天津和重庆分别设有华南分会、上海分会、天津国际经济金融仲裁中心（天津分会）和西南分会。贸仲委在香港特别行政区设立贸仲委香港仲裁中心。

贸仲委及其分会/仲裁中心是一个统一的仲裁委员会，适用相同的仲裁规则和仲裁员名册，在整体上享有一个仲裁管辖权。

中国国际经济贸易仲裁委员会网址：www. cietac. org。

(3) 仲裁规则

仲裁规则主要是规定进行仲裁的程序和方法，其中包括仲裁的申请、答辩、仲裁员的指定、案件的审理和仲裁裁决的效力等。其主要作用在于为当事人和仲裁员的行动提供一套准则，便于有序地完成仲裁过程。它是仲裁方面的程序法。

(4) 仲裁裁决的效力

裁决是仲裁程序的最后一个环节。裁决做出后，审理案件的程序即告终结，因而这种裁决被称为终局裁决。

我国和世界上大多数国家的法律承认**仲裁裁决是终局的，对双方当事人均有约束力，双方必须依照执行，任何一方不得向法院起诉要求变更。**

当事人对于仲裁裁决书，应依照其中所规定的时间自动履行，裁决书未规定期限的，应立即履行。一方当事人不履行的，另一方当事人可以根据中国法律的规定，向中国法院申请执行，或根据有关国际公约和中国缔结或参加的其他国际条约的规定办理。

(5) 仲裁费用的负担

一般规定由败诉方承担，也可以规定由仲裁庭酌情处理。

19.4 知识拓展

1. 索赔期限

索赔期限是指索赔方向违约方提出索赔要求的有效期。违约方可不予受理逾期索赔。索赔期限的规定要根据商品性质以及检验所需时间等因素确定。《联合国国际货物销售合同公约》第 39 条规定：

1）对货物不符合同之处，买方必须在发现或理应发现不符情形后一段合理时间内通知卖方，说明不符合同情形的性质，否则就丧失声称货物不符合同的权利。

2）无论如何，如果买方不在实际收到货物之日起两年内将货物不符合同情形通知卖方，他就丧失声称货物不符合同的权利，除非这一时限与合同规定的保证期限不符。

实际业务中的习惯做法是：一般货物的索赔期限为货到目的港后 30~45 天；食品、农产品等易腐烂易变质商品的索赔期限可以再短些；机器设备的索赔期限分数量和品质做不同的规定，数量方面的索赔期限一般为货到目的港后 60 天，品质方面的索赔期限一般为 1 年或 1 年以上，并通常规定其为质量保证期。

2. 实用英语

Arbitration Clause　仲裁条款
Arbitration Agreement　仲裁协议
Arbitration Application　仲裁申请
Arbitration Jurisdiction　仲裁管辖权
Arbitral Tribunal　仲裁庭
Arbitration Procedure　仲裁程序
Breach of Condition　违反要件
Breach of Contract　违反合同
Breach of Warranty　违反担保
Canceling Date　解约日
Discrepancy and Claim Clause　异议与索赔条款
Force Majeure　不可抗力
Frustration of Contract　合同落空
Fundamental Breach　根本违反合同
Litigation　诉讼
Material Breach　重大违约
Minor Breach　轻微违约

19.5 业务技能训练

19.5.1 自测习题

1. 翻译

1）Force Majeure____________
2）Disputes____________
3）Arbitration____________
4）Breach of Contract____________
5）Claim____________
6）Settlement of the Claim____________

2. 单选题

1）在合同签订以后发生的意外事故，在国际上通常被认为（　　）。

A. 构成不可抗力　　B. 不构成不可抗力

C. 没有统一解释　　D. 按照国际商会的规定来判断

2）按照国际惯例，索赔都有一定期限，超过期限的索赔为（　　）。

A. 无效　　B. 有效　　C. 双方协商后确定　　D. 由理赔方决定

3）仲裁地点应首先选择在（　　）。

A. 本国　　B. 对方国　　C. 第三国　　D. 本国和对方国

4）按照《公约》的解释，如果违约的情况尚未达到根本性违反合同的程度，则受损害的一方（　　）。

A. 只可宣告合同无效，不能要求赔偿损失

B. 只能提出损坏赔偿的要求，不能宣告合同无效

C. 不但有权向违约方提出损坏赔偿的要求，而且可宣告合同无效

D. 可根据违约情况选择以上答案

5）在我国，出具不可抗力事件证明的机构是（　　）。

A. 商品检验检疫局　　B. 海关

C. 公证机构　　D. 中国国际贸易促进委员会

3. 判断题

1）卖方应按照合同约定，在规定的时间和地点，将符合合同规定的货物装上指定的运输工具或交给指定的承运人。如卖方无故延迟交货或拒不交货，则构成违约。（　　）

2）不可抗力事件通常是在合同签订之前就已经发生的当事人无法预见、无法预防、无法避免和无法控制的自然灾害或意外事故。（　　）

3）仲裁协议使得仲裁成为解决争议（或纠纷）的唯一方式，从而排除了法院对争议案件的管辖权。（　　）

4）只要支付了罚金，就可以不履行合同。（　　）

5）当事人将争议提请仲裁机构仲裁时，必须提交书面的仲裁协议。否则，仲裁机构不予受理。（　　）

6）若合同中未规定索赔条款，买方便无权提出索赔。（　　）

19.5.2　课堂训练

1. 合同中的哪些变更构成实质性变更？

2. 不可抗力的构成要件如何？不可抗力可能有哪些后果？

3. 简述仲裁程序。

4. 如果公司遭受不可抗力事件，在不可抗力发生后该如何处理？

19.5.3　实训操作

1. 常州天信外贸有限公司男式衬衫出口后，收到加拿大客户 JAMES BROWN &SONS 的来信，声称有 200 件男式衬衫的衣袖存在色差，要求天信外贸公司赔偿 1 万美元。请你回复 E-mail，妥善处理此事。

2. 江苏天地木业有限公司收到现代公司传真，称 2 个型号的地板质量有问题，要求降价 20%。请你回复传真，提出你的处理意见。

综合训练五

1. 业务背景

南京纽维纺织服装有限公司于 2020 年 7 月 8 日收到出口货款。2020 年 8 月，公司收到客户 TAC NEW YORK CO., LTD. 寄来的检验报告，证明我方所交货物数量短少 50 件。

2. 训练任务：写理赔函

公司接到对方索赔函电后，经查此次短少系我方工作疏忽所致。请写一封回函，提出 2 种解决办法：以空邮方式将短少数量补齐，或者把短少的金额电汇给客户，向客户保证今后将不再发生此事。

参考文献

[1] 吴百福，徐小薇．进出口贸易实务教程［M］．6 版．上海：上海人民出版社，2011.

[2] 徐景霖．国际贸易实务［M］．9 版．大连：东北财经大学出版社，2011.

[3] 孙智慧．进出口合同风险管理技能训练［M］．北京：中国政法大学出版社，2011.

[4] 章安平．进出口业务操作［M］．2 版．北京：高等教育出版社，2014.

[5] 武亮．外贸新手快速入门［M］．北京：化学工业出版社，2012.

[6] 宫焕久，许源．进出口业务教程［M］．上海：上海人民出版社，2011.

[7] 中国国际货运代理协会．国际航空货运代理理论与实务［M］．北京：中国商务出版社，2010.

[8] 李青阳．国际贸易实务［M］．沈阳：东北大学出版社，2014.

[9] 胡涵景，钟小林．国际贸易程序简化与标准化指南［M］．北京：中国标准出版社，2010.

[10] 刘文广，张晓明．国际贸易实务［M］．4 版．北京：高等教育出版社，2014.

[11] 张彦欣．进出口业务操作实务［M］．北京：中国纺织出版社，2019.

[12] 闫晶怡．新编进出口贸易操作实务［M］．上海：复旦大学出版社，2010.

[13] 鲁丹萍．国际贸易实务［M］．2 版．北京：高等教育出版社，2014.

[14] 罗兴武．进出口贸易实务［M］．北京：机械工业出版社，2011.

参考网站

1. http://www.mofcom.gov.cn/ 中华人民共和国商务部
2. http://www.sinosure.com.cn 中国出口信用保险公司
3. https://www.wto.org 世界贸易组织网站
4. https://www.iccwbo.org/ 国际商会网站
5. https://bbs.fobshanghai.com 福步外贸论坛
6. http://www.customs.gov.cn/customs/index/index.html 海关总署
7. https://www.singlewindow.cn/ 国际贸易单一窗口
8. http://online.customs.gov.cn “互联网+海关”一体化网上办事平台
9. http://nanjing.customs.gov.cn/ 南京海关
10. https://www.hscode.net/ 通关网